場所の言語学

ひつじ研究叢書〈言語編〉

第79巻　メンタルスペース理論による日仏英時制研究　　　　　井元秀剛 著
第80巻　結果構文のタイポロジー　　　　　　　　　　　　　　小野尚之 編
第81巻　疑問文と「ダ」　　　　　　　　　　　　　　　　　　森川正博 著
第82巻　意志表現を中心とした日本語モダリティの通時的研究　　土岐留美江 著
第83巻　英語研究の次世代に向けて　　吉波弘・中澤和夫・武内信一・外池滋生
　　　　　　　　　　　　　　　　　　川端朋広・野村忠央・山本史歩子 編
第84巻　接尾辞「げ」と助動詞「そうだ」の通時的研究　　　　漆谷広樹 著
第85巻　複合辞からみた日本語文法の研究　　　　　　　　　　田中寛 著
第86巻　現代日本語における外来語の量的推移に関する研究　　橋本和佳 著
第87巻　中古語過去・完了表現の研究　　　　　　　　　　　　井島正博 著
第88巻　法コンテキストの言語理論　　　　　　　　　　　　　堀田秀吾 著
第89巻　日本語形態の諸問題　　　　　　　　　　　須田淳一・新居田純野 編
第90巻　語形成から見た日本語文法史　　　　　　　　　　　　青木博史 著
第91巻　コーパス分析に基づく認知言語学的構文研究　　　　　李在鎬 著
第92巻　バントゥ諸語分岐史の研究　　　　　　　　　　　　　湯川恭敏 著
第93巻　現代日本語における進行中の変化の研究　　　　　　　新野直哉 著
第95巻　形態論と統語論の相互作用　　　　　　　　　　　　　塚本秀樹 著
第97巻　日本語音韻史の研究　　　　　　　　　　　　　　　　高山倫明 著
第98巻　文化の観点から見た文法の日英対照　　　　　　　　　宗宮喜代子 著
第99巻　日本語と韓国語の「ほめ」に関する対照研究　　　　　金庚芬 著
第100巻　日本語の「主題」　　　　　　　　　　　　　　　　　堀川智也 著
第101巻　日本語の品詞体系とその周辺　　　　　　　　　　　　村木新次郎 著
第103巻　場所の言語学　　　　　　　　　　　　　　　　　　　岡智之 著

ひつじ研究叢書
〈言語編〉
第103巻

場所の言語学

岡智之 著

ひつじ書房

はじめに

　本書の目的は、「場所の哲学」に基づいた「場所の言語学」を提起することにある。「場所の哲学」は、主体や個物を中心に考える「主体の哲学」に対して、場所の重要性を強調する。あらゆるものは、場所において存在する。場所がなければ、モノは存在し得ない。逆に、モノ（主体）がなければ、場所は空虚な空間となる。場所とモノは「存在」にとって相補的な要素である。しかし、これまでの西欧を中心とした哲学は、場所の重要性を看過し、モノや主体の存在のみを強調してきた。西欧的近代パラダイムの行き詰まりは、ニーチェやハイデッガーが提起して以来、ポストモダニズムに至るまで、繰り返し論じられてきているが、それに変わる新しいパラダイムを提起しえているだろうか。また、東洋への回帰ということも必ずしもその行き詰まりを打開するものではない。西洋、東洋といった枠組みを乗り越える新たなパラダイムが求められているのである。ここでは、「場所」と「主体」を統合し発展させる思考が求められている。最近のエコロジーの流行などは、「人間的主体」や「個人」というものを重視しすぎた行き詰まりを打開しようとするものであり、環境や自然すなわち「場所」を取り戻そうとする世界的な動きの一端と考えられる。

　一方で、「場所」（共同体）の重要性を強調するあまり「主体」を否定してしまうという陥穽に陥ってはならない。ハイデガーのナチズムへの荷担や西田ら京都学派が近代の超克を目指しながら全体主義に巻き込まれていったことも忘れてはならない。また、社会主義の歴史的な実験は、「共同体」すなわち「場所」を類的に世界的に推し進めようとするものであったが、実際の社会主義社会は、「主体」や「個」の自立が遅れた後進地域で成立し、そこでは「主体（個）」の否定が行われた。

西欧近代の「主体の論理」の行き過ぎを「場所の論理」が相対化するとともに、「主体」の自律性を維持しつつ、「場所」へらせん的に回帰していくという弁証法的発展がなされなければならないのである。その行く末を指し示すことは筆者の能力を超えるものであるが、「場所の哲学」を言語学の世界で示すことによって、その一端を担えればと考える。

　言語学の世界で、「場所」と「主体」の対立が問題になるのは、「主語」と「述語」の問題においてである。「場所の論理」を打ち出した西田幾多郎自体が、判断の形式である主語と述語の問題から出発している。西田は、「SはPである」という形式を、「SはPにおいてある」と解釈した。つまり、判断とは、一般者（述語）が特殊（主語）を包むという形であるとした。西田の「場所の論理」は論理学、哲学の世界の話に限定されているが、言語学や日本語学の世界では、日本語に「主語」という概念が必要なのか、不要なのか、三上章の「主語廃止論」の提起以来、常に議論になってきた。三上の提起を受けて、現代日本語学では、「主語」は「主題」と「主格」という2つに解体されたかに見える。一方で、生成文法をはじめとする一派では、「主語」の概念は、どの言語にもある普遍的な概念として前提とされ、日本語の記述においても適用される。また、日本語学の中でも、山田文法を継承する流れでは、「文は、主語―述語からなる」という原理を基本に構文論が組み立てられている。実際に、主語がない文が日本語には多いという事実も、それは「省略」とされ、やはり「主語」という概念は温存されている。言語類型論的立場からは、必ずしも、「主語」という概念は、普遍的なものではない、という説も提示されているが、「主語」を必要とする言語と「主語」を必要としない言語を対照する場合は、やはり「主語」という概念をかっこ付きにでも使わなければならないのが現状である。また、学校文法では、あいかわらず、小学校から「文には主語がある」ということが前提として教えられており、「主語」という概念はやはり常識かに見える。

　本書では、こうした「主語」の立場から論じる論理を「主語の論理」と呼び、一方で、「日本語には主語はいらない」「日本語は述語

一本立て」であるといった三上らの文法論を「述語の論理」に基づいていると考える。「主語の論理」は、広く言うならば、「主体の論理」であり、「述語の論理」は「場所の論理」に通じる。「主語の論理」や「主体の論理」に基づく文法論や言語学を「主体の言語学」と呼ぶならば、「述語の論理」や「場所の論理」に基づく文法論、言語学は「場所の言語学」と呼ぶことができる。本書は、「場所の言語学」を提起することにより、「主体の言語学」を相対化し、そして「主語の論理」と「述語の論理」の統合的理解を目指すものである。

　本書の構成は次のようになる。

　第1部は、理論編として、第1章では、「場所」とは何かという問いからはじめ、「場所の言語学」の理論的前提である「場所の哲学」について、西田幾多郎の「場所の論理」を現代的に復権した中村雄二郎や城戸雪照の論考などを導きの意図にしながら明らかにしていく。

　第2章では、日本の言語学において「場所論」がどのように受容されてきたかを、日本語研究（佐久間、三尾）、語用論研究（メイナード、井出）、スルとナルの言語学（池上）などを紹介しながら明らかにしていく。

　第3章では、まず言語類型論における「主語」の扱いについて検討し、文法上の「主語」が歴史的に作られたものであり、普遍的なものではないことを明らかにする。そして最近の日本における「主語不要論」として、金谷の議論を取り上げ、尾上の「主語必要論」について批判検討する。

　第4章では、日本語の論理再考と題して、「主体の論理と場所の論理」が具体的にどのような思考方式として表れるか、また、英語や日本語といった個別言語にどのように表れるかを明らかにする。そして、「日本語の論理は形式論理である」という主張を批判検討しながら、日本語の論理の基本が「場所の論理」であることを主張する。

　第5章では、認知言語学のパラダイムや哲学的背景、様々な理論的道具立てについて、「場所論」の観点から位置づけと検討を加え

る。人間不在の構造言語学は終わり、デカルト流の近代的主体思考の流れである生成文法は行き詰まりを見せている。その中で、環境世界の中で相互作用している認知主体の認知的営みという包括的な枠組みから言語研究を進めていこうとする認知言語学は、経験基盤主義や新しいカテゴリー論の提案、レトリックの復権、イメージ・スキーマなど「場所の言語学」と通底する言語観を共有している。一方で、その中には「動力連鎖的事態」を標準とする西洋中心主義的思考も存在する。普遍的な言語理論の確立のためにはこうした傾向を乗り越える日本言語学からの提起が求められる。

第2部は事例研究として、第6章では、日本語の「ハ」のスキーマを概念的場と参照点構造から位置づける。また、格助詞「ガ」のスキーマを「場においてもっとも顕著な存在物」と規定し、係り助詞であるハとの境界を明確にする。

第7章では、日本語の格助詞を場所論的観点から体系化するための理論的問題を論じる。基本的に「起点・経路・着点」のイメージ・スキーマに基づいたネットワークを提示し、動力連鎖を基本とするスキーマ形成やプロトタイプに基づく拡張論などの問題点を明らかにし、解決策として中心的用法からコア・スキーマを抽出するコア理論を援用する。

第8章では、ニ格の中心的用法を、存在の場所、移動の着点、授与の相手と設定し、そのコア・スキーマを「ニ格に向けた指向性」として、様々な用法の拡張関係をネットワークとして記述する。

第9章では、ヲ格のコア・スキーマを「起点・経路・着点」のイメージ・スキーマをベースに設定し、起点・経路・着点がそれぞれプロファイルされたものを起点用法、経路用法、対象用法として位置づける。

第10章では、デ格の中心的用法を、場所用法、道具・手段用法と設定し、出来事の背景としてのデ格のスキーマを設定する。

第11章では、日本語研究において初めて「場と文の相関の原理と類型」を打ち出した三尾砂の論を再評価・再検討し、新たな類型を提案する。

第12章では、日本語の様々な構文を取り上げ、日本語文法の場

所論的再構築を目指す。まず、名詞述語文、形容詞述語文は、存在構文の拡張の観点から体系化され、動詞述語文では、生成のスキーマを中心に、移動のスキーマ、他動詞構文のスキーマへのネットワークが提示される。

　第13章では、日本語と英語、中国語、朝鮮語の事態認知について、まずスル型、ナル型の観点から対照を行い、場所論的位置づけを与えていく。場所の言語学が他言語にいかに適用されるかの試論である。

　第14章は、今後の課題として、能格言語の場所論的位置づけ、言語習得と心の理論の問題の批判的検討を行い、「場所の言語学」の展望を提起する。

目　次

はじめに　　　　　　　　　　　　　　　　　　　　v

Ⅰ　理論編——「場所の哲学」から「場所の言語学」へ——　　1

第1章　場所の哲学　　　　　　　　　　　　　　　3
1. 「場所」とはなにか　　　　　　　　　　　　　3
2. 中村雄二郎の「述語的世界としての場所」　　　6
3. 城戸雪照の「場所の哲学」　　　　　　　　　11
   3.1　場所の開示　　　　　　　　　　　　　11
   3.2　主客構成関係論　　　　　　　　　　　11
   3.3　場所的存在論　　　　　　　　　　　　12
   3.4　場所の論理学　　　　　　　　　　　　13

第2章　言語学における「場所論」の受容　　　　19
1. 日本語研究における「場の理論」の系譜　　　19
2. 語用論研究における「場所論」の系譜　　　　23
   2.1　メイナード（2000）の「場交渉論」　　23
   2.2　井出（2006）の「わきまえの語用論」　26
3. 言語学における「場所理論」の受容　池上（1981）　27

第3章　「主語不要論」と「主語必要論」　　　　33
1. 言語類型論から見た主語について　　　　　　33
2. 最近の主語不要論　　　　　　　　　　　　　36
3. 尾上（2004）の主語必要論　　　　　　　　　40
   3.1　主語論の前提となる事実　　　　　　　40
   3.2　主語の規定　　　　　　　　　　　　　43
   3.3　主語の内実　　　　　　　　　　　　　44
   3.4　主語項の絶対性　　　　　　　　　　　45
4. 川端善明の主語論　　　　　　　　　　　　　48

XI

5.「二重主語構文」の批判　　　　　　　　　　49
　　　5.1　存在文　　　　　　　　　　　　　　49
　　　5.2　情意文　　　　　　　　　　　　　　52
　　　5.3　出来文　　　　　　　　　　　　　　54
　　　5.4　第2種二重「主語」文　　　　　　　56
　　6.　結論　場があるから主語は要らない　　　57

第4章　日本語の論理再考　　　　　　　　　　　　61
　　1.　主体の論理と場所の論理　　　　　　　　61
　　2.　日本語の論理は形式論理であるか？　　　66
　　　2.1　日本語特殊説について　　　　　　　66
　　　2.2　「論理は比喩の形式である」か　　　67
　　　2.3　「日本語の論理の基本は容器の論理である」か　　70
　　　2.4　「日本語の論理の基本は命題論理である」か　　71
　　　2.5　「英語の論理の基本は、述語の部分の論理である」か　　73
　　3.　結論　　　　　　　　　　　　　　　　　74

第5章　認知言語学の「場所論」による基礎づけ　　77
　　1.　認知言語学の哲学的基盤　　　　　　　　77
　　　1.1　身体性と想像力　　　　　　　　　　77
　　　1.2　認知的無意識と概念メタファー　　　78
　　　1.3　存在論と認知科学　　　　　　　　　81
　　　1.4　カテゴリーと論理　　　　　　　　　85
　　2.　認知言語学と場所論　　　　　　　　　　88
　　　2.1　図と地　　　　　　　　　　　　　　88
　　　2.2　比喩　　　　　　　　　　　　　　　90
　　　2.3　参照点構造　　　　　　　　　　　　92
　　　2.4　主観性と視点配列　　　　　　　　　94

　　II　事例研究　　　　　　　　　　　　　　　101

第6章　場所論に基づく「ハ」と「ガ」の規定　　103
　　1.　概念的「場」としてのハ　　　　　　　　103
　　　1.1　先行研究　　　　　　　　　　　　　103
　　　1.2　ハのスキーマと諸用法　　　　　　　105

2. ガのスキーマ　　　　　　　　　　　　　　　108
　　　　2.1　先行研究　　　　　　　　　　　　　108
　　　　2.2　ガのスキーマと諸用法　　　　　　　109
　　3.「〜ハ…ガ」構文　　　　　　　　　　　　111

第7章　場所論に基づく日本語格助詞の体系的研究　　117
　　1. はじめに　　　　　　　　　　　　　　　　117
　　2. 先行研究の検討　　　　　　　　　　　　　118
　　　　2.1「場所の論理」と格助詞　浅利（2008）　118
　　　　2.2「起点・経路・着点」のイメージ・スキーマ　菅井（2005）　119
　　　　2.3「動力連鎖」的事態を基本とすることの問題性　森山（2008）　122
　　　　2.4　プロトタイプからの拡張論の問題点　　123
　　3. コア理論を使った説明　　　　　　　　　　126

第8章　ニ格のスキーマとネットワーク　　　　　　131
　　1. ニ格の用法　　　　　　　　　　　　　　　131
　　2. 先行研究の検討　　　　　　　　　　　　　133
　　　　2.1「密着性」について　国広（1986）　　134
　　　　2.2　対峙性　森山（2008）　　　　　　　135
　　　　2.3　位置づけ操作　フランス＋小林（2005）　139
　　3. 存在の場所用法と「存在のスキーマ」　　　141
　　4. 時間点用法　　　　　　　　　　　　　　　143
　　5. 移動の着点用法　　　　　　　　　　　　　144
　　6. 授受の相手と出所　　　　　　　　　　　　145
　　7. 受身におけるニ格　　　　　　　　　　　　148
　　　　7.1　受身のニ格の認知過程　　　　　　　148
　　　　7.2　受身のニとカラ、ニヨッテの違い　　151
　　8. 原因のニ格　　　　　　　　　　　　　　　156
　　9. ニ格のスキーマとネットワーク　　　　　　158

第9章　ヲ格のスキーマとネットワーク　　　　　　163
　　1. ヲ格の用法　　　　　　　　　　　　　　　163
　　2. 先行研究の検討　　　　　　　　　　　　　164
　　3. 経路用法　　　　　　　　　　　　　　　　168
　　4. 起点用法　　　　　　　　　　　　　　　　169
　　　　4.1　経路の移動の含意　　　　　　　　　169

4.2　起点内の領域での移動の含意　　　　　　　　　　171
　　4.3　移動の経由点　　　　　　　　　　　　　　　　173
　5. 対象用法　　　　　　　　　　　　　　　　　　　　174
　　5.1　さまざまな対象　　　　　　　　　　　　　　　174
　　5.2　対象のヲ格のスキーマ　　　　　　　　　　　　175
　　5.3　状態変化をおこす他動詞構文の対象　　　　　　178
　　5.4　制作動詞のヲ格　　　　　　　　　　　　　　　179
　6. 時間用法と状況用法　　　　　　　　　　　　　　　181
　7. ヲ格のスキーマとネットワーク　　　　　　　　　　182

第10章　デ格のスキーマとネットワーク　　　　　　　185
　1. デ格の用法　　　　　　　　　　　　　　　　　　　185
　2. 先行研究の検討　　　　　　　　　　　　　　　　　186
　　2.1　森田（1989）　　　　　　　　　　　　　　　186
　　2.2　中右（1998）　　　　　　　　　　　　　　　187
　　2.3　菅井（1997）　　　　　　　　　　　　　　　187
　　2.4　森山（2008）　　　　　　　　　　　　　　　189
　3. 場所用法　　　　　　　　　　　　　　　　　　　　189
　4. 時間用法　　　　　　　　　　　　　　　　　　　　190
　5. 原因用法　出来事が起きる場面としてのデ　　　　　192
　6. 様態、材料用法　状態次元のデ　　　　　　　　　　193
　7. 道具・手段用法　モノ次元のデ　　　　　　　　　　195
　8. デ格のスキーマとネットワーク　　　　　　　　　　196
　9. 格助詞の体系とネットワーク（まとめ）　　　　　　198

第11章　場と文の相関の類型再考　　　　　　　　　　201
　1. はじめに　　　　　　　　　　　　　　　　　　　　201
　2. 三尾の「場と文の相関の類型」　　　　　　　　　　201
　　2.1　「話の場」の概念と「場と文の相関の原理」　　201
　　2.2　「場と文の相関の類型」とその問題点　　　　　202
　3. 問題点に関する検討、考察　　　　　　　　　　　　207
　4. 新たな類型の提案　　　　　　　　　　　　　　　　210
　5. 結論　　　　　　　　　　　　　　　　　　　　　　212

第12章　日本語諸構文の場所論的再構築に向けて　　　215
　1. はじめに　　　　　　　　　　　　　　　　　　　　215

2. 存在構文から名詞述語文、形容詞述語文の範疇化 　220
2.1 存在構文　中心的存在構文と主題化構文 　220
2.2 名詞述語文 　223
2.3 形容詞述語文 　225
3. 動詞述語文の複合的ネットワーク 　226
3.1 生成のスキーマ 　226
3.1.1 デキル文（YニハXができる） 　227
3.1.2 知覚動詞構文 　228
3.1.3 ナル文（XハYニナル） 　229
3.1.4 ラレル文の認知過程 　231
3.2 移動のスキーマ 　232
3.3 他動詞構文のスキーマ 　235
4. 結論 　238

第13章 日本語と英語、中国語、朝鮮語の事態認知の対照 　243
1. 日本語と英語の事態認知　スルとナルの言語学再考 　243
2. 場所においてコトがナル　コトが出来する場としての自己 　246
3. アル言語としての日本語 　248
4. 『雪国』の冒頭の文と中国語、朝鮮語翻訳との対照 　250
5. 中国語、朝鮮語はスル型かナル型か 　252
6. 中国語の認知的特徴　出現、消失、存在 　254
7. 朝鮮語の事態認知 　259

第14章 今後の課題と展望 　265
1. 類型論的位置づけ　能格言語の問題 　265
2. 言語習得と心の理論 　270

参考文献 　277

あとがき 　287

索引 　291

Ⅰ　理論編——「場所の哲学」から「場所の言語学」へ——

第 1 章
場所の哲学

　本書の理論的基盤になる「場所の哲学」は、西田幾多郎の「場所の論理」、中村雄二郎の「場所論」、城戸雪照の「場所の哲学」を重要な導きの糸としている。以下、「場所」とは何かをはじめとして、「場所の哲学」について紹介、検討していきたい。

1.「場所」とはなにか

　「場所」とは、国語辞典的意味としては、「何かが存在したり行われたりする所。ある広がりをもった土地」(『大辞泉』) と定義され、「魚の釣れる場所」とか「約束の場所」などの用例が挙げられている。また、一般に「ものが占めるために要する広さ」すなわち、「空間」と同義の意味として使われることもある (「立っている場所もない」)。では、「空間」と「場所」の違いは何であろうか。最近の「場所論」をまとめた著作である丸田 (2008: 56) によれば、

　　　空間は一般的に均質な広がりをもっているが、そこに人間が関与することで空間が意味を帯び、方向性が生れ、徐々に均質性が崩れていく。このように人間が関わることで空間が限定して、特殊な空間が生じるが、これが「場所」である。

としている。つまり、人間が関わる空間、体験されている空間が「場所」である。ここで注意しなければならないのは、人間に関わりのない物理的空間がまずあって、そこから人間が関わる「場所」が派生するというより、人間が開く「場所」がまずあって、そこから抽象的な空間概念が出てくるのではないかということである*1。

　こうした場所の概念は、地理学*2 や文化人類学において重要な概念であり、そこでは、場所は人間から独立して存在できないし、人間は場所から離れて存在できないという基本的性質を持つことが

言われている。また最近では、「環境心理学」という新たな分野からも「人間と環境の相互浸透性（トランザクション）」という概念が提起され、「私と場所」の問題がふれられている。

　「ここは温かい」—このような体験様式には、「誰が」という主語の規定も、「環境の何が」という対象の規定も、原初的には与えられておらず、「ここ」の状態として直に叙述されている。つまり、より正確を期すならば、「私がいまここで温かい」と表現される体験は、私の感覚の記述であると同時に、場所の性質・状態の記述でもある。両者は不可分である。「この町はすみやすい」や「この学校はのびのびしている」といった表現も、より複雑ではあるが、基本的には「ここは温かい」と同じ構造の叙述である。　　　　　　　　　　　（南2006: 36）

この南の指摘について、矢守（2008: 79）は次のようにコメントする。

　ここで指摘されていることは、私たちの原初的な体験様相においては、主体（自己）と対象（環境）とは分離されていない、という重要な事実である。こうした叙述において、主語と対象が明示されないのは、それらが省略されているからではなく両者が渾然一体となって融合しているからである。（中略）「ここは温かい」という一種独特の雰囲気が、一方に温かい空気（対象）を、他方にほんわかした気分（主体）を産み落としている。そして、きわめて重要なことは、明確に分離しない主体と対象とが一体化した一つの全体として体験されるとき、そうした体験は、両者がそこにおいて重合する〈場所〉に帰属されてあらわれるという点である。「ここは温かい」という形式で。〈場所〉において、環境と自己は深いトランザクションを果たすのである。

主体と対象のいずれでもない、それらが分化する以前の、環境と自己との間の深い相互浸透（トランザクション）が生じる「こと」の世界こそが、〈場所〉と呼ばれているのである。

丸田（2008）では、また、ハイデガーの存在論*3やメルロ＝ポンティの身体論から「場所」という問題を明らかにしている。

存在と関わりを持つ人間のことをハイデガーは「現存在」（Dasein）と言っているが、ドイツ語の「Da」とは、話者が近いと認識する場所を指し示す「そこに」という意味と、話者の現にいる位置を示す「ここに」という意味があると言われる。人間が差し当たりまず関わるモノは、なにかをするための道具である。のどが乾けば、ジュースが入ったコップに手を伸ばす。人間はまず、コップのある「そこに」関心を向け、「そこ」から自分のいる「ここ」がふり返られる。自分の存在というのは、他のモノの存在を認知することによって与えられるという意味で、「現存在」というのではないかと思う*4。

「現存在」とは「世界内存在」である。それは、ある物体（身体）が、世界の一部を占めるというような、単なる空間的な包含関係を表しているのではなく、それは世界に対して常に存在が開かれている関係を表している。つまり他の存在者に関心を持ち、配慮するという外部に開かれたあり方を示すのが「現存在」である。ここで「空間」という用語に返れば、「現存在」が生きる空間を「存在論的空間」というのに対し、「主体」が対象としてモノや対象を客観的に認識する空間は「存在的空間」あるいは「認識論的空間」と呼ばれる。「場所」とは、前者の「存在論的空間」であり、生きられた空間である。この「存在論的空間」は「身体」なくしてあり得ないことを示したのがメルロ＝ポンティである。身体は、それを通して自分を取り巻く対象世界を体験するための「主体」の一部である。その一方で身体は、それ自身が対象として体験される「客体」の1つでもある。このように身体は、主体と客体との境界にある両義的な存在であり、主客を媒介する前人称的な存在として意味の源泉となり、意味連関を分泌していくのである。私たちは空間を欠いた主体ではなく、身体を通して私たち自身が空間的な形成物として、より大きな包括的空間の中に埋め込まれた存在なのである。

丸田は以上のような伝統的場所論にふまえ、インターネット時代の場所論として、ウェブ空間の場所性を明らかにし、一方で現実空間（地域）での「帰る場所」を探ろうとしている。現実空間の場所性を復権していくことは必要な作業であるが、本書の範囲外になる

のでまた別の機会であらためて論じたい。次に「場所」を主題として包括的に論じた中村（1989）の「場所論」を紹介する。

2. 中村雄二郎の「述語的世界としての場所」

中村雄二郎（1989）は、場所の問題の諸相として、自然哲学・修辞学の〈場所〉、物理学の〈場〉、非線形の物質形から生命系を考察し、場所の基体的性格を共通のものとしてあげる。基体とは、基礎あるいは根底にあるものといった意味で、アリストテレスでは基体を生成変化の根底にあって一貫して変わらない主体（主語）であるとする。しかし、これはギリシャ哲学の第一原因あるいは創造主という考え方、およびそれを受け継いだ伝統的な西洋形而上学の考え方が前提になっている。中村は、こうした主語—基体の考え方を根本的に問い直さなければならないとしている。

こうして、中村は〈基体としての場所〉という問題設定を行い、(1) 存在根拠としての場所、(2) 身体的なものとしての場所、(3) 象徴的な空間としての場所、(4) 論点や議論の隠された所としての場所（言語的トポス）という4つの観点から「場所」について考察していく。「存在根拠としての場所」は、生物学・生態学的に見た固有環境や、社会的な共同体、心理的な無意識などのことで、意識的な自我が成立し、自己の存在根拠となる場所である。「身体的なものとしての場所」は、意識的自我が成り立つ場所であり、またそこに成立する身体的実存によって空間的場所が意味づけられ、分節化される。社会的空間の中で作られる固有の場としてのテリトリー（縄張り）は、身体的な場所の延長である。「象徴的な空間としての場所」は、典型的には宗教的、神話的空間をあらわす。「論点や議論の隠された所としての場所」は、古代レトリックの具体的な議論法として始まる言語的トポスとしての場である。言語と場所は密接な関係にあり、そこからさらに述語性の観点から場所の本質に迫っていこうとしたのが、「述語的世界としての場所」である。ここでは、まず形式論理学における述語論理学*5 について考察し、西田幾多郎の「場所の論理」の述語的論理としての性格を明らかに

しようとする。

　西田（上田編1987: 74）によれば、これまでの認識論は主観と客観の対立から出発したが、むしろ意識（自覚）からこそ出発すべきである。この場合、認識の根本は、何よりも〈自己の中に自己を映す〉ことに求められる。中村の解説では、下記のようにまとめられる。

　　　意識の野は場所としての性格を持つが、そのことが最も明瞭にあらわれるのは、判断の論理形式中である。判断とは、元々形式論理学上、特殊（主語）が一般（述語）のうちに包摂されること、つまり、特殊が一般においてあることだからである。このように〈SはPである〉に見られる包摂関係とは、一般者（P）が特殊（S）を包む関係であるが、それはさらに言えば、一般がおのれを特殊化すること、つまり一般者の自己限定である、ある判断が現実に妥当するためには、その根底に具体的一般者がなければならない。そして、この具体的一般者というのは、もっとも豊かに自己において自己を映すような世界あるいは（述語的）場所のことなのである。　　　（中村1989: 173）

　ここで、西田は、判断は、従来は主語中心であったものを、逆方向で述語中心に考えるべきである、と主張する。判断の背後には述語面がなければならない。そして、どこまでも主語は述語において存在するのである、と。場所は自分と物が、ともにそこに「於いてある」場所であり、つまり、存在を根源的に可能ならしめる場所、無の場所であるが、それは、超越的述語に支えられているのである（図1）。

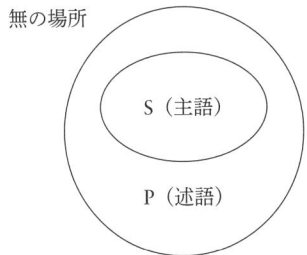

図1：西田の判断の形式

第1章　場所の哲学　　7

西田は、

　　長い間哲学の共通の前提であった主語論理主義の立場から述
　　語論理主義の立場へコペルニクス的転換をおこなうとともに、
　　それを通して、すべての実在を述語的基体＝無によって根拠づ
　　け、無の場所を有の欠如としてではなく、積極的にあらゆる有
　　を生み出す豊かな世界として捉えたのであった。　（同181）

こうして場所の論理は、述語論理を主語論理と同等の資格を持つことを明らかにしたのである。中村はさらに、西田の場所の論理が、期せずして〈日本語の論理〉を明らかにしていた、という。そのことをはっきりと気づかせてくれるものとして、時枝誠記の日本語文法論をあげる。時枝（1941）のいわゆる〈言語過程説〉は「言語を、人間行為の一として観察し、すべてを、言語主体の機能に換言しようとする学説」だと言う。時枝の〈言語過程説〉と西田の〈場所の論理〉とのつながりをことば上見えやすいかたちで示しているのは、言語活動の基礎あるいは条件としての〈場面〉という考え方である。〈場面〉は単なる物理的空間にとどまらず、それを充たすものや色づけるものを含んでいる。いやそれは、場所を充たす物事や情景だけではなく、それらを志向する主体の態度、気分、感情さえも含んでいる。「場面は純客体的世界でもなく、又純主体的な志向作用でもなく、いはば主客の融合した世界である。」（時枝1941：44）そして時枝は、言語表現に不可欠なこの場面における主体と客体の関係を、（初期の現象学に似て）客体的事実が主体的認定によって成立する、という形で捉えた。そして言語では、客体的事実は「詞」によって表現され、主体的認定の過程は「辞」によって表現されるとしたのである。ここに、言語（文）は、客体的表現（詞）と主体的表現（辞）との統一、後者によって前者が包まれる統一として捉えられることになったと言う。こうして、時枝の所説が、期せずして西田の場所の論理を日本語の統語論において明らかにしたのだと言う*6。

　中村は、さらに述語的論理として、パレオロジック（古論理）をあげる。アリストテレス以来の伝統的論理学＝形式論理学は、主語的同一性に基づいた主語的な論理であった。その逆転としての述語

論理とは、述語的同一性に基づいた論理であるが、この意味を明らかにしたのが、アリエティ（1976）のいうパレオロジックであった。

《すべての処女は聖母マリアを憧れる。
　彼女は処女である。
　彼女は聖母マリアを憧れる。》（S）

Sは通常の形式論理学の三段論法であり、大前提の主語（すべての処女）のうちに小前提の主語（彼女）が包摂され、その同一性に基づいて結論が出てくる。一方、

《私は処女です。
　聖母マリアは処女です。
　ゆえに、私は聖母マリアです。》（S'）

S'の推論は、述語（処女）の同一性に基づいて結論が引き出される（図2）。これは欲求や願望に基づいた〈私〉と〈聖母マリア〉との結合である。このような述語的論理は、分裂病者*7に見られるが、これに着目しこの種の思考法を〈古論理〉としてモデル化したのがアリエティであった。

アリエティによれば、古論理的思考では、Aは、B＝非Aでありうるだけではなく、同時に同じ場所でAであるとともにB＝非Aでもありうる。すなわち、AはAか非Aのどちらかでなければならないというアリストテレスの排中律が無視される。こうした古論理的思考は、病的なものとして、分裂病者にのみ見られるのではなく、神話的な象徴作用や芸術的な創造のメカニズムのうちにも見出されるのであり、現代人が積極的にこれを開発して創造的に生かすべきであると説いたのである。いわゆる、隠喩（メタファー）の思考法もこうした述語的論理に基づいているものと考えられる。

こうして、述語的世界は、述語論理学から日本語の論理そして西田の場所の論理を経て、パレオロジックに至るまで、それぞれ場所の問題と深くかかわっていることを中村は明らかにした。

中村は最後に、場所の反対概念としての主体の問題について触れている。ここで重要な指摘は、場所の重要性を強調することが、主体を否定することではないということである。中村にとって、主体

第1章　場所の哲学　　9

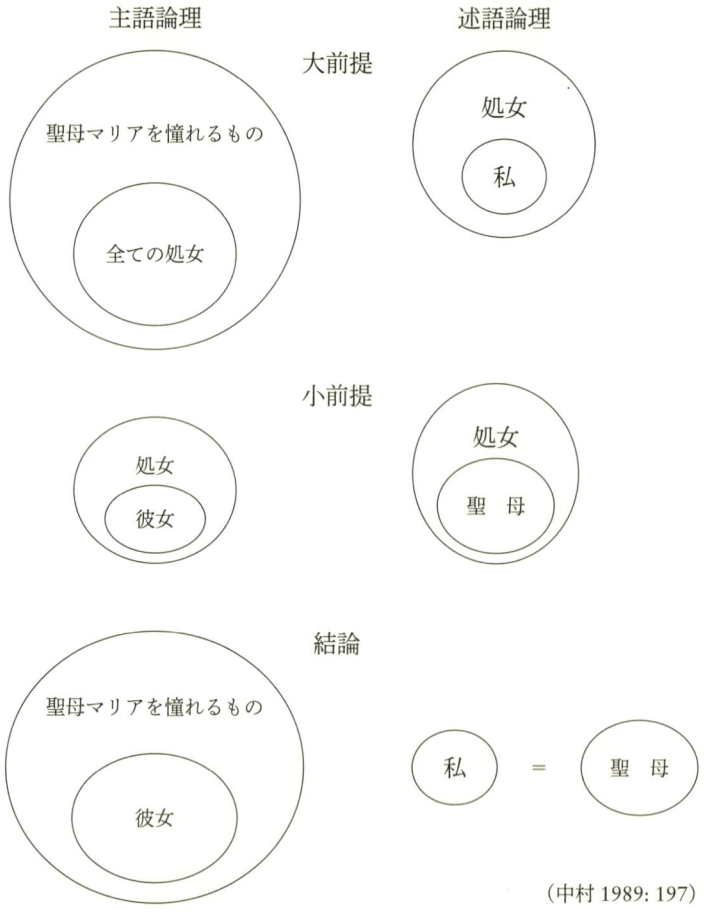

図2：主語論理と述語論理（中村）

を実体ではなくて活動として捉え、主体に正当な位置を与えることが目的なのである。共同体から自我（個人）の発生・自立は、場所から主体の、述語から主語の発生・自立に対応しており、主語＝主体の働きは、何よりも述語＝基体的なものの自覚的な統合にある。本研究の主目的も、主語論理と述語論理の統合ということであり、中村の提起にも呼応するものとなる。

3．城戸雪照の「場所の哲学」

　城戸（2003）は、西田哲学の問題意識を継承し、これを科学的視点から考察するものとして「場所の哲学」を提起する。「場所の哲学」は、主観的観念論（主観が客観を構成する）と客観的唯物論（客観が主観に反映する）を統合する「主客構成関係論」、存在者と場所を相補的なものとしてこれを統合する「場所的存在論」、主語の論理と述語の論理を統合する「場所的論理学（弁証法論理学）」から構成される。

3.1　場所の開示

　これら認識論、存在論、論理学の問題を取り上げる前に、生命体において認識、存在、論理が成立するには、まず、個々の生命体によって「場所」が開示されなくてはならないということを確認しておきたい。ここで言う「場所」は、個々の主体が開く場所であり、ハイデガーの現存在の「現」にあたるものであろう。この「場所」は、個々の生命体の認識機構、環境世界に依存して異なるが、種を共通にする限り、開示される場所はほとんど共通することになる。こうした共通の認識機構、環境世界によって形成される場所のことを「場」と城戸は呼ぶ。他者が自己と同一であることが了解できるのは、個々の生命体の存在する共通の「場」を基準とするからである。この「場」が相互主観化の基礎であり、客観の基礎となるとする。ここで言う「場」とは、複数の個体に共通する場所であり、ハイデガーの言う「共同現存在」に当たる意味もあり、もう1つは客体を含めた「世界」という意味をも含めて言っているのではないかと考えられる。

3.2　主客構成関係論

　まず、認識論としての「主客構成関係論」について城戸は述べる。「主体」というのは、個々の「場所」を開示する生命体のことであり、「客体」とは、その「場所」としての生命体が開示する外的な世界である。認識論的にみると、主体というのは、「主観」であり、

ある認識機構を持つ生命体が自ら開示した「場所」において、その認識機構に反映した外界の内容である。「主観」は「場所」によって規定される。一方、客体は、認識論的にみると「客観」であり、複数の主体が共有する「場」において、主体によって構成されるとともに、その主体の認識機構に反映する外界である。客観というのは、主体によって構成されつつ主体によって反映するという相補性を持つのであり、構成的側面から見れば、観念論ができるし、反映的側面から見れば、唯物論ができるが、それらは客観も持つ二側面のうちの一側面であり、どちらが正しいと言えるものではないと言う。

こうして、「認識」とは、「場所」において構成され、かつ、反映する「主観」と、「場」において構成され、かつ反映する「客観」との相互作用である。この主客の構成関係として構築される認識論を「主客構成関係論」と呼ぶ（図3）。

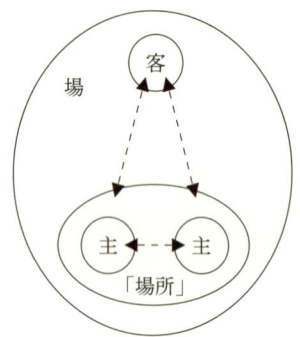

図3：「場所」（場）と主体（主観）、客体（客観）

3.3 場所的存在論

次に、存在論としての「場所的存在論」について述べる。ある認識機構を備えた生命体によって開示された「場」それ自体が「存在」であり、その「場」において形成される主体と客体の総体が「存在者」である。「存在」は、「場」が開示されてはじめて生まれるものであり、かつ主体から離れた「存在」とはありえないのである。一般に、存在というとまず、存在するモノを考えるのが普通で

ある。これを存在者＝存在の存在論と呼ぶとすれば、存在を成り立たせる場所を基盤として考える存在論は場所＝存在の存在論である。城戸（2003）は「この場所＝存在の立場から存在者＝存在を考え、存在者＝存在の立場から場所＝存在を考える存在論は、広い意味で開示されるその場所の立場から基礎付けられる存在論であるから、これを「場所的存在論」と呼ぶことにする。」(51) と規定する。存在というためには個物がなければならない。個物があって初めて存在ということが生じる。しかし、個物は常に場所においてあり、場所に規定されて存在するのであり、個物と場所とは存在を規定する2つの欠くことのできないモメントなのである。すなわち、存在とは、個物と場所との相補的な相互作用である。

個物と場所が相関することによって生まれるのが出来事である。出来事というのは、個物（＝存在者）と場所（＝存在あらしめるもの）との相互作用である。まず存在するのは出来事であり（関係の一次性）、そこから個物が生まれるのである。

3.4　場所の論理学

第3に主語論理と述語論理の統合としての場所の論理学について述べる。まず、論理というのは、ある何かと何かの関係の表現であり、関係が生まれるためには、個々の主体や客体（「存在者」）と、それが存在する場所（「所在」）とが互いに分離することが必要であると言う。「所在」というのは、「存在者が存在する概念的位置または空間的もしくは時間的位置」のことであり、広い意味で、その「存在者」の述語に相当する部分である。「主語論理」とは、個々の主体または客体（存在者）から出発し、そうした主体または客体がおかれている所在＝場所＝述語をその主語に属する性質として論じる論理である。たとえば、「太陽は輝く」という文では、太陽という主語が輝くという性質を有すると考える。太陽という主語がまずあって、この主語に包摂されるものとして輝くという性質を述定するのである。これに対し、「述語論理」は、所在＝場所＝述語から出発し、その場所において包み込まれる主体や客体（存在者）について論じる論理である。例えば、「輝く」という所在＝場所から出

発し、輝くものが包摂するものを同一のものとして論じるのである。主語論理からすれば、女性と太陽は、主語、主体としては明らかに異なるものである。しかし、輝くという述語的同一性のもとで見るならば、女性も太陽も輝くものであり、「太陽は輝く」、「女性は（男性にとって）輝く」故に、「女性は太陽である」という結論を導く（図4）。一般にメタファー（隠喩）は述語論理に従っているのであり、メタファーの重要性を説く認知言語学は、述語論理の復権という点で評価されるべきであると考える。述語論理は、言語以前のイメージ的同一性を重視する論理である。また、述語論理は主語論理よりも基底的、根底的な論理であり、意識を形成するのが主に主語論理であるとすれば、無意識を形成しているのは主に述語論理なのであるとする。

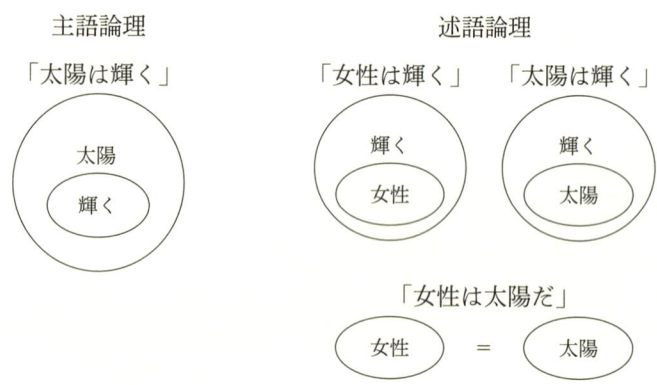

図4：主語論理と述語論理（城戸）

　新しい論理学は、この主語論理と述語論理を論理の相反する相補的な2つの側面であることを自覚的に統合するものであり、主語と述語とを統合する場所における論理学であるから、これを「場所的論理学」と城戸は呼ぶ。
　全く相いれない、相反する2つの論理を統合する論理としては、「弁証法論理」がある。弁証法論理が形成されるためには、感性と悟性とを積極的に統合すること、感性的認識と悟性的認識とを結合することが必要である。感性的認識は、言語以前の論理、非言語的

論理に基づくものであり、悟性的認識は、言語を媒介とした論理である。言語を媒介とした論理に非言語的なものを結合するということは、通常の言語の論理における矛盾律、同一律、排中律という論理法則を相対化することが必要である。概念的言語に矛盾を抱え込ませることによって、そこに述語論理の切れ目を入れることによって、はじめて主語論理と述語論理とが合体して、絶えず変動してやまない現実の世界を表現することができるようになるのである、と城戸は言う。ただ、この2つの論理の統合の内容については、別の機会に個別的なテーマを通して具体的に論じることにしたいとして、詳細は述べられていない。場所論の観点から、この主語論理と述語論理の統合をめざしていくことは、これからの大きな課題であるが、次のような示唆が見られる＊8。

　ここで、注意すべきは、「場所」と「主体」は、互換性があるという点である。本来場所と主体というのは、最も基本的な対立構造を持っているのであるが、その基本的な性格から、場所と主体の同一性も基礎付けられてくるのである。つまり主語となるものを場所と見ることも出来るし、場所となるものを主語として考えることもできる。西田の絶対矛盾的自己同一の構造が生まれる背景には、こうした主体と場所との同一性という問題が潜んでいるのである。したがって、ある「状態」や「動作」の帰属する「場所」が「主体」として機能するとき、それは言語空間においては、「主語」として現れるということを意味している。「沖縄は暖かい」というとき、文字通り、「沖縄」を主体、主語として捉えれば、暖かいということの主語、主体は沖縄である。しかし、同時にそれは、人間が沖縄という場所において暖かいと感じるということを意味している。人の心が温かいというのも、人の心という場所を暖かいと誰かが感じるのであり、それは主語と同時に場所である。人は主体であるとともに場所であるというのは、そこにある主体と場所の絶対矛盾的自己同一性、逆対応を指しているのである。つまり、場所から出発した言語は、いつでも、その場所を主語として考えることが可能であり、この場所を主語として考える思考様式にな

ることで、場所的思考が主体的思考に転換されるのである。そこに言語が媒介項として、主語論理的思考が生まれる根拠がある。

つまり、「主語論理的思考」は、「述語論理的思考」から生じた。非言語的な述語論理的思考の基礎の上に、主語論理的思考が生まれ、言語が発生したのであると考えられる。場から言語が発生したシステムを解明し、主語論理の背景にある述語論理的発想に帰ってみるということが必要なのである。求められるのは、場所から主体が自立し、そして主体が自立した上で、場所に帰っていくという弁証法的発展である。

＊1 Casey（1997）は、西洋哲学の中で、「空間」概念のもとに隠蔽され、抑圧されてきた「場所」の概念の歴史を明らかにした。そして、「場所」の理念を、カント、フッサール、ハイデガー、メルロ゠ポンティなどの現代の哲学思想を組み合わせながら、復興しようとしている。
＊2 エドワード・レルフ『場所の現象学』ちくま学芸文庫、1999などで論じられている。
＊3 「場所」という言葉でわれわれは一体何を了解しているのかという「場所への問い」をハイデガーの解釈学的現象学の方法論から明らかにしようとした論考として阪本（2008）がある。
＊4 ドイツ語で「…がある」という表現は、「es gibt〜」（それが〜を与える）であるが、ここでのes（それ）とは、人間が開く「現」（そこ）という場所のことではないだろうか。人間が開示する場所が存在物を与えるのである。
＊5 中村（1989）によれば、述語論理学とは命題を関数の形式 $F(x), G(x,y)$ …によって表現し、あらゆる主語を述語の場において捉える論理学だという。命題は主語的実体本位ではなく述語的関係性において、また、述語は埋めるべき空白を含んだ一種の場として捉えられる（同: 169）としている。ただ、注意すべきは、こうした共通性はあるものの、形式論理学としての述語論理学と場所の論理としての述語論理は異なるものである。述語論理は、主語論理を生み出し、その基底にある原初的な論理のことである。
＊6 ただ、日本語文法論の立場からは、時枝の文法論に対してはさまざまな問題点が指摘される。たとえば野村（1991: 38）は、「詞と辞、客体的表現と主体的表現、叙述内容と陳述の区別という文観、述語観は、近代的な客観・主観図式に基づいている。動詞＋助動詞に分析される述語には、客観も主観も認められない。それは一まとまりに事態の見え姿を表わしているだけである」とす

る。筆者も、時枝の文法論を全面的に受け入れるわけではないが、時枝の場面論は、言語がその場面との関係において表現される、という基本的な姿勢を維持するものとして、注目される。時枝文法の全体的評価はまた別の機会にしたいと思う。

*7 現在、分裂病は「統合失調症」と呼ばれているが、出典の用語のまま使うことにする。

*8 大塚正之氏（城戸雪照）主宰の研究会の趣意書「場所の言語学研究の基本的視座」（2010非公開）からの引用。

第2章
言語学における「場所論」の受容

　第1章で述べた西田の「場所の論理」は直接日本語の問題について言及したものではないが、国語学の中では、時枝（1941）や佐久間（1959）、三尾（1948:2003）の場面論という形で場所の論理と軌を一にした指摘がなされている。また、最近の語用論や談話分析の研究の中でも、「場交渉論」として、「場」の考え方を日本語研究に応用していくメイナード（2000）、井出（2006）の取り組みがある。言語学においては、池上（1981）は、ドイツの「場所理論」を適用した言語学を提起しようとしたものであり、日本における「認知言語学」の受容の中で、「場所論」が受容されていることが見て取れる。このような研究の流れを踏まえるためまずは、日本語研究における「場の理論」の系譜、語用論研究における「場所論」の系譜、言語学における「場所理論」の受容の順について見ていく。

1．日本語研究における「場の理論」の系譜

　日本語研究に「場」の理論を初めて導入したのは佐久間鼎だとされる。佐久間（1959）では、「発言の場・話題の場・課題の場」を提起している。「発言の場」とは、表出や呼びかけが行われる場であり、発言者が話手としてひとつの極を形づくり、これに対してもうひとつの極に話し手がいて、この両極が焦点的な位置を占める場である。次に「話題の場」は、情景が視聴の知覚面の前面に立ちはだかる場合で、共同の場を構成するために、その情景を言語化して話題とするときに成り立つ場である。そして、「課題の場」とは、題目を解答請求のために提出し、それによって緊張状態を起こし、それが解決を要請することにつながる場のことである。日本語にお

いては、課題の場を設定し、その範囲を確立し、言明の通用（妥当）する限界を明示する働き、すなわち題目の提起を行うのが提題助詞「は」の働きというわけである。佐久間は日本語の「ハ」が「課題の場」を設定するという提起をしたという点で独創的な点があるが、その三種の場は、別々の場として捉えられていて、それらがどのような関係にあるのかはっきりしないのが難点である。特に、「発言の場」と「話題の場」の違いがはっきりしないのである。

一方で、三尾砂（1948＝2003）は、「話の場」という概念を提起し、場と文の相関の原理から文類型を提起している。

　　　話手の「つもり」の発生から言の実現までを言語行動というならば、次のように話の場を定義することが出来よう。

　　　あるしゅんかんにおいて、言語行動になんらかの影響をあたえる条件の総体を、そのしゅんかんの話の場という。　（同23）

　　　話の場も、話手という主体が中心で、場は話手の作用を受ける被動の場であると、かんたんには考えられがちである。しかし、話における場はあべこべであって、話手は場から働きかけられるものである。場が能動で、話手は被動なのである。場が話手に影響をあたえる、すなわち場が話手を規定するのである。話手は場「において」話しているだけでなく、場「によって」規定されているのである。ゆえに話の場というのは、話手を被動主体として、その主体「に」影響をあたえる限りの勢力けんをいうのである。いいかえると、話手に影響をあたえる限りの力の総体が話の場である。　　　　　　　　　　　　（同19）

一言で言って、場が話手を規定し、文を規定するのである。

　　　たとえば、「ああ、あつい」という文があるとする。そしてカンカンてっている日の光や、熱気や、うちわを使う動作や、流れるあせや、胸をはだける動作や、今まで外にいてあつくてもあついといえないでがまんしてきたものが、家へかえってきて、やれやれといった気持ちでえんりょなしに足を投げ出してすわりこんだ、といったような事態のいっさいをふくめた「場」の中にあって、「ああ、あつい」という言が出たのだとする。すると、そういう「場」が「ああ、あつい」と言わしめた

のである。「ああ、あつい」は場の中で生き、意味をあたえられている。「ああ、あつい」の意味脈絡は「場」との間でなされる。「ああ、あつい」の意味脈絡は「場」との間でなされる。「ああ、あつい」の前後の文は「場」である。すなわち「場」こそ文脈に他ならぬ。　　　　　　　　　　　　　　（同16）

　文の具体的な、あるがままの在り方は、場のなかにあるとともに、場によって完全に影響されてあるものである。場の「中に」、場に「依って」、在るものである。場に規定されてあるのであるから、場をはなれては現実に存在しないわけである。だから、生きた雑多な文の在り方を見きわめるには、そういう文がその中に在る場の構造をあきらかにすればよいわけである。

(同38–39)

こうして、場と文の相関の原理を適用して、「場と文の相関の類型」を提起する。それは、次のようなものである。

（1）場の文

　　場の文は、それ自身がひとつの場であって、新しくひとつの場をもちだすもので、〈…が＋動詞〉という形で、現象文となる。（例：雨が降っている）

（2）場を含む文

　　場を含む文とは、課題に対して判断を行うもので、課題の場の文と転位の文がある。〈…は＋用言（のだ）〉〈…は＋体言＋だ〉という形をとり、判断文となる。（例：それは梅だ）

（3）場を指向する文

　　場を指向する文とは、概念的な展開は不完全のままだが、場の全領域を指向するもので、感動詞や一語文などで、未展開文となる。（例：あ！雨だ！）

（4）場と相補う文

　　場と相補う文とは、課題の場とその解決との2つの文節を持つ一全体のうち、片方の文節が言い表されていない文で、分節文とよばれる。（これまでの文法では「省略文」とよばれたものである。）（例：梅だ）

文（言語）は場に規定されたものであるという三尾の主張は、場所の論理と通じるものがあり、それを具体的な文類型に応用しようとした点で、三尾の研究は評価されるだろう。
　「現象文」の解説の中で、重要なのは「現象文の直接の根底にあるのは直観作用であって判断作用ではない」「現象文は典型的な判断作用「AはBだ」とは根本的に違ったものである」（同66-67）という指摘である。後で述べる川端善明の文の定義のように、すべての文が判断に対応するとして、「知られるもの」と「知る働き」の二項を主語―述語とした規定は、従来の形式論理学に依拠したものであった。しかし、形容詞文において「空は青い」は判断文であるが、「空が青いなあ」は、判断を述べているのではなく、事象をありのままに描写する現象描写文であり、明確に区別されるべきものであると思われる。さてその判断文は、三尾では「場を含む文」とされている。ここで重要な指摘は「判断文にあっては、主部は題目であって、格の概念から離れたものである。すなわち「主語―述語」ではないのであって、「題目―解説」の構造をなすものである。」（同69）という指摘である。ただ、三尾があげている「転位文」に関しては、「あの方が委員です」のような文は、それ自体で成り立つものというより、「誰が委員ですか」という質問に呼応して出てくるものであり、むしろ四番目の分節文に含めたほうがいいのではないかと思われる。三番目の「未展開文」に関しては、「あ！」などの感動詞や「ごはんですよ」などの呼びかけ、「ゴキブリ！」などの一語文はこの類型に入れてもかまわないと考えるが、「雨だ！」「火事だ！」は「だ」がすでに判断作用を表していると考えると、一語文とは区別するべきであると考える。あるいは、これ自身現象を描写していると考えると現象描写文のひとつに数えられるかもしれない。四番目の「分節文」であるが、ここで重要な指摘はこの文は「実際の話の場においては不完全文でもなく省略されたところもないのである。その場にあってはそれで十全な文である。ただ言葉の上の表現だけを場から切り離してみたときに、それが不完全に見えるのである。」（同78）という指摘である。
　「話の具体的な場を一つの表現体系だと見るならば、それは　表

現体系＝場の表現価×言語的表現価のように、場の表現価と言葉の上の表現価（文）との相乗積といえるだろう。」（同79）としている。

「お前はこの本が読めるか」の場において、「読めます」はりっぱな文であり、省略されたものではない。場に規定されて、その文が成り立っているのである。分節文を認めることは、日本語が主語―述語から成り立っていて、その主語が省略されているというより、場と文の相関から成り立っていることを示唆している。

ただ、三尾の分類に関しては、再検討するべき点が残されている。「暑い」などの述語だけの文をどこに位置づけるか、また、「故郷が懐かしい」のような情意文や、「太郎は納豆が食べられる」のような尾上が言う出来文をどこに位置づけるかという問題が残る。「場と文の相関の原理」による文類型の分類の再検討は、第11章で再度行い、新たな分類を提起してみたい。

2. 語用論研究における「場所論」の系譜

2.1 メイナード（2000）の「場交渉論」

最近の談話分析、会話分析、語用論研究で、メイナードは、「場交渉論」に基づく「情意の言語学」を打ち出している。

　本書では、情報を相手に向けて伝えると同時に、場の交渉を通して情意を共作する〈感じる主体〉を理解することを視野に入れながら、言語の表現行為に焦点を当てる。人間の情的態度が、いかに言語のストラテジーを通して表現され、解釈され、感じられるのかを解明することを目的とする言語学を「情意の言語学」と呼びたい。

　そして、その情意を含めて考察する言語学の立場を「場交渉論」とする。言語と広義の〈場所〉や〈場面〉はこれまでもいろいろに議論されてきたが、本書では情意の意味のありかをその交渉されるトピカの場に求めていく。その場は静的に既存するスペースではなく相互操作され、当事者の交渉により刻々と変化する。

場を基体として言語を考察する場交渉論は、主体や仕手を中心として構築された言語学とは逆の発想であり、パラダイムシフトを強いることになる。筆者は本書で、会話分析や談話分析、語用論、社会言語学などの分野に共通する言語分析の原理として、言語の「場交渉論」を提唱する。「場交渉論」をひとつの言語本質論として、場から疎外された言語を分析する広義の形式理論主義的言語学とは異なった知の姿としたいのである。と同時に、〈場〉をむやみに日本文化の概念的スペースとして特殊化することを避け、具体的な分析可能な場としていく。本書では場交渉論の構想を述べたあと、理論を支えると同時に理論の応用可能性を例示するために、具体的な情意の言語学の実例を報告し、日本語表現のパトスを探る。　（メイナード 2000: i–ii）

　メイナードは、デカルト主義に基づいた「近代の知」（ロゴス主義）を批判したヴィーコの警告を受け、「パトスの知」に基づいた学問のあり方を提起する。そして、このパトス論を基にした言語理論として、プラーグ学派の言語機能論、バイイのスタイリスティックス、語用論、認知意味論の系譜を批判的に検討している。この中で、本書の第6章と関連する認知意味論への批判的指摘をあげておく。

　認知意味論は、言語を既存の対象物として形式的な手法で分析する思索する主体ではなく、あくまで認知経験を理解するものとしてクローズアップするものであり、この意味でパトス的な面を含んだアプローチであると評価する。しかし、

　　このような認知意味論的メタファー分析は、確かに言語と認知の関係を明らかにするものではあるが、感情の語彙や句以外の言語の〈ストラテジー〉が、どのように主体の情的態度を伝えているのかを直接解明することはしない。本書のわれわれのテーマと接触するのは、情意表現を含んだ言語の意味作用をメタファー的、メトニミー的に理解することもできるという理論上の可能性に関してであろう。反ロゴス主義のパラダイムという意味で基底で通いあうものはあるが、認知意味論では、コミュニケーションの場におけるインタラクションを通して人間性

を取り戻すための理論上の工夫が、充分成されているとは言いがたい。
(同39)

また、場所的概念を理論に組み入れたものとして、認知意味論の立場を一定評価はするが、

　しかし認知科学で理論化される場や視点は、あくまで主体と外界、つまり〈我とそれ〉の関係に焦点が当てられた場である。主体の表現意図や、それに影響を受ける相手との交渉を理論の射程に入れていない。場交渉論は〈参加する主体〉としての自己知識を大切にした、人間重視のモデルである。パトスの知が受け身の姿勢を考慮に入れることは、先に見た通りである。場交渉論は常に受け身としての相手を考慮に入れ、従来の主体中心から人間関係重視へのシフトを余儀なくする知のモデルである。
(同75)

　認知言語学的な立場では、場所的な要素が言語の認知プロセス、構造、さらにその使用に影響を及ぼすことは認めているが、場における参加者同士の相互行為的事実を考察の対象とすることはない。視点は物や状況に向けられるのみで、あくまで一方通行の視線として捉えられている。しかし、コミュニケーションの場では常に、見るものは見られるものであるというパトス的な相互主観的な視点の理解が必要となる。認知言語学の場所はあくまで抽象的であり、当事者間の人間的な相互行為不在のスペースとして捉えられている。このため、主体の情的態度の表現について、例えばそれが会話行為で〈相手〉との〈交渉〉を通してどのように解釈されるかについて、直接充分に考察するすべがない。
(同125)

コミュニケーションの場における相互行為や主体の情的態度の表現について、認知意味論では研究が進んでおらず、いわば〈独我論〉的であるという批判は、語用論などの立場からなされている。本書においても、そうした側面の記述は充分成されていないという点で、こうした批判を謙虚に受け止める必要はあり、今後の課題として考えていきたいと思う*1。

2.2 井出（2006）の「わきまえの語用論」

井出（2006）は、場における「わきまえ」という観点を基に、日本語における語用論研究を行っている。

  語用論の諸理論は、欧米社会とりわけアングロ・サクソンの文化と言語を背景として生まれたものが多い。それらは、近代科学が前提とする個人主義社会の個人が、個人の意思をもって自由に話すという暗黙の了解の下に構築された理論である。人と人との関係や、場／コンテクストとの関わりを視野に入れた言語使用の観点が欠けている。   （井出 2006: 186）

と、欧米の語用論理論に対する不十分点を批判する。これに対し、井出が提唱する「わきまえ」の理論の枠組みでは、

(1) 話し手は、自己を相手（聞き手と第三者）と場面を含めた場／コンテクスト*2との関係の中でその中に埋もれたものとして認識する。

(2) ポライトネスに応じた言語使用は、話の場の状況をよく読み、場の諸要素を分析的にではなく、総合的に直感で読みとり、その場に適切な言語形式と慣性的、自発的にマッチさせる。

井出において、「「わきまえ」とは、世の中はこういうものだからと認識して社会の期待に沿うように言語を使うことである。」（同115）*3

  日本語で話すということは、命題内容を伝達するだけでなく、会話者の関係をはじめ、場に存在するさまざまな要素にマッチさせるためにモダリティ表現による気遣いを示すことが肝要である。つまり、話すことは、部分（話し手の言いたい命題内容）と全体（話の場）の両方を意識してそれを言葉づかいで示すことであり、そうすることが日本語の言語使用では義務的である、ということである。   （同197）

こうした井出の「わきまえの語用論」の原理的基盤となったのが、清水博の『生命知としての場の論理』であったと言う。清水の「場の思想」については、詳細は省略する*4が、やはり、清水も西田らの「場所の論理」を自らの生命科学の研究に取り入れ、思想を練

り上げたという点で、注目すべきであろう。

　語用論研究の領域には、本書では踏み込まないが、今後の課題として語用論の領域を含めた「場所の言語学」の体系化が展望される。

3. 言語学における「場所理論」の受容　池上（1981）

　日本の言語学において、「場所理論」を導入して理論的枠組みを作り上げようとした先駆的研究として池上（1981）がある。池上（1981）によれば、19世紀前半、「場所理論」を唱えたドイツの場所論者たち（ヴュルナーなど）は、場所理論を主に格の意味規定に適用しようとした。格（および前置詞）の意味は彼らにとっては空間関係に基づいているとされた。これはイェルムスレウの格理論から、イギリスのアンダーソンの格理論へと受け継がれていった。アンダーソンにおいては、すべての格関係はnominative（中立的な場合）、locative（位置的な場合）、ablative（起点）という場所に関係する3つの項によって規定できるとする。nominativeは、中立的なもの、つまりある場所に位置したり、ある場所からある場所へ移動したりする対象である。ablativeは「起点」（from）に相当し、locativeは「存在点」（at）に相当すると言う。ここで重要な指摘は、「〈到達点〉（to）は〈存在点〉（at）と相補的分布を示す（つまり、動詞が方向性を有する移動を表すものなら〈到達点〉、単に静的な存在を表すなら〈存在点〉をそれぞれ予想する）という理由から、locとして一つにまとめられているのである。」（池上1981:21）で、このことは、第8章で日本語の格助詞「ニ」を論じるときに重要な意味を持つが、ここでは、これ以上立ち入らない。

　池上（1981）は、こうした「場所理論」による名詞の格の記述から、動詞の意味構造の基本形は何かということに重点をおいたアプローチに、「場所理論」の延長の可能性を求めたものである。より具体的には、〈運動〉（「場所的な移動」）と〈静止〉（「場所的な存在」）という動詞的な概念の分析へと向かうものである。より一般的な術語として、〈変化〉と〈状態〉という用語が使われるが、「もっとも〈具体的〉な〈変化〉または〈状態〉（つまり、〈場所にお

る変化〉または〈場所における存在〉）の言語的な表現に用いられる構造型が、より〈抽象的〉な〈変化〉または〈状態〉の表現にも転用される」（同24）という場所理論的な前提が打ち出される。今日的には、認知言語学において、「状態は場所である」や「変化は移動である」などのメタファー的理解に先んずる前提が、すでに打ち出されている点で池上の研究は先駆的であると言える。池上の研究は、「「する」と「なる」」という言語類型論的な構造型の指摘にとどまらず、場所理論に基づいた言語構造の分析として先駆的であり、これは、本書第12章で具体的に展開されるものとなる。

池上の〈する〉型言語と〈なる〉型言語という言語類型はまた、〈主語優越型言語〉と〈話題優越型言語〉という言語類型としても現れる。

（1）東京は人が多い。
（2）象は鼻が長い。

（1）においては、東京という〈場所〉においては、〈人が多い〉という〈コト〉が成り立つということである。一方、（2）も、比喩的に象という領域においては、〈鼻が長い〉という〈コト〉が成り立つと解釈できる。つまり、この場合の象は〈場所〉の概念の比喩的拡張であると捉えることができる。すなわち、〈話題〉とは、〈コト〉が成り立つ〈場（所）〉なのである。これは、本書第6章の日本語の「は」の記述で詳しく展開される。

さらに池上（2007）では、〈環境論的自己〉から〈場所〉としての自己という概念が提起されていることに注目すべきであると思う。

〈環境論的自己〉という概念を成り立たせている視点も、〈主体〉と〈客体〉の対立を超越する契機を与えてくれる。何よりも先ず、自己は環境の中に埋め込まれた存在として捉えられる。環境の中で自らが動く時、環境において起こっていると認識される変化は、他ならぬ我が身に起こっている変化の指標である。（「眼前の壁が自分のほうへ向かってくる」という言語表現）（中略）〈環境〉という概念自体がそこに埋め込まれている自己への関与ということを含意している限り、環境で起こっていることは、とりも直さず、自己において起こっていることでもあ

る。一歩進めば、出来事は環境においてではなく、自己において起こっているのであるということも出来よう。(中略)出来事が出来するのは環境という場所ではなくて、自己という場所においてではないかということである。このような捉え方は、自己と環境とを対立したものとして措定し、自己が環境に対して働きかけ、自らの意に叶うように変えていくという図式とは鮮明に対立する。後者では自己は何かを〈する〉主体である。前者では、自己は何かが出来する―つまり、そこで何かが〈なる〉―場所である。(同328)

「場所としての自己」という指摘は、まさに西田の「場所の論理」に通じる指摘であろうと思われる。

アメリカで起こった認知言語学の流れに先立って、日本では既に場所論に基づいた言語学の流れが始まっていたということに注目すべきであろう。

さらに、池上（2004, 2005, 2006）では、「する」と「なる」の類型論的観点を認知言語学的観点を交えながらさまざまな言語現象を通して深め、「主観性」の言語学という観点から捉え返そうとしている。このような主観的把握は、日本語において、よく見られる現象である。「嬉しい」という話者の感情を述べる場合や「あ、星が見える」などのように何かを知覚した場合、日本語では、特に「私は」という主語を述べる必要がない。と言うより、「私は」がない方が自然な表現である。このような場合、発話者自身は言語的には〈ゼロ化〉され、事態の中に没入していると言える。このように日本語は〈主観的把握〉の傾向が強い言語であると考えられる。

川端康成の『雪国』の冒頭に見られる文などは、日本語の〈主観的把握〉の典型的な例として挙げられる。

(3) 国境の長いトンネルを抜けると、雪国であった。

(4) The train came out of the long tunnel into the snow country.
　　（E.Seidensticker 訳）

原文では、汽車の中の主人公が自らの体験を語るという構図で、主人公は事態の中に没入している。これは主観的把握である。これに対し、英訳では、主人公の分身が汽車の外にいて、トンネルから

出てくるもう一方の主人公の分身を乗せた汽車を客体として捉えるという構図である。

池上（2006）は、これをまとめて、「日本語の話者はある事態を表現しようとする際には、自らがその事態の中に臨場し、それを直接体験しているという姿勢で把握しようとする好み、ないし傾向があるということである。その際、時空の隔たりも絶対的な障害にはならない。モノであればそのモノに寄り添い、コトであればそのコトに没入し、すべてを自らの〈いま・ここ〉に収斂させ、自らが体験している（かの）ようにとらえるという姿勢である。これはすぐれて〈主観的〉な捉え方であるし、言い換えれば、〈自己・中心的〉なスタンスともいえる。（〈ナル〉的な事態把握とは、この意味での〈自己中心的〉な把握にほかならない。）」（同26）とし、日本語研究における〈主観性〉研究の展望を明らかにしている。

こうした「主観的把握」という観点は、発話時の現場（「イマ・ココ」）に密着した事態の捉え方をするという意味で、場所論的観点に通じるものである。池上・守屋編（2009）では、日本語の初級教科書や教材の批判的分析を通して、日本語の主観的把握の理解・運用につながる日本語指導を具体的に提言している。ここでは、「私」の頻出、「行く・来る」、「授受動詞」（特に「くれる」）、受身などにおける学習者の「不自然な日本語」を分析し、従来の教科書・教材・教授法の問題点を指摘して、「主観的把握」を理解させる指導法が提案されている。こうした研究の進展は、大きくは「場所の言語学」と一脈通じながら、体系化される展望を有していると考えられる。

---

*1　認知言語学の脱独在論化を目指した試みとしては、本多（2005）などがあげられる。
*2　コンテクストという用語は、言語研究者たちによってさまざまに使われている。ここでは、「言うという行為」の発話の場の情報として存在するもので、その情報が話し手の認識となって、発話の際、形態素、語彙、文法、談話等の

選択をどうするかの制約として働くものを考える。具体的には、伝達情報内容が話し手に属するか、聞き手に属するか、などの区別のように小さいものから、話し手、聞き手、登場人物の人間関係、場のあらたまりの程度、話のジャンルなどに関するものも含む。その他に、メタ・コミュニケーションレベルの「何を言うか・言わないか」「いつ言うか」などに関する情報もコンテクストに含まれる。これらの要素が、話の場において何を言うのが適切かを支配しているのである。(井出 2006: 28)

*3　井出（2006）の「わきまえ」論で一点留保しなければならないのは、「世間」における「わきまえ」というものを強調するあまり、閉鎖的な日本社会の負の部分も含め肯定、追認してしまうという陥穽に陥らないかということである。「場所」や「共同体」を強調する思考は、日本的な自然や生成を重視する思考と相まって、かっての日本主義的思考（「大東亜共栄圏」など）を肯定してしまう危険性も持っている。（そういう意味での西田哲学、あいだ学派などの批判は、柄谷（1993, 1996, 1999）、浅利（2008）などを参照。）「場所」や「共同体」の閉鎖性を批判する「主体」の自立した思考も一方で必要であり、この意味で「場所」と「主体」の統合的発展を目指していかなければならないと考える。この点で、甲田（2010）も参照。

*4　清水（2003）などを参照。

第3章
「主語不要論」と「主語必要論」

　日本語に主語という概念は不要であり、主語を廃止すべきであると唱えた三上章（1953, 1959）の主張が言われて久しい。その後、主語不要論と主語必要論をめぐる様々な議論が行われてきた*1。本章では、まず言語類型論から主語がいかに扱われているかを紹介し、最近の主語不要論、主語必要論について検討したうえで、場所論の立場から、これらの議論の統合的な理解を行いたい。

1. 言語類型論から見た主語について

　まず、日本語の主語について論じる前に、言語類型論の立場から「主語」という概念が普遍的なものかという問題について検討してみたい。

　松本（1991）は、世界の文法学史と言語類型論の双方から見て、現代の標準ヨーロッパ語における主語というものが特異な現象であり、主語は「普遍文法」にとって、おそらく、必要不可欠なカテゴリーではないとしている。

　もともと「主語」（subject）という概念はアリストテレスの哲学・論理学上の用語であるが、西欧文法のもととなったギリシア・ローマの文法学では、「主語・目的語」という概念は存在しなかった。（古代インドの文法、アラビア文法にもなかった。）「主語・目的語」という文法概念が導入されたのは、13世紀のスコラ哲学者たちによってで、この時の「主語・述語」の概念は、「主題・コメント」関係に近い概念だったと言う。中世のラテン語では、語順が自由であり（基本語順は日本語と同じSOV）、文法関係は格が担っていた。その後、西ヨーロッパ語圏で、名詞の格組織と動詞の人称語尾の消失が始まり、その代償として、動詞の前の位置に主

題の代わりに「主語主格」を置き、動詞の後の位置に目的語を置くという厳格な SVO 語順に変わっていったとされる。それと同時に、古い印欧語にあった「非人称構文」（主語のない構文）が、消失していき、通常の主語を持つ人称構文あるいは偽装主語（dummy subject）をもつ構文に置き換えられていった（金谷 2004 も参照）。こうして、17 世紀には、デカルトの理性主義の高揚と共に、文法は論理学に限りなく近づき、現代に至る「主語」概念が確立していったのである。歴史的には、標準ヨーロッパ語（英語、ドイツ語、フランス語など）で主語と呼ばれているものは、談話機能的な「主題」、名詞の格標示としての「主格」、そして動詞のもっとも中心的な意味役割としての「動作主」という 3 つの違ったレベルに属する言語事象がただ 1 つの統語的カテゴリーの中に収斂し、分かちがたく融合してしまったものである。世界の言語からするとこのような現象はきわめて特異な現象であって、このような言語に基づいて作られた言語理論（特に生成文法派に対して言われていると思われる）は、これらの言語を世界言語の標準とする自己中心的な言語観に基づいているとしている。そして最後に「今後、西洋文法の枠をこえた真に普遍的と呼ぶに値する文法理論を構築しようとするならば、「アリストテレス＝デカルト派」の西洋文法とは異なった古い文法学の伝統に立ち帰って、主語という概念に依存しない文法論をあらためて見直す必要があるだろう」（同 33）としている。

　言語類型論的に、主語が普遍的な概念でないことは、大堀（2002）なども述べていることである。たとえば、能格型言語（オーストラリアのジルバル語）は、対格型（英語や日本語）と、文法関係のあり方が異なるし、活格型（アチェ語）では、意味役割から独立した文法関係を設ける必要はない、つまり、文法関係としての「主語」は不要である言語もあると言う。結論的に、大堀は文法関係としての「主語」は普遍的なものではないから、ある構文において優先的な位置をもつ名詞句を「軸項」と呼ぶことがふさわしいとしている。角田（1991）によれば、主語の強さは世界の言語で異なり、英語が主語性が一番強く、タイのリス語では主語を設定する理由がまったくないらしい。日本語は主語性という点では世界の言

語の中で、真ん中程度に位置すると言う。ただ角田は、主語性の基準に柴谷（1978, 1985）の統語テストを利用しており、日本語に主語を設定する理由があるとしている（その根拠となる統語テストの妥当性は後で検討する）。ここで言えるのは、英語という言語に特殊に発達した統語的機能である「主語」の概念を基準に、それを世界の言語に当てはめていくという異常さである。角田自身、「日本語は特殊な言語ではない。しかし、英語は特殊な言語だ。」とし、英語を標準的な言語として、作られた言語学は、エゴセントリックならぬ「英語セントリック」な言語学であると揶揄している。

　そもそも、主語を絶対に必要とする英語のような言語でさえ、歴史的に見れば、「主語」がなかったことを金谷（2004）では指摘している。また、スペイン語やイタリア語などの言語では、活用語尾によって人称が表されるので、「主語」は多くの場合現れない。これは、「主語」が省略されているのではなく、必要ないのであるから言われないにすぎないのである*2。

　ちなみに、月本（2008）は、「母音比重度と主語省略度は比例する」という仮説を、諸言語の調査と、脳科学的観点から証明しようとしており、結論的には「日本語に主語はいらない」という立場に立つものである。筆者も、結論としての「主語不要論」には賛同するが、「一人称代名詞の省略」と「主語の省略」をほぼ同等のものとしている点は、疑問である。イタリア語やスペイン語は動詞の活用語尾が人称を表しており、主語を省略する場合が多いという言い方は、そもそも主語が普遍的であるということを前提にする見方にたっているのではないか。また、朝鮮語に関して、母音比重度が大きく人称代名詞の省略度が低いことを持って、朝鮮語は主語省略度が小さいと結論しているが、その点には疑問がある。人称詞の省略＝主語の省略では必ずしもないのである。朝鮮語の人称代名詞の省略が少ないことを調査した鄭（2002）自身、人称詞は「わたし、○○だけど。」や「わたしたち、海でも見に行こうか」のように、自称詞が投入語（filler）や呼びかけ的な役割を果たしている場合が多いと言っている。これらは明らかに「主語」としての役割ではないだろう。朝鮮語や中国語の主語の問題については、慎重に論じ

る必要があるだろう。

結論的に、言語類型論の立場から見ても、主語という概念は普遍的ではないこと、逆に「主語」という現象を持つ英語などの言語が特殊な言語であると言ってもいいのではないだろうか。

2. 最近の主語不要論

2000年代に入り、金谷（2002）が公にされて、日本語の主語に関する議論が再び活発になってきた。金谷は三上章を継承する立場から、最近の主語擁護論についても様々な批判を加えている。それで、最近の主語不要論として、まず、金谷（2002）の論について検討していく。最近の主語必要論としては、尾上（2004）を中心に次節以降で検討する。

まず、金谷のあげる「主語の条件」は4つだ。
（あ）基本文に不可欠の要素である。
（い）語順的には、ほとんどの場合、文頭に現れる。
（う）動詞に人称変化（つまり活用）を起こさせる。
（え）一定の格（主格）をもって現れる。　　　　　　（同62）

英仏語では、これらの条件を満たすから「主語」を設定する理由がある。しかし、日本語においては、このどれもが当てはまらないと金谷は言う。

（あ）日本語の基本文は主語を含まないとして、名詞文（赤ん坊だ）、形容詞文（愛らしい）、動詞文（泣いた）をあげている。ただ、これらの例文は、これだけ見ると「誰が」という部分が不足しているように感じられる。もちろん、文脈に支えられればこれだけで立派に文として成り立つのである。たとえば、外に出て、お母さんが赤ん坊を抱いているのを見て、「わ〜、赤ん坊だ。かわいいね。抱かせてください。あ〜泣いちゃった。」というような文が考えられる。「秋刀魚を三枚におろします」「電源が入っているか確かめる」「どうして来なかったんですか」「黒板に「明日は休み」と書いてあった」「いい陽気になりましたね」など「主語なし文」は日常山ほどあるのである。

(い) 日本語では語順にそんな制限はない。語順的に文頭に現れるのは「主題」であろう。
　(う) 日本語には人称変化という意味での活用はない。
　(え)「は」や「が」以外が「主語」のマーカーとされる場合がある。「<u>田中さんに</u>この問題は解けない」「<u>花子さんの</u>学んだ大学」「<u>豊島区では</u>、ただいまボランティアを募集しています」など、英仏語では主格が主語であるが、日本語では「主語」(＝動作主体)と解釈できる名詞句は、ニ、ノ、デでもありえて、一貫していない。以上のように日本語に、英語などのような「主語」の条件はあてはまらないのである。

　三上章は、主述関係を否定し、題述関係を主張した。ガ格の名詞句は単なる「主格補語」に過ぎず、「は」は主題であって、「主語」ではない。日本語に主語は無用であり、その基本文は「述語一本立て」であるとする。この三上の主張に対し、生成文法を信奉する人々から反論が出た。その代表的な主張が柴谷 (1978、1985) の「再帰代名詞」と「尊敬表現」である。
　まず、「日本語の再帰代名詞である『自分』は、意味的に主語に一致する」というものであるが、
　(1) 太郎が花子を自分の家で殴った。
　(2) 太郎が花子が自分の妹より好きなこと
という例文で、自分は「主語」である「太郎」とのみ一致するというものである。これに対して、金谷は、そもそも出自が外来の名詞の「自分」[*3]はその振る舞いが西洋語的な「再帰代名詞」とはまるで性格が違い、同じレベルで比較する正統性がない、また、「再帰的な語法」という発想そのものが日本語には希薄で、その存在理由も日本語では不要である、とその議論の前提自体を問題にする。さらに、久野、柴谷の土俵に立ったとしてもその反例が示される。
　(3) 花子は悲しかった。太郎は自分のことを考えていなかった。
　(4) 父は祖母が自分の家に来ていることを、前から非常に嫌がった。
　(3) では、後の文の自分は「太郎」ではなく、「花子」になり、(4) では、自分は「父」でも「祖母」でもなく、「語り手」である

と言う。

　日本語に存在するかさえ疑わしい「再帰語法」を持ち出し、それに相当するかも検証されていない「自分」という語を再帰代名詞とした上で、単文に絞ったわずかの例を挙げてその照合性を主張しているのである。よしんばそうした特殊な表現においてのみ「主語」のコンセプトが必要であるとしても、その事実を持って、それ以外の大多数の文にも「主語必要論」を主張してはいけないだろう、と金谷は言う。

　次に、尊敬表現である「お〜だ」や「お〜になる」も「主語」に照合するという問題を挙げる。

（5）　山田先生が花子をお叱りになった。
（6）　山田先生が花子がお好きなこと

の「お叱りになった」や「お好きなこと」という尊敬表現は、主語である山田先生にのみ照合すると言うものである。

　これに対する反論は、尊敬表現の「お〜だ」や「お〜になる」が意味上の行為者や状態主に一致するのは、考えてみれば当然のことである。柴谷らは「意味上の行為者や状態主」をいったん仮説として「主語」と命名し、発話された単文にそれら形の一定しない名詞句たちを「再発見」しているにすぎない。これは循環論法である。また、

（7）　この地方は、お米がよく出来る。
（8）　山田先生は、英語がよくお出来になる。

最初の文の「出来る」の「主語」が「お米」であるならば、次の文の「お出来になる」の「主語」は明らかに「英語」であって、「山田先生」ではない。「山田先生」を「主語」と見るには「意味的に解釈した上で、学校文法的（意味上の行為者や状態主という）主語を再発見」（同167）しなくてはならないのだ、としている。

　筆者もこの議論を支持する。また金谷が挙げていない反論をすれば、「尊敬表現」の統語テストはそもそも「主語」に尊敬すべき対象である人が来なければ成立しないものであり、無生物には適用できない。

（9）　*この計算機は、ルート計算がお出来になる。

また、他の統語テストとして、柴谷（1985）は等位構文において∅（ゼロ）となったり、∅の先行詞として働く、というものをあげている。

(10) 太郎がやって来て、∅あいさつした。

これに関しては、角田（1991）が反例をあげている。

(11) 与作がこの木を切って、∅倒れた。
(12) この木は与作が切って、∅倒れた。

最初の文では、倒れたのは与作と解釈されるが、次の文では、倒れたのは木である。とすると、省略されたのは「主語」ではなく「目的語」となってしまう。このテストでは、「主語」という統語的機能よりも、「ハ」という情報構造が優先されることになる。

また、同じく角田（1991）があげる「主語」は数量詞遊離が適用できる、というテストに関しては、

(13) 五人の学生が昨日図書館で本を読んだ。
(14) 学生が昨日五人図書館で本を読んだ。
(15) 私は昨夜三軒の飲み屋に行った。
(16) 私は昨夜飲み屋に三軒行った。

のように、数量詞遊離はガ格にもニ格にも適用できるので、「主語」認定の根拠にならない。「三軒の飲み屋に」のニ格は着点を表すもので、明らかに主語ではないであろう。

結局、このような統語的テストをいくら出してきても、それが一部の文にだけ適用できるだけでは、「主語」という統語的機能を日本語に立てる根拠はあまりないように思われる。

柴谷（1978）は三上章の主語論を批判して次のように言う。

　　三上の主語廃止論の弱点は主格と主語を余りにも強く結びつけて考えたところにあって、その論法は主格と主語とはあくまで相対的な関係にあるとする我々のような理論に対しては効力がないということになる　　　　　　　　　　　（同197）

その根拠として、主格（ガ格）以外に与格（ニ格）にも、尊敬語化現象や再帰代名詞現象が適用されるので、格範疇以外に文法関係としての「主語」という範疇を認める以外にないと言う。

(17) 先生に英語がお分かりになる（こと）

第3章 「主語不要論」と「主語必要論」　　39

(18) 先生にお金がたくさんおありになる（こと）

　この与格構文においては、先生が尊敬語に照合するから「先生に」が主語で、「英語が」「お金が」は主語ではない、ということになる。これに対する反論としては、丹羽（2004）が述べているように、「先生に」と「英語が」には、それぞれ意味範疇として、〈場所―主体〉と〈主体―対象〉の2つの組み合わせを考え、格標示は前者に従い、尊敬語の尊敬先は後者に従っていると考えればいいのであって、「尊敬語現象のような限られた範囲にしか生じない現象を説明するには、それに見合った限定的な説明のほうがふさわしく、範疇を1つ増やすという文法現象の記述装置一般に関わる説明を持ち出すまでもない」（同269）と言っている。再帰代名詞などの統語テストも同じように限定された範囲でしか生じない現象であり、意味範疇や情報構造の観点からの説明が可能であり、「主語」という統語範疇をふやす必要はないと考える。

　結局、統語範疇としての「主語」を設定する根拠は薄弱であり、文法的機能としての「主語」という概念は不要ということになる*4。

3. 尾上（2004）の主語必要論

　今までの主語必要論は、統語的テストを通して、日本語の主語性を認定するというタイプであったが、尾上の場合は、山田文法を継承する伝統的な国語学の立場からの主語論である。主語と述語との統一から文が成り立つという伝統的な見解に立っているわけであるが、多分に哲学的な原理論がその背景にある点、その原理的背景を批判しなければ、その主語必要論は批判できないと思われる。

3.1　主語論の前提となる事実
　尾上は先ず主語論の前提となる5つの事実を挙げる。
　　　［事実1］（他のモノなり事態なりへの配慮がなければ）主語は「Xガ」あるいは「Xハ」という形で表示されるのが普通である。
　　　　　　　　　　　　　　　　　　　　　　　　　　　（同2）

あとの４つの事実もそうだが、尾上の論法は、先に「主語」なるものを認めて、それを既成事実とする論法であり、「主語が不要である」とか、「主語がない」とする論をあらかじめ排除してしまっている。「猫が遊んでいる」や「地球は丸い」の「猫が」や「地球は」を主語とするのは、小学校の国語教科書にも書かれているような定義であるが、それが普通であるからといって事実としてしまうのはいかがなものか。普通の一般人の了解という意味で言うなら「主語」に括弧くらいはつけて欲しいものだ。

　　［事実２］形容詞文、存在詞文、大多数の自動詞文の格項目としては主語だけがあり、他動詞文と少数の自動詞文の格項目としては主語以外の項もある。ただその場合でも主語項は他の格項目（ヲ格項、ニ格項）に対して優位に立つ。
　　　　　　　　　　　　　　　　　　　　　　　　（同２）

「格項目としては主語だけがあり」というのも、正確に言えば、「格項目としてはガ格項だけがあり」とするべきであって、「ガ格に立つ項が主語である」という自らの規定を先に前提としてそれを事実としている点がおかしい。また、「暑いね」「もう10時だ」「夏になった」のようにガ格項が現れない文があることを尾上は認めないのだろうか。とすれば、尾上は日本語の事実を見ていないことになる。また、「この町には温泉がある」という存在文の項は、存在場所を表す状況語であって、格項目の外に数えるべきである、と尾上は言う。一般には、これをニ格＝場所格とするのが普通であり、尾上のような立場もありえるだろうが、それを事実としてしまってはまずいと思う。他動詞文と少数の自動詞文はガ格項以外の格項目があるのは事実として、ガ格項が他の格項目より優位に立つかは、検討の余地があり、あらかじめ既成事実とはできない。「君にこの仕事ができるの？」では、ニ格項とガ格項がどちらに優位があるかは一概には言えない（柴谷はニ格項に優位があるとして主語としたが）。また、「豊島区では、ただいまボランティアを募集しています」の文では、ガ格項はなく、デ格項が文頭にたっていることからしてもヲ格項よりも優位にあると言うこともできる。

　　［事実３］主語は、述語に対する意味関係（広義の意味役割）

の観点から見れば、きわめて多様であって、意味の観点で主語を規定することは不可能である。　　（同4）

　この点に関しては、尾上は正しくこれを事実として認定できる（主語＝ガ格項と仮に認めたとして）。一般にガ格は主格とされるが、その主格という意味は、「主体」とりわけ「動作主体」という意味役割を典型的なものとして考えるところからくるものであろう。「鳥が飛んでいる」の「鳥」は「動作主体」である。一方、「机がある」や「水がほしい」などは、それぞれ「存在物」や「欲求の対象」であり、明らかに「動作主体」とは意味的に異質であり、これらの意味役割の共通性を表面的な意味のレベルで求めることは不可能である。ガ格を「主格」と呼ぶ用語法自身が、すでに「主体」という意味役割を含んでおり、その用語法自身が問題になってくるのである。ガ格を「第一格」あるいは「名格」と他の呼び名で呼ぶか、ガ格という名前のままにしておくかの二案が考えられるが、本書では、ガ格のままにしておくことにする。

　［事実4］一文の中に二つの主語を持つと言える文（二重主語
　　　　　文）がある。　　　　　　　　　　　　　（同5）

　これは「～ハ～ガ」構文あるいは「～ガ～ガ」構文のことであるが、これを最初から2つの主語があるという事実としてしまっていいのだろうか。確かに二重主格というのは、日本語の文としてはあまり落ち着かない感じがするが、事実としてはありえるだろう。しかし、これをあらかじめ「主語」としてしまうのはいただけない。この「二重主語構文」については、後で考えていきたいと思う。

　［事実5］平叙文、疑問文には主語はあるが、命令文には（原
　　　　　則として）主語は現れない。　　　　　　（同6）

　これも、「主語」＝ガ格項＝主体と仮に認めた上で、命令文に主語が現れないのは、英語の場合でもそうであって、これは言語普遍的な事実として認めてもいいだろう。「お前はここにいろ」とか「お前が（自分で）やれ」という風に「Xハ」や「Xガ」が現れるのは、特に命令相手を指定したり、行為者を強調したりする場合であって、普通の場合のことではないので、これを命令文の主語とは言えない、というのは妥当であろう。

以上のように、尾上は「主語」を既成事実として前提としているが、内容的にも３つの事実は、事実として認定するのは難しい項目であった。さて、次に尾上の主語の規定に入る。

3.2　主語の規定

　まず、尾上はライオンズが言う主語の３つの側面として、論理的主語、主題的主語（心理的主語）、文法的主語をあげる。「論理的主語」は、本来、判断の主辞をさすものであろうが、英語では動作主としてイメージされているものである。しかし、日本語の「主語」が意味役割では規定できない以上、論理的主語の観点からは主語を規定することはできない。また、「主題的主語」は、表現・伝達の心理的中心項ということであって、主題とか題目とか呼ばれるものである。日本語ではヲ格項やニ格項も「Xハ」という題目語の形をとることがあるから、題目語と「主語」は別に規定されなければならない。故に、主題的主語の観点からも、主語は規定できないとする。「文法的主語」は、統語的主語と形態上の主格語という２つの観点がある。統語的主語とは、ある名詞項が必ず語順上の特別の位置（例えば文頭）にあるとか、動詞を支配するというような、統語上の観点における文中の特別な成分として認定されるものであり、日本語では名詞項の文中での語順は基本的に自由であり、また動詞支配と見られるような現象もない。尾上は柴谷らの「述語の尊敬語化」や数量詞遊離などは、主語の動詞支配というような統語的規定の根拠にならないと明確に批判しており、この点は金谷と意見を同じくする。こうして、統語上の概念として主語を規定することはできないとする。以上に関しては、筆者もすべて支持しうる意見である。しかし、その結論として、結局、残るのは、形態上の観点のみであるとし、「ガ格に立つ項が主語である」としてしまったことは、大きな問題性を持っていると言えるだろう。尾上の論では、「太郎には子供が二人いる」の「太郎に」はニ格であるので、「主語」にはならない（柴谷は、「主語性」をもつと言うが）。これが「太郎は子供が二人いる」のように、「太郎が」というガ格項として解釈されると「太郎は」は主語になるのだろうか。「太郎に」であろうが、

「太郎は（が）」であろうが、「いる」と呼応するのは「子供」であって、「太郎」ではない（「太郎がいる」のではなく、「子供がいる」のである）から、「太郎は」は主語でないことになるのではないか。この問題は、また「二重主語構文」への批判として後で述べていきたい。

3.3　主語の内実

次に、尾上は、主語の内実を語る。これは厳密に言えば、ガ格項の規定である。「月は（が）まるい」と言う時、「月」について「まるい」ということを語る。「猫がねずみを追いかけている」と言う時、登場人物は複数あってもそのうちの「猫」を状況描写の中核項目として、「猫」の運動として語る。「モノを中心として、基盤としてこそ、事態は認識される。そのような事態認識の中核項目ないし基盤が主語なのであり、事態を語る言語形式としての文に（意味として）主語というものが必ずあるという理由もここに求められる。」とする。一見、当然と考えられるような主張であるが、これは、第1章で述べた「主語の論理」の立場、モノ（実体）中心的世界観である。尾上と同じモノ的世界観に立つ竹林（2004:9）はこう言う。

> 述部で語られる事態が認識されるためには、原理的に、それらの主体が先に認識されている必要がある。例えば、「犬が走っている」という事態は、「犬」をめぐって、その存在の在り方として「走っている」という動作が認識されるのであり、その反対ではない。

しかし、逆の見方もあるのである。何かが走っているという事態全体の認識が先にあって、それからその何かが析出するという事態認識がありえるし、むしろその方が根源的ではないだろうか。たとえば、「雨が降る」「湯が沸く」のように、降雨という事態以前に「雨」という実体は存在しないし、「沸く」という事態以前に「湯」という実体も存在しない、そのような文もあるのである*5。また、幼児の事態認識は、漠然とした事態が先に認識され、そこから普通名詞で呼べるようなモノの認識があとでおこなわれる、という報告が見られる（水谷1988）。モノ的世界観に対し、これはコト的世界

観*6と呼ばれる。モノ的世界観からは、主語＝モノが、述語＝コトに優位に立たざるを得ない。後で述べるが、主語論理から脱却するためには、コト的世界観に立つ以外ないであろう。尾上（同10）は、主語の内実を次のようにまとめる。

　　一文の内容を認識の側面で言えば、事態認識の中核項目、認識の対象が主語であり、その対象について認識する内容が述語である。存在の側面で言えば、状況の中に中核として存在するものが主語であり、その在り方（運動も含めて）が述語である。

　要約すれば、主語の内実は、認識の側面で言えば「認識の対象」であり、存在の側で言えば「状況の中に中核として存在するもの」ということになる。

　例を挙げれば、「鯨は哺乳動物である」という文は、「鯨」は「哺乳動物として存在する」という主語の存在の仕方を語る文である、とする。これこそ、主語を中心に主語の属性として物事を語る「主語論理」にほかならない。第1章で述べたように、これに対する「述語論理」（述語が主語を包含する）という見方がありうるのである。

3.4　主語項の絶対性

　尾上は、結論として、「本質的な意味で述語文と言える文、すなわち平叙文と疑問文においては、意味として主語（主格語、ガ格語）を持たない文はない。」とし、「在り方を承認する文において、その在り方をもって存在するもの、認識の対象がないということはありえない。」（同11）と、主語項の絶対性を言う。これは、尾上の主語論を継承したと考えられる竹林（2004:48）もまったく同じである。すなわち、「主部とは、文あるいは節においてそれについて或る事柄の実現性の在り方が語られる対象である。…日本語の文は全てこの主部を有する。」と言う。「主語」を「主部」と言い換えようが、「意味的に」という注釈をつけようが言っていることは尾上と同じである。

　しかし、「すべての文に主語がある」と言うのは、事実と反する。「主語」（ガ格語＝認識の対象）がない文がありえる。それは、尾上

が言う「寒い」「曇っている」「涼しい」「明るい」などを述語とする文（気候・天候・体感温度・明るさの文）、いわゆる無人称文である。尾上はこのような文について、「そのような在り方で存在するモノが指摘しにくい場合もあるが、そのような場合には事態発生の場を事態認識の基盤として主語に立てることになり、やはり主語を持つことになる」（同 11）としている。

　しかし、事実として「寒い」はそれ自体で文であり、主語はない。状況全体を体感してそれを表出する文であり、認知主体は状況（場）の中にあり、しかも言語化されない（図1）。「私は寒い」とは普通言わない。「札幌は寒い」では、「札幌」という場所の属性を述べた文になるだろうが、ここで問題にしているのは、今、ここの現場で発話者が体感して発する文である*7。尾上は「ここは寒い」*8の「ここは」が主語であるとするのであるが、これは状況語（＝場所）であり、主語ではない。寒い戸外に出たときに発する言葉として「ここが寒い」は明らかにおかしい。「ここが寒い」などとガ格が現れる発話は特殊な文脈を考えなければ出てこないものであり、これを「主語」（ガ格項）とはできないだろう。また、「今日は寒いね」という発話は日常よく出てくるが、この「今日は」（広義の場所（状況）としての時間）が「主語」になるのであろうか。「今日が寒い」のようにガ格が出てくる表現は特殊である。英語の場合は場が主語になりうるとしても、日本語で場主語がありえるのかは疑問である。いつの間にか、存在するモノが主語であるという定義が、場にも拡張されているが、主体（話し手）を取り巻く環境としての場所が、主語になりうるのだろうか。

　(19) もう 12 時です。

　(20) しずかですね。

　(21) やっと春になりましたね。

のような文も同様であり、「今はもう 12 時です。」「この辺りは静かですね。」「この辺りはやっと春になりましたね」の「今は」「この辺りは」は状況語（場所）であって、主語（存在物）ではないだろう。ガ格が現れても特殊な文脈でしかいわないのであって、「？今がもう 12 時です」「？この辺りが静かですね。」「？この辺りが

やっと春になりましたね」「??今日がいい天気ですね」のような文は筆者には非文に思われる。

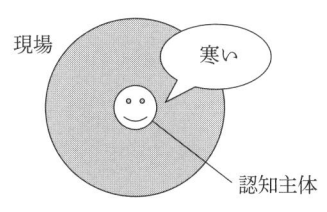

図1：無人称文

　図1では、今、ここの「現場」に、認知主体がおり、「寒い」と発話していることを表している。「寒い」のは、場所全体が寒いのであり、その「寒い」ことを認知主体が体感しているのであって、場所の属性を述べた文ではない。ここでは、「どこが寒い」といった中核的対象が見られないのである*9。このように、認知の中核的対象がなく、認知主体がいる漠然とした状況全体を感じる文は主語がないといわなければならない。この文は、「(現)場」が文になったものと言えるだろう。場＝述語である。次のような文も主語はなく、漠然とした場の雰囲気を述語化したものである。

(22) 今日はなんとなく気だるい。
(23) 最近、退屈だ。
(24) (雨が降って) 憂鬱だ。

無人称文の他に主語のない文としては

(25) 警察では犯人を捜している。
(26) 私からやります。

などがあるが、尾上の定義では上の傍線はガ格項ではないので主語がないことになる。これを無理に「警察が」や「私が」というガ格にして動作主として解釈する必要はないのであって、デ格やカラ格は明らかに場所をあらわしているのであり、この文では動作主体は言語化されていないのである。

第3章 「主語不要論」と「主語必要論」

4. 川端善明の主語論

　尾上の主語論は、原理的に川端善明の主語論に依拠していると言われる。それで、ここで川端の主語論について一言言及しておきたい。

　　　　文は判断に対応する。(中略) 判断に直接対応し、内部的に
　　　　二項の対立構造を先ず持つ文の、その二項が、私の意味にお
　　　　ける主語と述語である。主語と述語のダイナミクスにおいてその
　　　　文は語り、〈私〉は語る。　　　　　　　　(川端2004: 62)

「知られるべき対象」対「知る働き、知る内容」という判断の二項的な構造に対応する第一の項が主語で、第二の項が述語である、という川端の主語―述語論は、依然、主観と客観の対立を前提とする認識論に立っており、存在論としては、存在者(モノ)を基盤とする存在論に立っていると考えられる*10。また、川端の「主語」は第一義的に形容詞文の概念である。確かにこうした定義は、判断を表している「海は青い」のような属性形容詞文や「鯨は哺乳類である」のような名詞述語文には適用可能のように思われる。しかし、先ほど述べた「寒い」や「12時だ」のような「主語」なし文には適用できないように思われる。また、「旅がさみしい」「別れがかなしい」といった情意形容詞文は、「知られるべき対象」対「知る働き、知る内容」という判断の二項的な構造に対応しているのであろうか。情意形容詞文の述語は判断とは言いにくいと考える。文がそもそも判断に対応しているとは限らないだろう。

　また、川端の定義では、動詞述語文では、主語は主格ではなく、述語に対して内的限定格(主格、対格、与格)を表す(川端2004: 71)から、主格は主語ではなく、結果的に三上の主張した「補語」に格下げされている。尾上は、川端の主語論に依拠していると言いながら、あえて、動詞文の主格(ガ格)が主語であるとして、「主語」項の絶対性を言っている。

　全体として、尾上は主語を前提とする主語論理に立っているため、主語になりえない場をも主語と解釈する誤りを犯しているのではないか。次に、尾上の「二重主語文」の問題の批判に移る。

5.「二重主語構文」の批判

　尾上は、通常の文では、「事態認識の中核項目」と「事態認識における着目点」が一致するが、それが一致しないケースとして、存在文、情意文、出来文を上げる。すなわち、「〜ハ…ガ+述語」の構文を二重主語構文として、最初のハ項を「事態認識の着目点」としての第一主語とし、ガ項を「事態認識の中核項目」としての第二主語とする。果たして、この構文が「二重主語」であるのか、これから検証していきたい。

5.1　存在文
(27)「あの部屋は大きな窓がある」
(28)「日本は温泉が多い」
　尾上の主語の定義からは、「大きな窓がある」の「大きな窓が」は「事態認識の中核項目」としての「主語」であると認められる。では、「あの部屋は」は「事態認識の着目点」としての主語であり、上記の文は二重主語構文であるとしていいのだろうか。
　存在文の原型は「場所に存在物がある（いる）」という型であり、「あの部屋に大きな窓がある」（図2）というように場所の項はニ格項になるのが基本である。場所を主題化した場合は、「あの部屋には大きな窓がある」となるが、尾上の定義ではこの文の「あの部屋には」は「ニ格」が主題化されたものだから主語ではないことになる。では、「あの部屋は大きな窓がある」と「あの部屋には大きな窓がある」の違いはいったいどこに求められるのだろうか。尾上の解釈では「あの部屋が大きな窓がある」というガ格項が認められるという意味で、「あの部屋は」は主語になると言うのである。主語という意味で「あの部屋」は場所でありながらモノ化されていると言う。「あの部屋」は「大きな窓がある」という属性を持っていると解釈できる場合、「あの部屋は」は主語になるとするのであろう。しかし、本来、ニ格で現れる存在の場所がハになり、属性の主体となる場合は、むしろ特殊な場合ではないだろうか。このような特殊な場合の例だけを取り上げて、それを「主語」としてしまっていい

「あの部屋に大きな窓がある」

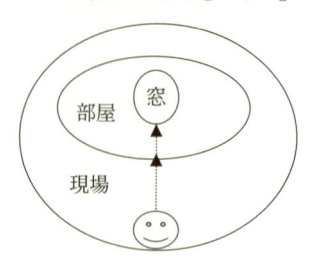

図2：存在文

のだろうか。

　この文を発話する状況を考えてみる。たとえば、泥棒が望遠鏡で物色する部屋を探しているとする。そのとき、大きな窓がある部屋を発見した。これはいい、ここに入ろう、と決めた。そのときの発話としては、「あの部屋は大きな窓がある」は適切であろう。ただ、このとき「あの部屋には大きな窓がある」でも言えるのであり、ニ格が主題化された場合とはあまり区別が感じられない。日本語に果たして場主語という概念が有効なのであろうか。少し検討してみたい。

(29)　There is a big window in that room.
(30)　That room has a big window.
(31)　あの部屋に大きな窓がある。
(32)　＊あの部屋は大きな窓をもっている。
(33)　Bees swarms in the garden.
(34)　The garden swarms with bees.
(35)　ミツバチが庭で群がっている。
(36)　？庭がミツバチで群がっている。

　英語で言えば、There is…の存在文（there構文の場合は、場所句のthat roomが主語であることはありえない）とは別に、(30)のようにthat roomという場所を主語にした場主語構文が可能である。しかし、日本語で、「あの部屋は大きな窓を持っている」は非文である。では、「あの部屋は大きな窓がある」が場主語構文にあたるのであろうか。英語の場合は、that roomと動詞haveが

一致して、has となっているのであるから、that room を主語とする構文的根拠があるが、日本語で「あの部屋」という場所を特別に主語と認定する根拠はないと思われる。(33)-(36)の例を見ても、英語は場主語が可能であるが、日本語は場を主語にした構文は作りにくいのである。(英語の直訳調の（36）は不自然である) もちろん、「庭はミツバチがむらがっている」なら容認可能であるが、ここでも「庭は」を主語と認定する積極的な根拠はない。

　また、尾上は「あの部屋は」に潜在している格がガ格であると言うが、「あの部屋が大きな窓がある」という二重ガ格構文は、それだけでは非常に不安定であって、「どの部屋が大きな窓がありますか」という質問の答えとして成り立つような、分節文の一種だと考える。「〜ハ…ガ」構文と「〜ガ…ガ」構文は意味的にも、談話機能的にも異なる構文と考えられ、単純に同一視できないのである。ハは文法的な格関係は示さないのであって、「あの部屋は」に潜在する格がニ格であるかガ格であるかは一律に決めることが出来ないのであると言うのが正しいのではないだろうか。

　「日本は温泉が多い」という文も、「日本は」「温泉が多い」という属性を持っている、主語―述語の形式で捉えられる（実は題目―解説の構造であり、場―述部の構造である）かもしれないが、この場合「日本には温泉が多い」と言えるわけだから、「日本は」だけを主語と認定する根拠はないように思える。

　「太郎（に）は子供が二人いる」のような所有文も、存在文の拡張と考えると、「太郎は」はもともとニ格の「太郎に」が主題化されたものと考えられるから、主語と認定する根拠が見当たらない。

　結局、日本語に、場主語を導入する積極的根拠はないのであり、場所は場所であると考えるのが、自然な見方である。すなわち、存在文は「〜ニ…ガアル」という形が原型であり、場所が主題化されて、「〜ニハ…ガアル」となり、さらに「〜ハ…ガアル」に拡張し、それが無題化されると「〜ガ…ガアル」の構文になるが、この二重ガ格構文はコト内にあるか、話の場に支えられた分節文としてしか存在し得ない特殊なものであると考えられる。尾上が言う存在文の「二重主語構文」は「場においてモノが存在する」構文として素直

に解釈できるものである。

5.2 情意文

次に、うれしい、悲しい、さびしい、などいわゆる情意（感情）形容詞を述語とする情意文をとりあげる。尾上は次のように言っている。

> 「あしたの遠足がうれしい」という表現においては、「うれしい」という輪郭の不明瞭な感情の中核に「あしたの遠足」というモノが（「うれしい」感情の結晶として）析出されてくるというようなあり方で意識されるのであって、「あしたの遠足」が「うれしい」という述語承認に先立って承認されているとは言いがたい。「あしたの遠足」が「うれしい」ことのかたまり、結晶として、情意的事態の中核であるにはちがいなく、その意味で（仮に対象語というような特別名称を与えるにしても）主語であるにはちがいないが、ここにもう一つの主語すなわち着目点としての主語が別に要請される動機が生じることになる。「私は故郷が懐かしい」「太郎はあしたの遠足がうれしいのだ」というような情意の主者（感情を持つ人）は、情意事態成立の場であって、存在文の場合と同様、事態成立の場が着目点主語として別に要請されているわけである。　　　　　（同14）

情意文でのガ格（「明日の遠足」）は情意的事態の中核ということは支持できるが、「明日の遠足がうれしい」は、川端＝尾上の言う「知られるもの」と「知る働き」のような判断の構造では解釈しにくい。情意事態というのは、「知る」という判断作用ではなく、「私」という情意の場において、情意の機縁となるものが浮かび上がってくるような事態であるから、情意の機縁を「主語」と呼ぶのは抵抗がある。むしろ「私」が「うれしい」というあり方であるのであるから、「主語」と呼ぶべきは「私」であるのだが、果たしてこの「私」を「主語」としていいかである（図3）。

一般に「嬉しい」「悲しい」「したい」「ほしい」などの述語の「主体」は「私」であり、普通言語化される必要がないというのはよく知られた事実である。

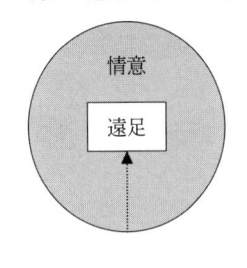

「明日の遠足がうれしい」　　　「私は明日の遠足がうれしい」

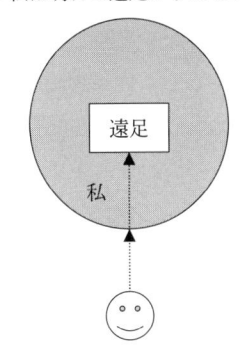

図3：情意文

　宇津木（2005: 34）は、「述語中心の構造をもつ日本語は、主語にあえて「私」を置かなくとも、そこに「私」が内在するという形をもって発展した言語」とする。「うれしい」「悲しい」などの情意形容詞は、主語を明示しなくても、一般に主語は話し手（「私」）と解される。もちろん、「私は」と主語を明示することもできるが、それは、対比や「私」の存在を強調したいような場合に表現的効果を狙った文体であり、「私」を言語化することによって自己を客体化し、「私」の経験を客体的に述べるものである、とする。宇津木は、これを「述語が主語を規定する」例とする。

　次のような文は、すべて「私」が言語化されなくても十分成立するものである。むしろ、「私はうれしい」とか「私は腹が減った」というような「私は」を言語化した表現には違和感を覚える。

　　　　内部知覚の表現―腹が減った、足が痛い、寒気がする
　　　　情緒を表す表現―命が惜しい、君がうらやましい、その言葉
　　　　　　　　　　　が嬉しい、あの子が不憫だ、朝がつらい、
　　　　　　　　　　　それが残念だ
　　　　欲求、希望の表現―芝居が見たい、水が欲しい

このことについて、宇津木は次のように指摘する。

　　　日本語は、主語がなくとも文法的な文と認められる構造を持
　　ち、主語に「私」をたてることで「私」を突出させ、外の世界
　　と分離、対立させることをせずに、言表主体の感情や考えを表
　　出することが可能である。日本語は、主語を明示しなくとも文

法的に認められる言語ゆえに、言表主体と客体界の分離が、構造上、主語を必要とする言語と比べて明確ではない。このように考えると、日本語においては、構造上、主語を必要とする言語に比べて、その言語行為が主客未分なる原経験、純粋経験というものに近いといえるかもしれない。　　（宇津木 2005: 72）

　また、（これは情意文ではなく知覚文であるが）「鐘の音が聞こえる」に関して、「「私」が聞いているのではなく、鐘の音が響いている。そして、それがそのままあらわになっている場所が「私」である」と西田哲学の研究者である上田閑照（1991: 326）は言う。これが、英語のように「私は聞きます、鐘の音を」式に、主語に「私」を立てる言語と本質的に異なる点である。日本語の「鐘の音が聞こえる」においては、鐘の音を聞いている「私」と鐘の音は、別々のものとしての、はっきりとした区別はなされない。つまり、「私」と「私」の外の現実世界との区別がなされず、「私」は鐘の音と一体になったかのように表現される。このような状態を西田哲学では、主観と客観に分かれる前の状態であるという意味で、主客未分と呼び、この主客未分の経験を「純粋経験」と呼んでいる。そして、また、こうした捉え方は「場所の論理」そのものである。西田哲学においては我とは、ものが映し出される場所である。それは主語になるものではなく、何かを意識する場所である。ものが「於いてある」場所である。つまり、西田にとっての我とは、主語となって全体を統一する一点となるものではなく、述語面になるものである。

　このように、情意文や知覚文の主体「私」は述語に内在しており、主語になるものではなく、むしろ、情意や知覚といった経験の「場所」となっているものなのである。「私は」が言語化されたとしても、それはあくまで「場所」であって、尾上が言うように、「私」が主語になるのではないのである。

5.3　出来文

　尾上は、ラレル文や可能動詞文などを「事態を個体の運動として語ることをあえてせず、事態全体の発生・生起として語る」（同

15)という特別な認識の図式に対応する文として、出来文(しゅったい)と名づけた。

　(37)「太郎は納豆が食べられる」
　(38)「この店はカキ氷が食べられる」
　(37)は「太郎」を場として「太郎が納豆を食べる」というコトの全体が生起する（図4）。(38)は、「この店」を場として「だれかがかき氷を食べる」というコトの全体が生起する、と解釈されるところから〈可能〉という意味を表すと言う。この二重主語文の第一主語「太郎」「この店」は事態生起の場であると同時に一方では、生起する事態の中にモノ的中核が当然認められるわけで、生起事態中の（場にまわった項目以外の）中核項目、「納豆」「かき氷」が第二主語となる、とする。

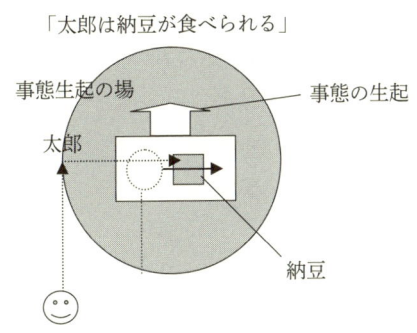

図4：可能の出来文

　出来文のハも情意文のハと同じく場であるが、情意文での情意の場とは、「私」であり、それは述語に内在しているものであり、主語ではなく場所であった。一方、出来文の場は「私」に限らず、普通明示され、述語に内在しているとは言いにくい。果たして出来文の場は主語となるのだろうか。

　尾上は言う。「通常の文における事態の対象的中核が事態認識の基盤であることはいうまでもない。また、第1種二重主語文の第一主語の項目、すなわち事態成立の場も、その文においては事態認識の基盤として求められているものである。この両方の場合を含めて、「事態認識の基盤」こそ述語を述べるに先立って先ず要請されるものであり、それが主語というものの実質である。」(同16)

この図式は果たして正しいのだろうか。

通常の文とする「猫がねずみをおいかける」において、「猫が」を事態認識の中核とするのは納得できるとして、「太郎は納豆が食べられる」の「太郎は」が「事態認識の基盤（着目点）」となるのは、それが「ハ」によってマークされているからだとすればいい話ではないか。ハは課題の場を設定し、これから述べられる何かを提示するわけであるから、事態認識の基盤となるのは当然として、なぜそれが「主語」でなければならないのか、依然根拠が見えないのである。ハ項に潜在するガ格が表れるからであろうか。これも先ほど来言っているように、潜在する格は「太郎に納豆が食べられる」「この店でかき氷が食べられる」のようにニ格やデ格の可能性もあるのであり、仮に「太郎が納豆が食べられる」「この店がかき氷が食べられる」のような二重ガ格構文になったとしてもかなり不安定である。ただ、ガ格が潜在するから、というような理由は、それが主語であると言う根拠としては薄いのではないだろうか。

5.4　第2種二重「主語」文

尾上によれば、二重主語文の第2種は、「象は鼻が長い」などを代表とするグループである。「象」はこの文で語られる認識の対象として主語であり、それについての認識内容を語る部分すなわち述語部分がさらに「鼻」という主語と「長い」という述語に分かれているものであると言う。

この種は、「AはBがC」において「A－B」関係が「全体―部分」関係をとる。すなわち、「Aの一部ないし一面であるBのあり方を語ることによってA自身のあり方を語る」という意味構造を持つゆえにAを主語とする文の内部にBという主語も出てくると言うのがこの第2種二重主語文であり、それは当然、述部（という文の一部）に「鼻が長い」という従属句を持つ複文であるということになる、と尾上は言う。尾上の挙げている他のタイプについての言及は避けるが、結局、先の第1種二重主語文であれ、第2種二重主語文であれ、「AはBがC」という構文に共通するのは、「A」は「課題の場」を設定する題目語であり、「BガC」はその解説部分で

あるという点である。Aという場の中で「BがC」という事が存在する（あるいは生起する）という図式ですべてこの構文は説明できるのである（図5）。二重主語文というのは、主語―述語関係の観点から見ればそうだが、主語―述語関係ではなく、場に包まれるとモノ（コト）、認知主体という観点から見る本書の立場からは、二重主語構文の設定と細かい分類自体あまり意味を持たないように思われるのである。

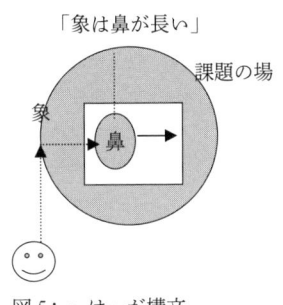

図5：〜は…が構文

6. 結論　場があるから主語は要らない

尾上の主語論の中での功績は、さまざまな意味役割を持つガ格項のスキーマを「事態認識の中核項目（ガ格項）」であるとして統一的に説明したことであり、筆者もそれを支持するものである。しかし、「ガ格項が主語である」としたことには、その必然性や意味については、最後まで納得できなかった。また、情意文や出来文において、情意の場や事態生起の場という場の概念を導入して説明したことに対しては、積極的に支持するものであるが、その場がなぜ主語にならなければならないのかは最後まで理解がいかないのである。結局、尾上が依拠する川端の主語論―「知られるべき対象」対「知る働き」という判断の二項構造に対応する主語―述語―という論をベースにしているため、「主語論理」から抜け出せないのであると考える。すべての文に主語がある、と言うのは事実に反するのであり、「寒い」という一文がその反例を突きつけている。この文は判断に対応する文ではないし、ガ格項はなく、現れても「ここは」な

どの場所であって、主語ではない。このような文は、認知主体をとりまく場を体感し、それを表出する文であるので「場の文」である。述語の承認と場の承認が一致する文なのである。ここには、「主語」はなく、「場所」があるのであって、場があるから主語はいらないのである*11。三上や金谷の論も「主語不要」とするのはいいが、ただガ＝主格補語、ハ＝主題と言うだけでは、尾上のような原理論としての主語論への反論はなかなかできないのではないか。「主語の論理」に対してはそれに代わる「場所の論理」を明確に打ち出すことが肝要であると考える。

*1 主語をめぐる主要な議論は、月刊『言語』1975年3月号の「特集：日本語の主語」、月刊『言語』2004年「特集：日本語の主語を捉える」、竹林（2004）などを参照されたい。また、文法学研究会2005年連続公開講義としてテーマ『主語』が取り上げられた。
*2 湯川（1967:43）では、「ラテン語などの人称変化のある言語においてもその「活用形」は、「主語」を含んでいると見るべきではなく、動作自体の話し手から見た質的相異によるわけ方であるとかんがえるべきではないだろうか」としている。
*3 筆者の地元である関西方言では、「自分」は二人称に用いられることもあり、再帰代名詞という感覚はなじまない。
　自分、俺のこと好きなん。（あなたは俺のことが好きなの）
*4 角田（2009）は、日本語の主語の統語機能として、尊敬語動詞の先行詞、再帰代名詞「自分」の先行詞、継続の「ながら」の主節と従属節の対応、数量詞遊離の4つの機能があるとし、「主語」という統語機能を設定する根拠があるとしている。それは、たかだか4つの言語現象のみであり、「英語」と比較するときに、なければ不便であるというような薄弱な根拠でしかない。言語類型論者として、「日本語は特殊な言語ではない。しかし、英語は特殊な言語である。」と述べておきながら、やはり英語で優位な統語現象を日本語に適用してそれを「主語」としての設定の根拠としていることは、「英語」を基準とする発想を前提としているのではないかと矛盾を感じざるを得ない。
*5 尾上（1997-12:90-91）自身、「雨が降る」「雷が鳴る」「湯が沸く」のような文を措定文（川端善明の用語）とし、これらの主語は、「雨」「雷」「湯」というようなモノの存在がまずあって、しかる後にそれが変化したり動作したりするものではなく、降雨現象、雷鳴現象、沸騰現象と呼び得る様な現象のみがまずあって、それを文として語るときにその現象の全態から「雨」「雷」「湯」という語がいわば分化して取り出されるのである、とする。そして、原

理的に（変化や動作という）述語に先立って承認されてある主語ではないという限りで存在文の主語と措定文の主語とは共通の性格を持つが、事態の言語化においてまず眼がそこに行くような着目点としての個体であるか否かという点では、措定文の主語のみが、他の三者、存在文、変化文、動作文の主語とは異質である。現象の存在、発生の究極なものがモノの存在、出現であり、その存在の変容が変化や動作であるとすれば、措定文の主語を背後にもってそれが現実の個体の側に一歩踏み出したものとして存在文の主語が在り、その存在文の主語が（述語の変容に応じて）変容したのが変化文、動作文の主語であるということになる、としている。

　この部分を読めば、措定文の「主語」的あり方がすべての「主語」の根底にあることがうかがえないこともない。措定文のあり方は、コトがまずあって、そこからモノが分出するというコト的世界観そのものを表しているのであり、それは存在文、変化文、動作文にも通底するものであると筆者は考えている。

＊6　コト的世界観については廣松（1996）参照。また、城戸（2003）では、次のように解説している。「たとえば「雪が降っている」という事態を言うとき、本来的にあるのは、雪景色という一つのできごと＝「事」なのである。主体の論理は、「物」を必要とする。物が主体となり、主語となって、その物の性質が論じられるのであり、主体となる物、主語となる物がなければ、これについての述定というのもありえないことである。これに対し、場所の論理は主体を必要としない。実際にあるのは、場所であり、その場所に生起するできごとなのである。ことがあるのが実相であって、主語などなくても、ことを表現することは可能であり、本来の日本語は、この「こと」を表現するように作られている。それは言語化する以前の具体的な現前である。実在するものはすべて具体的なものであり、具体的なものは、対象化される以前の「こと」なのである。この「こと」から「もの」を作り出すことによって、主語論理が成立するのである。」（同 123）

＊7　フランス・ドルヌ＋小林康夫（2005: 187）では、「おお、さむっ」という発話を取り上げ、ここでは、「*私はさむっ」などの一人称主語とも両立不可能であり、（もちろん「*ここはさむっ」ともいえない）これは、叫びのような間投詞的表現であるとしている。ここには、関係の個別的な性質は明示されているのに、主語や目的語になる関係項は明示されていない。述定関係が打ち立てられて、それからそれが省略されているのではなく、それ以前の、まさに前述定関係とでも言うべき関係がここには提示されていると考えられる。それは、主語に当たる関係項がまだない状態での発話というべきものである、としている。他の感情・感覚形容詞でも「いたっ」とか「こわっ」「あちっ」などが言え、属性形容詞でも「やすっ」「たかっ」等と言える。このような発話は、まさに主語のない発話の典型であり、（これを文とするかは議論の余地があるだろうが）今後研究する価値のある課題である。

＊8　英語でも、Here is cold. と副詞の here を主語とする文はおかしいとされる。It is cold here. とダミー主語の It をたてなければならない。London is cold. は場主語であるが、日本語の「ロンドンは寒い」のロンドンが主語であるかの構文的根拠はないと思われる（Lyons 1977: 476）。

＊9　篠原（2002）では、川端康成の『雪国』の中の「寒い立話」という表現

をめぐって、どこが寒いのか、その中核が何かに関しての佐藤信夫の議論を取り上げ、「「寒さ」は特にどこかに中核が求められているわけではなく、人も立ち話もここを取り巻く環境も皆寒いことを表しているのであり、言いかえれば、中核的対象を持たない状況全体、場所全体に寒さがある、もしくは、どことはわからない schematic なところに寒さが存在すると捉えられていると考えたほうがより自然であろう。この場合も（中略）最初から明確な中核が存在するわけではなく、漠然とした全体の中から寒さが湧き上がってくるのであり、もし、あえて、それ以上に寒さの所在を明確に求めようとすれば、主者の心情とも対象の属性とも（さらには、もしことさらに明確な中核を求めないというのであれば、雪国全体とも）理解することができるわけである。」（同279）と指摘している。

*10 川端の主語―述語論は、文を主辞と賓辞の統覚作用による統一によるとする山田孝雄の文観に由来すると考えられる。これに対し、時枝誠記（1941）は次のように指摘している。「一般に、主語格は述語格に対立したものと考えられ、この対立を結合する所に統一が成立するという形式論理学並びに印欧語的統一形式の観念から離れなければならない。国語に於いては、主語は述語の中に含まれる形に於いて述語に対立していると見なければならないのである。」（同370-371）

*11 高橋（2008）は、日本語の主語は省略されているのではなく、主語を入れるか入れないかはコンテクストによって発話者が決めると言う。このコンテクストとは、言語内の文脈のみならず、発話に関わる人、場面、状況、背景など発話に関するあらゆる要素で、話し手、聞き手が共通に分かち持つ要素を言う。そしてこのコンテクストは、自己を取り巻く「世間」の中にあるとしている。つまり、「世間」の枠組みでの言語使用が日本語の主語の明示化を避けている大きな理由であり、「世間」は主語の問題のみではなく、あらゆる日本語使用の場面に関わっている可能性のあることを主張している。「世間」は本書で言う「場所」の概念の中に含まれる概念であり、高橋の論考は支持できるが、ただ「世間」が日本文化に特有かどうかは検討する必要があると考えられる。

第4章
日本語の論理再考

　本章では、「日本語の論理の基本は、場所の論理である」ということを主張する。まずは、第1章で概略した「主体の論理と場所の論理」、「主語論理と述語論理」について詳しく述べる。そして、最近の日本語の論理に関する論考である月本（2009）の「日本語の論理の基本は、命題論理、すなわち形式論理である」という主張を批判的に検討し、日本語の論理について再考してみたい。

1．主体の論理と場所の論理

　主体の論理と場所の論理については、第1章で述べたのでここでは繰り返さないが、「論理は思考の形式である」とすると、「主体の論理」と「場所の論理」に対応するそれぞれの思考方式が存在するだろう。それを「主体的思考」「場所的思考」とする。城戸（2003）では、それらは具体的に下のような形で二項対立的に把握することができるとしている。（実際は⑳まであげられているが、⑦までにしておく。）

表1：場所的思考と主体的思考（城戸 2003: 119–120）

	場所的思考に属する思考	主体的思考に属する思考
①	非言語的	言語的
②	実践的	理論的
③	レトリック	ロジック
④	帰納法	演繹法
⑤	こと（事）	もの（物）
⑥	イメージ	概念
⑦	右脳的	左脳的

これらを城戸に従いながら説明していく。
① 非言語的と言語的…⑥のイメージと概念に関係してくる。すなわち、イメージは非言語的であり、概念は言語的である。イメージ的同一性から概念が生まれる。たとえば、「犬」という概念は、「ワンワンほえる動物」をたくさん見て、それから作られるイメージ的同一性に基づいて、作り出されるのである。これは認知言語学で言う、カテゴリー化とも関係している。
② 実践的と理論的…③と関係してくるが、レトリックは人を動かす説得術として発展したものであり、きわめて実践的なものである。これに対し、ロジックはまさに理論的なものである。
③ レトリックとロジック…レトリックは、具体的なものを通しての場所的同一性に基づく説得であって、基本的に場所の論理に基づくものである。レトリックは、主語論理的には非論理的だが、述語論理的には十分論理的根拠を持っているものである。レトリックのうち、隠喩は、異なるものの中に同一性を見いだす思考方式であり、主語的に異なるものが場所的（述語的）に同一性を見いだすときに使用される表現形式である。また、換喩は、近接関係に基づく連合関係であり、言語以前の動物にも見られる推論形式である。
④ 帰納法と演繹法…帰納法は、人間の五感によって捉えられる個々のケースから出発し、そこから一般的な真理あるいは概念に到達する推論で、述定される場所的同一性に基づく推論形式である。一方、演繹法は、形式論理の三段論法に見られるような命題の必然的結果を導き出す推論であり、主語的論理に基づいた推論である。また、城戸ではあげられていないが、パースによって定式化されたアブダクション（仮説推論）は、規則と所与の結果から文脈を参照して事例に関して行う推論であり、これも一種の述語論理的推論（帰納法よりも高次の推論であろう）であると考えられる。アブダクションは、説明のための仮説を主体的、創造的に作り上げるプロセスであり、認知心理学や人工知能などにおいて仮説形成、自然言語処理のプロセスとして研究されている（辻編 2002:4、米盛 2007*1）。帰納法や

アブダクションに見られる推論方式はきわめて実践的であり、述語論理は日常的にも有効な論理と考えられるべきである。

⑤　事と物…主語論理は、実在するのは物であり、その物が主体となり、これを述定するのが言語であると理解する。これに対し、場所の論理では、あるのは動的な現実であり、その現実は、物によって構成されているのではなく、事によって作られていると考える。本来は「こと」があり、この「こと」を分析的に見ることによって、初めて「もの」が見えてくるのであって、その逆ではない。物を中心とする世界観はモノ的世界観であり、事を中心とする世界観はコト的世界観である。英語の基本的見方は、モノ的であり、日本語では、コト的であることが池上（2007）などでも指摘されている。

⑥　イメージと概念…イメージとは、ことばと概念の形成に先立って存在する心的表象である。「稲妻の光とものすごい落雷音」という身体経験に基づいて、そのイメージが作られ、それを主語的に統一するものとして「雷」という言語が形成される。イメージは動物も持つが、概念を動物が持つかはよくわからない。基本的には、イメージは言語以前の（動物も持つ）表象であり、概念は言語によって形成されると考えておく。イメージ的同一性に基づく論理が述語論理であり、「概念」や「ことば」による主語的同一性に基づく論理が主語論理である。ここで、認知言語学で言うイメージ・スキーマの位置づけを考えておこう。イメージ・スキーマは、種々の身体経験をもとに形成されたイメージを、より高次に抽象化・構造化した知識形態とされる。日常的な食べたり、出したりという行為や部屋を出入りするというような身体経験が、身体を容器のようなものとイメージさせ、その容器のイメージ・スキーマが形成される。イメージ・スキーマは、メタファーの認知的基盤になることから、述語論理的思考が関係していると考えられる。（単なるイメージ的同一性による推論よりもより高次の推論において使われるものと思われる。）

⑦　右脳的思考と左脳的思考…ヒトにおいては、左脳では言語的

思考が優位に行われ、反対の右脳では非言語的な機能が優位に営まれている。一般に左脳的思考は主体的思考、右脳的思考は場所的思考に関係していると言えるだろう。月本（2008: 206）では、右脳に損傷がある子供は、通常のことばは理解できるが、ジェスチャーができないとか比喩が理解できないという報告をあげている。ジェスチャー自身は思考ではないが、ことばのイメージ的表現に近いし、比喩は場所的思考であることからも、右脳思考が場所的思考に関係していることが伺える。そして、この右脳を経由して、左脳でことばを処理できるようになるという事実は、主体的思考が場所的思考に基づいていることを証明しているものではないだろうか。

このように、主体的思考と場所的思考は二項対立的に存在すると言うより、相補的関係であるとも言える。場所的思考が基底的で、主体的思考があるという関係である。そして、これら場所的思考と主体的思考が形式化されたものが、「主体の論理」と「場所の論理」となるのである。

これらの論理が、現実の言語現象にどう現れているかを、まず確認しておこう。次のようなa、bのような対比があったとき、どちらをより自然な使い方として、見るかである。

 a. 風が窓をひらいた。（主体－対象－動作）〈主語－目的語－他動詞〉
 b. 風で窓がひらいた。（場所－出来事）

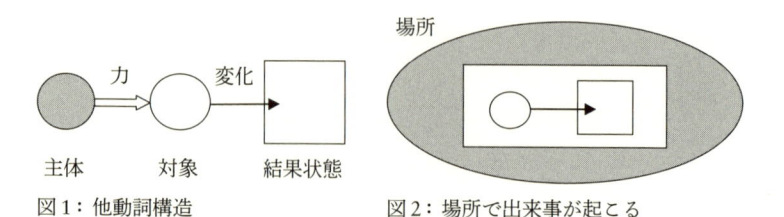

図1：他動詞構造　　図2：場所で出来事が起こる

　英語や中国語などの言語では、aのような言い方が自然であり、日本語や朝鮮語のような言語では、bのような言い方が自然であるという。aの「風」のような無生物を主語にすることは日本語では、

「擬人法」のように特別な効果を生む場合のほかは、普通の発話では使いにくい。この言い方を自然とする言語は、「無生物」をも主語にする「主語の論理」、「主体の論理」が強い言語であろう（図1）。一方、bでは、「風で」の「で」は一般には「原因」と解釈されるが、ここでは「風の中で」というように場所的にも解釈できるであろう。すなわち、「風の中で、「窓がひらく」という出来事が起こった」という解釈ができる（図2）。まさに、「場所において、コトがナル」という事態認識であり、こうした言い方を自然とする言語は、「場所の論理」が強い言語であると言えるだろう。

ここで注意すべきは、「場所と主体（個体）」の関係は、どちらがなくても、あり得ない相補的関係である。「存在物」だけあって、それがある「場所」がないと言うことはあり得ないと同時に、「場所」だけあって、「個体」がないと言うのは、空虚な空間、無でしかないであろう。現実には、両者は相補的関係にあるものである。ただ、「場所の論理」の方が根源的であり、それを基盤として「主体の論理」があることは言えるだろう。

これを日本語と英語の場合で、図式的に書けば次のようになるのではないかと思われる。

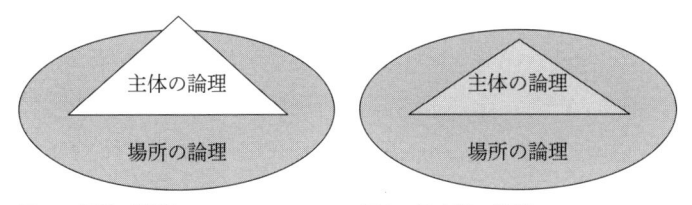

図3：英語の論理　　図4：日本語の論理

英語では、主体の論理が強く、主体は場に独立した形で存在する。それゆえ、言語構造としては主語を必要とし、事態の基本型はスル型（主体－対象－他動詞）、事態把握としては、主体が場の外から見る客観的把握である（図3）。

一方、日本語では、場所の論理が強く、主体は場に依存して場に埋め込まれた形で存在する。それゆえ、言語構造としては主語を必要とせず、事態の基本型はナル型、事態把握は場の中に視点を持つ

主観的把握である（図4）。

　安藤（1986）も、西欧と日本の文化の型の対立として、次のようなものをあげている。「個の論理 vs. 集団の論理」、「2元論的 vs. 全体観的思考様式」、「積極的 vs. 消極的な行動様式」、「自己主張の文化 vs. 自己滅却の文化」、「人間関係の非連続 vs. 連続」、「人間と動物の非連続 vs. 連続」、「征服すべき自然 vs. 服従すべき自然」。それらは一口に「個の論理 vs. 集団の論理」と言ってもいいとしているが、これはまさに、「主体の論理」と「場所の論理」と並行的に捉えられるものである。結局、日本語の論理は基本的に場所の論理であり、英語の論理は基本的に主体の論理であると言っていいであろう。

2. 日本語の論理は形式論理であるか？

2.1　日本語特殊説について

　月本（2009）の主張は、「日本語は論理的であり、その日本語の論理は特殊でもない。日本語の論理は形式論理と同等である」というものである。まず、「日本語は非論理的である」という説は、月本氏と同じく誤っていると考えるし、「日本語の論理は特殊ではない」という主張も賛成である。しかし、「日本語の論理は形式論理と同等である」という主張には、疑問がある。

　まず、月本氏は、西田幾多郎や三上章が「日本語の論理は西欧の言語の論理とは違い、特殊である」と言っているとしているが、西田や三上自身は、「日本語は特殊である」とは一言も言っていないと思われる。西田の「場所の論理」は、形式論理学でいう判断の包摂関係（特殊（主語）が一般（述語）のうちに包摂されること、つまり、特殊が一般においてあること）から出発しているのであるから、これ自体は日本語に特殊な判断という意味で言っているのではなく、むしろ、西田自身、普遍的な判断として打ち出したかったように思われる。西田は、「場所」について、一方では、プラトンの「コーラ」（場）、フッサールの「意識の野」、カントの「意識一般」などを通して考えており、他方では、道元の「古鏡」を通して考え

ていると言う（浅利2008: 15）。つまり、西欧の形而上学を取り入れつつ、それを乗り越えて、より「普遍性」を目指す苦闘の中で、「場所」という概念に行き着いたのであって、それが日本語に特殊な論理と速断は下せないと思われる。ただ、浅利（2001: 135）が、西田の場所のイメージは、日本語の助詞「で」の円のイメージに重なるものであり、これは日本語で考えたという事実に由来すると指摘しているが、西欧語で思考する西洋人が屈折語で思考するという制約にあったように、西田自身も日本語で思考するという制約下にあったことは事実である。思考は言語によって制約されるのである。

「日本語の論理と西欧の論理は違う」あるいは「日本語に独自の論理がある」という主張は、必ずしも「日本語は特殊である」という主張にはならない。そこには、「西欧の論理」が普遍的であるという前提があり、それと違うから特殊であるという結論が出てくるのではないか。言語類型論者の角田（1991）は、「日本語は特殊な言語ではない。しかし、英語は特殊な言語だ」と言っているが、これを論理に適用すれば、「日本語の論理は特殊な論理ではない。しかし、英語の論理は特殊だ」という可能性もあるのである。英語の論理とは、後で述べる主語論理、あるいは主体の論理である。

それでは、具体的に、月本氏の論法について、検討していくことにする。

月本氏の論法は、次のようである。
① 論理は比喩の形式である。
② 日本語の論理の基本は容器の論理である。
③ 命題論理は容器の比喩の形式である。
④ ゆえに日本語の論理の基本は命題論理である、すなわち形式論理である。

結論的に言って、①は誤り、②は条件付き賛成、③は部分的賛成、④は反対である。これらの主張と論法をひとつずつ検討していく。

2.2 「論理は比喩の形式である」か

月本氏はここでいう「比喩の形式」を比喩の持つ共通性、すなわちイメージであるとしている。しかし、「形式」と「イメージ」は

同じであろうか。たとえば、「私の心は満たされない」と言うとき、心を容器に喩えているのであり、「心は容器である」という比喩が使われている。こうした、容器の比喩を形式化したものは、「Xは容器である」という命題であろう。「比喩の形式」とは、「AはBである」という命題で言い表されるものではないだろうか*2。月本氏は、「形式」と「イメージ」を同一視しているが、「形式」と「イメージ」は異なると考えられる。月本氏の言う「イメージ」は、認知言語学で言う「イメージ・スキーマ」に近いものと考えられるが、たとえば、「容器のスキーマ」とは、容器の中に何かがはいっているイメージをスキーマ化（形式化ではない）したものである。筆者の理解ではこれは普通図示しうるものであり、「形式」とは普通、命題や記号、式で言い表されるものではないだろうか。月本氏は、「比喩の形式」と「比喩のイメージ」を混同していると思われる。すなわち、「容器の比喩」とは、「Xは容器である」と形式化できるものであるが、それと「容器のスキーマ」は異なる。厳密に言えば、日常生活における経験が「容器のイメージ・スキーマ」を形成し、それに基づいて、「容器の比喩」が生まれるのである。

　また、「擬人の比喩」についても言及しているが、「擬人の比喩」とは、ものを人間に喩えるものであって、「台風が木を倒した」というような言い方は、日本語では、台風を人に喩えている「擬人の比喩」と言えるが、この比喩の形式は「Xは人である」と形式化されるものである。月本氏は、「擬人の比喩」を「誰々が何々に対してこれこれをする」というものであり、その形式は、「主体－対象－動作」であるとしているが、それ自身は、他動詞の構造であって、「擬人の比喩の形式」ではないだろう。「波が踊っている」は、擬人の比喩であるが、他動詞構造ではなく、「主体－動作」の自動詞構造である。また、「山が不機嫌そうに見える」という言い方は、「主体－形容詞」の型である。「台風が木を倒した」のような他動詞構造を基本にする言語は、「主体の論理」が強い言語だと言えるし、ここでは擬人の比喩があると言っていいが、「擬人の比喩」＝他動詞構造＝主体の論理とは言えないだろう。

　月本氏は「比喩の形式」は思考の形式である。「論理」も思考の

形式である。ゆえに、「論理は比喩の形式である」と結論づけている。「比喩の形式」は思考の形式である、という大前提は「比喩を通して、思考している」という言い方でなら納得できるが、「形式」は余計である。この大前提を正しいとしても、この推論自体、古典論理の三段論法からすれば誤りである。典型的な三段論法は次のようなものである。

　　すべての人間は死ぬ。（大前提）
　　ソクラテスは人間である。（小前提）
　　故に、ソクラテス（S）は死ぬ。（結論）

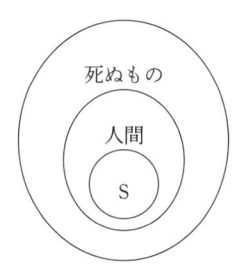

図5：三段論法の図式

　古典論理では、図5のような包含関係が成立するからこそ、「ソクラテスは死ぬ」という結論が導き出されるのであるが、月本氏の論法は、古典論理とちがい、図6のような図式になるので、「論理は比喩の形式である」という結論は導き出せない*3。

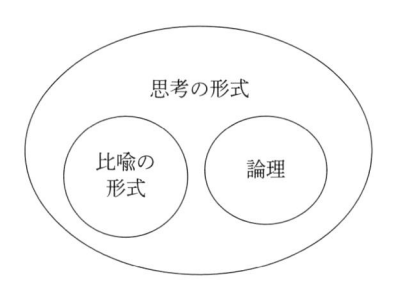

図6：「論理＝比喩の形式」ではない

　　比喩の形式は思考の形式である。（大前提）
　　論理は思考の形式である。（小前提）
　　ゆえに、論理は比喩の形式である。（結論）

第4章　日本語の論理再考　　69

月本氏は、容器の比喩の形式を「容器の論理」、擬人の比喩の形式を「主体の論理」と呼ぶとしているが、直感的に言っても、「比喩」と「論理」は別々のものである。たとえば、比喩には、「容器の比喩」や「擬人の比喩」のほかにも、「建築の比喩」（理論の基礎）や「金銭の比喩」（豊かな想像力）等、色々あげられるが、「比喩の形式」と「論理」が同じであれば、その比喩の種類ごとに、「建築の論理」とか、「金銭の論理」とかの論理が立てられなければならなくなるだろう。したがって、「論理は比喩の形式である」という前提は誤りである。

2.3　「日本語の論理の基本は容器の論理である」か

　月本氏は、「日本語の論理は人を場所で喩えることが多いことからもわかるように、空間の論理である」とする。そして、日本語の論理の中心的な事項は助詞「は」であるとし、「は」が日本語の論理の基本であるとする。「は」は容器の比喩である。すなわち容器の論理である。ゆえに、「日本語の論理の基本は容器の論理である」とする。

　前節での議論からすれば、「は」は、「概念的場」ということはできるが、それ自体は、比喩ではないだろう。厳密に言えば「XはY」という構造が「Xの中にYがある」という容器のスキーマに基づいているということであって、これ自体を「容器のメタファー」と言うことはできない。先に言ったように、「論理は比喩の形式である」とは言えないから、「は」自体を「容器の論理」と呼ぶことはできない。LakoffやJohnsonが「容器のスキーマ」と言うのは、英語の「in」の構造を念頭に置いているものであろう。「in」はまさに「容器」のイメージを基にしているのであるから。しかし、日本語の「は」は、三次元的な「容器」のイメージだけでなく、二次元的な平面も表すし、「山田さんには、お金がたくさんある」（所有空間）、「山田さんは韓国語が話せる」（可能空間）、「私は、犬が怖い」（情意空間）など、もっと広義の「場」と言った方がいいイメージである。それゆえ、本書では、「容器の論理」という用語は使わず、「場所の論理」と言う。ただ、「容器の論理」は、広義に言え

ば「場所の論理」であるとして、「日本語の論理の基本は場所の論理である」とすれば、この主張は支持できる。

月本氏は、日本語の論理の基本は容器の論理である、ただし、日本語の論理の中には、「主体の論理」もあると言う。たとえば、「象が荷物を運んだ」の象は主体であり、これを空間の論理で書くのは無理がある、としている＊4。この場合、「主語－述語」の構造が考えられるので、「主体の論理」があるといっていいとしている。確かにこの場合、「象」を主語とし、「運んだ」を述語とする「主語－述語」関係で解釈できないこともない。つまり、主題のない無題文では、「主語論理」で解釈できる場合があることは認められる。

月本氏は、一文法に二論理があるのであり、1つの論理だけでは図式化できないとしている。「日本語は空間の論理が多く、主体の論理が少ない。これに対して、英語は主体の論理が多く、空間の論理が少ない」。すなわち、「日本人は空間の論理を多用し、主体の論理はあまり使わない。これに対して、英米人は主体の論理を多用し、空間の論理をあまり使わない」とまとめている。このこと自体は賛成である。筆者は、何も日本語に「主体の論理」がない、と言っているのでも、英語に「場所の論理」がない、と言っているのではない。日本語にも、いい、悪いを問わず、「主体の論理」が入っていることは認めよう。明治以来の、西洋文法を模範にした翻訳文体や学校文法によって、日本人の意識に「主語論理」や「主体の論理」がすり込まれているのは事実であり、これを否定しようはない。それでも、「日本語の論理は場所の論理が基本である」ということは変わらないであろう。また、「主体の論理」「主語論理」を基本とする英語のような言語でも、存在構文やセッティング主語構文のように、「場所の論理」で解釈できる文法現象も見られるのである。「主体の論理」と「場所の論理」は、排除的に対立した論理と言うより、言語ごとでその使われる割合が違うというような相対的な差でしかないという考えもできるであろう。

2.4 「日本語の論理の基本は命題論理である」か

③の主張であるが、命題論理における「かつ」「または」という

接続関係や「でない」の否定関係は、すべてベン図を使った包含関係で図示できる。それゆえ、命題論理は「容器のスキーマ」に基づいていると言える。しかし、ここには「容器の比喩」自身は見られないのである。「pかつq」がベン図で示せたとしてもそれ自体は比喩ではないのである。だから、命題論理が「容器の比喩」に基づくとは言えない。

①「論理は比喩の形式である」という主張が誤りとした以上、「比喩の形式」という言葉は使わないことにするが、仮に③を「命題論理は容器の論理である」として、②と合わせて④の結論が導き出されるだろうか。

　　日本語の論理の基本は容器の論理である。
　　命題論理は容器の論理である。
　　故に、日本語の論理の基本は命題論理である。

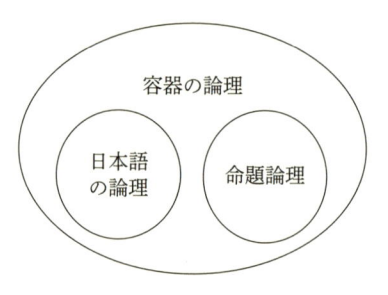

図7:「日本語の論理＝命題論理」ではない

この推論も三段論法からすれば誤りである。もしこれが三段論法的推論ではなく、「XはYである」をX＝Yという等号関係と考えてこのような結論を導き出しているとしても、「命題論理は容器の論理である」自体がそもそも誤りであるからこの推論自体が誤りになるのである。

命題論理は日本語の接続詞の規則に基づいて作られているものであるから、日本語で命題論理が扱えるのは当然のことである。それゆえ、「命題論理は、日本語の論理に合致する」とは言えても、逆に「日本語の論理は命題論理である」とは言えない。せいぜい、命題論理は、日本語の接続の規則を形式化したものにすぎないと思わ

れる*5。

2.5 「英語の論理の基本は、述語の部分の論理である」か

ちなみに、「英語の論理の基本は、主体の論理である」というのは、正しいと思われるが、「述語は擬人の比喩の形式である」、「主体の論理は擬人の比喩の形式である」すなわち、「英語の論理の基本は、述語の部分の論理である」という主張は、理解に苦しむ。

月本氏が言っている「述語」というのは、「述語論理」のことと思われる。「花子は女性である」を述語論理で表現すると、「女性（花子）」になり、「象は荷物を運ぶ」は「運ぶ（象、荷物）」となる。ただ、なぜこの「述語」が「擬人の比喩の形式」となるのであろうか。「象は荷物を運ぶ」自体は、擬人の比喩でもないし、まして「花子は女性である」も擬人の比喩とは言えない。よって、「述語は擬人の比喩の形式である」という主張は誤りである。

また、英語の「A is B」では、「AとBという個体が存在し、それをisがつなぐ」から主体の論理である、と月本氏はしている。確かに、形式論理学では「A is B」を「主語論理」的に考えている。しかし、一方で、英語でも、Bという述語に主語Aが包まれるという「場所の論理」で、解釈することは可能である。述語論理で書けば、「B（A）」となり、Bの述語が、Aの部分を包む形式になっている。中村（1989: 169）は、「述語論理学の〈述語的論理〉のうちで述語は埋めるべき空白を含んだ一種の場所として捉えられている」と言っているが、そうだとすれば、述語論理学も場所の論理に基づいていると言える。すなわち、図8のような「女性である」の部分が場所として捉えられ、その中に「花子」がいるという図式である。すなわち、「花子が女性という状態である」という解釈である。逆に、「主語の論理」では、「花子の中に、女性という属性がある」という解釈で、「花子」の中に「女性」があるという図式になる（図9）。

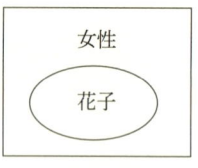

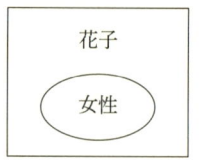

図8：述語論理の図式　　図9：主語の論理の図式

3. 結論

　命題論理は場所の論理に基づいている。述語論理も場所の論理に基づいているとすれば、命題論理と述語論理の複合である形式論理学も、場所の論理に基づいているのである。形式論理学自体は、主語論理的であるが、その根底では、場所の論理が働いているということである。

　月本氏の「日本語は論理的である」という主張は賛成である。しかし、その論拠として、形式論理を持ってくるのは疑問である。形式論理では、現実の人間の思考や推論は必ずしも取り扱えないのである。日常の推論として働く述語論理のような論理を認める必要がある。またアブダクションなどの推論や比喩的思考を述語論理の高次な形式として位置づけ論じていくことは今後の課題になる。

---

*1 米盛（2007）によれば、パースは、論理学とは、一般には命題論理と第一階の述語論理を中核とした演繹的形式論理であるが、他方では、論理学者たちが推論の概念をあまりに形式的に狭く考えすぎることを批判し、推論の概念を拡張して、新たな演繹・帰納・アブダクションの三分法の推論の概念を確立し、探求の論理学を創設したと言う。人工知能の分野ではすでに演繹的形式論理が現実の人間の思考や推論を取り扱うのに適していないとして、帰納的、仮説的、類比的思考などを取り入れることが始まっているのである。

*2 「比喩の形式」と一言で言うが、ここでは、「隠喩（メタファー）の形式」のことである。瀬戸（1995a: 15）では、「メタファーの形式」として、「AはBである」（「男は狼である」）のデアル型、「AのB」（「仕事の山」）の連結型、「美しい理論」のような形容詞型、「東京砂漠」の名詞型、「新しい分野を開拓する」の動詞型、「一枚岩にひびが入った」をメタファーとして使う場合の文

型などに区別されるとしている。
＊3 月本氏（私信）では、この推論は三段論法ではなく、X＝Yのような等号で結べるものであって正しいとしている。もともと大前提が間違っているからこの推論は誤りなのであるが、実はこの推論自身は述語論理的推論であって、これが正しいとすれば、月本氏は無意識に述語論理的推論を使っていることになる。
＊4 確かに、「象が荷物を運ぶ」を、空間的な図式で書こうとすると難しいが、このような文でも、「運ぶ（象、荷物）」のような「述語論理」で表記できる。後で述べるように、述語論理は場所の論理に基づいているから、この文は「場所の論理」から解釈できることは可能である。

　また、このような無題文であっても、文末の「た」自体が「てあり→たり→た」という変遷をたどったように、「行為が完了した事態が、現在そこにある」という空間−時間的認識が認められるし、「象が荷物を運んでいる」では、「その行為が、現在そこにある」という空間的認知が表されていると考えることもできる。「象が荷物を運ぶ」というような動作動詞のスル形式は、1つの命題という形でしか述べられず、現実発話では「た」や「ている」などのアスペクト形式をとらざるをえないということは、このような文でも、「空間的把握」すなわち「場所の論理」が働いていると見ることはできるのである。テイル文のような現象文では、認知主体のいる現場においてこそ発話されるという、より広義の「場」の問題が関わってくるものと思われる。
＊5 論理学者、哲学者の大森荘蔵（1998）によれば、一般に、「論理とは、言語の規則に基づく」という言語規則説が、現代の記号論理学者の暗黙の常識となっているものであると言う。一般に日常言語においては、どんな言語でも「かつ」「または」「でない」「ならば」の4つの接続詞は持っているのであり、それらの意味規則に基づいた論理はほぼ同一のもので、記号論理学は普遍的なものと言うことになる。一方で、言語規則説が正しいとすると、言語が違えばその言語規則も異なり、言語規則に基づく論理も違ってくるのではないか、とも考えられる。事実、そのような事例として、大森は弁証法論理や量子論理学の例を挙げている。そういう意味で、形式論理学は、近代科学の論理学であり、それは世界に相対的であると言える。「言語が違えば論理も違う」ということからすれば、日本語の論理と英語の論理がそれぞれ違うことはありえることであり、それを否定する根拠はないと考えられる。事実、月本氏はその根拠についてはどこにも述べていない。「命題論理は日本語の規則に基づいている」ことは言えても、逆に「日本語の論理は命題論理に基づいている」という結論は導けないだろう。日本語の論理＝命題論理とする主張には形式論理学が「普遍的」に正しいという前提があるのではないだろうか。

第5章
認知言語学の「場所論」による基礎づけ

1. 認知言語学の哲学的基盤

本節は、第1章で述べた「場所の哲学」の立場から、認知言語学の哲学的基盤を検証する*1。

1.1 身体性と想像力

認知言語学（認知意味論）の哲学的含意に関して、早くから言及してきたのは菅野盾樹（Johnson（1987）の翻訳者）である。菅野（1992）では、「メルロ＝ポンティによれば、身体こそが非言語的であれ、あらゆる意味の淵源なのである。」とし、メルロ＝ポンティの「身体論」を現代的に継承した、ジョンソン、レイコフの「認知意味論」のエッセンスを「あらゆる認知は、図式と基礎的水準のカテゴリーが想像力（imagination）によって拡張された所産であるという見解」であるとしている。「認知意味論」の挑戦は、ハイデッガーやメルロ＝ポンティが20世紀初頭に投げかけた西洋近代的な思考的枠組みに対する現代的な挑戦であるという。

ここで言う想像力の問題について、ジョンソン（1987）は『心の中の身体』において次のように述べている。

　　意味の把握とは、理解するという出来事なのである。意味とは、〈客観主義〉なら主張するような、たんなる文と客観的実在との固定した関係ではない。一般に固定した意味とみなされるのは、沈殿し動きを止められた構造にすぎず、これは理解において繰り返し登場するパターンとして創発したものである。理解とは1つの出来事であり、そのさなかで世界をわがものとする。あるいはもっと適切な言い方をすれば、理解とはたえず続けられる一連の相関した意味という出来事、そのさなかに世

界が現出する出来事である。このような考え方は、ヨーロッパ大陸では、とりわけハイデガーとガダマーの著作によって以前から知られてきた。しかし英米系の分析哲学では、意味とは言葉と世界との固定した関係であるとするあまり、こうした方向の研究に強固に抵抗してきた。人間の身体化、文化への埋め込み、想像力による理解、そして歴史的に展開する伝統内での位置づけ、こうしたものを超越する視点のみが、客観性が可能であることを保証しうるのだ、と誤って仮定されてきたのである。

(邦訳334-335)

　青木（2002: 41）によれば、ジョンソンが言及しているように、「一般に固定した意味とみなされるのは、沈殿し動きを止められた構造」にすぎないのであり、ハイデガーこそ、動きを止められる以前の「存在の動的次元」であり、「自然」と訳されるギリシャ語が指している事象である「フュシス」を、「意味の固定化」に逆らって、思索し続けた哲学者なのだという。ジョンソンがカント批判を通して「想像力」への回帰を唱えるようになったように、ハイデガーも「存在の動的次元」を、超越した観点から固定化してしまわない認識能力として、「構想力＝想像力」を重視したのだという。認知意味論が、ハイデガーから学んでいる点は、まさに、この有体的な想像力（＝構想力）が、身体を介した「存在の動的次元」とカップリングすることで、認知が創発してくるという点だ、という。

　主語論理と述語論理の統合のためには、悟性的認識と感性的認識が統合しなければならないとしたが、まさにこのジョンソンが言う「想像力」こそがその統合を果たす力なのである。

1.2　認知的無意識と概念メタファー

　以下は、認知科学と哲学の関係を主題にしたLakoff and Johnson（1999）（以下L & J 1999）を検討しながら、認知言語学の哲学的基盤－存在論や場所論との関係について考察していく。L & J 1999は3部構成になっている。第Ⅰ部は、「身体化された心はいかなる風に西洋哲学の伝統に挑戦するか」と題して、認知科学の主要な3つの発見とそれに基づく哲学的な含意の問題について議論する。

第Ⅱ部は、「基本的な哲学的アイデアの認知科学」と題して、「時間、出来事と原因、心、自己、道徳性」などの哲学的概念を、メタファー理論を用いて、分析していく。第Ⅲ部は、「哲学の認知科学」と題して、古代哲学から始まり、デカルト、カント、分析哲学、チョムスキーの哲学などを、認知科学の立場から解明しその臆断を批判する。第Ⅳ部は、「身体化された哲学」と題して、結論を述べる。

第Ⅰ部では、まず、認知科学の３つの主要な発見について言及する。

1. 心は本来身体化されている。——身体化された心
2. 思考はたいてい無意識のものである。——認知的無意識
3. 抽象的概念は大幅にメタファー的なものである。
 ——概念メタファー

というものである。この３つの発見とこれまでの西洋哲学の伝統が相いれないことを主張する。

たとえば、デカルトが言うような、身体と心が切り離された二元論的人間は存在しない。また、カントが言うような、絶対的な自由、道徳性、超越的な理性をもった存在も存在しない。また、現象学的内省のみによってマインドと経験の性質について全て知ることができるような現象学的人間はフィクションである。あるいは、完全に脱中心化された主体、すべての意味が恣意的で完全に相対的、かつ純粋に歴史的付随物であるようなポスト構造主義的人間も存在しない。すべてが相対的なのではなく、概念システムの基礎は共有された身体と共有された身体的経験の中に置かれている。また、思考が身体から追放されているような分析哲学的人間も存在しない。さらに、コンピュータ的人間、チョムスキー的人間も存在しない。

「哲学的な問いに対する答えはいつも、ほとんどメタファー的である。（中略）メタファー思考は哲学的洞察を可能にし、またその哲学が取りうる形態に対して制限を加える主要な道具である。」（邦訳17）として、従来の哲学的思考をメタファー思考で縦横無尽に裁断していくのである。

場所論との関係で言うならば、身体化された心、認知的無意識、概念メタファーはすべて場所的思考と結びついている。まず、身体

化された心とは、知覚や運動のような身体能力とは独立に切り離された、理性という完全に自律的な能力などというものは存在しない、理性はそのような身体能力を用いそこから成長してくるというものだ。身体化された概念はニューラル・ストラクチャーであり、それは実際に我々の脳の感覚運動システムの一部であるか、またはそれらを使っている。したがって、概念的推論は感覚運動的推論なのである。つまり、理性（概念的推論）の所在は知覚と運動制御の所在と同じである。これは、色彩概念、ベーシックレヴェル概念、空間関係概念で実証的に示される。

　認知（感覚・知覚・感情・思考など）の大部分は無意識的なものであり、認知的無意識というものが存在する。認知的無意識の構造としてあげられる基本レベル概念、意味論的フレーム、空間関係概念とイメージ・スキーマ、概念メタファーはすべて、場所的思考に結びついている。「基本レベル」は、身体に基礎を持っており、人々がそのレベルにおいて、自らの環境ともっとも適切な相互作用をおこなうレベルである。自らの環境との相互作用における存在物を指す概念として、これは環境＝場所によって決定づけられる概念である。たとえば、普通の日本人にとって、日常生活で出会う「木」は基本的カテゴリーであり、「植物」は上位カテゴリーであり、「桜」は下位カテゴリーである。日常生活では、木の種類（桜、梅、松など）を言う必要はなく、植物というと大雑把すぎる。しかし、タスマニア島のある部族の言語では、ゴムの木の種類にそれぞれ名前があるものの「木」という一般的な名前はないそうだ（金田一 1981: 124）。ここでは、ここの木の種類の名前が基本レベルなのである。このように基本レベルは環境によって決定され異なるものである。

　「意味論的フレーム」とは、「ある概念を理解するのに前提となるような知識構造」のことである。たとえば、「ウェイター」という概念は「レストラン」に関する我々の一般的知識を特徴づける「レストラン・フレーム」によって意味づけられ、理解されるものである。このような「フレーム」というのも場所の一種と考えられるものである。

「空間関係概念とイメージ・スキーマ」はまさに「場所的」な概念である。特に、「ある個体がある場所にある」という知識構造は、「容器のスキーマ」としてその中核にあるものである。

　メタファー思考とは述語的同一性に基づいた述語論理に基づいているのであって、抽象的概念がメタファーによって作られているという概念メタファーという考え方は、場所的思考と一致するものである。そして主語論理と述語論理の統合という目的に、メタファー思考は重要な役割を果たす。「概念的言語に矛盾を抱え込ませることによって、そこに述語論理の切れ目を入れる」（城戸 2003: 101）とは、メタファー的思考なのではないかと思われる。たとえば、「男は狼である」は、狼男のことを言っているのでなければ、主語論理としては、人間が狼と等しいというのは矛盾であるのだが、男と狼の述語的同一性（（女の）人を襲う）によってこのメタファーが成り立っている。このことは、概念的言語に述語論理の切れ目を入れるということではないか。ただ、メタファー思考で従来の哲学すべてが裁断できるかどうかは疑問である。L & J 1999 では、第二世代の認知科学にいたって、哲学と認知科学の関係が逆転して、哲学が認知科学を基礎づける（「認知科学の哲学」）のではなく、認知科学が哲学を基礎づける（「哲学の認知科学」）のであるとするが、これはあくまで、従来の英米哲学に限定された哲学と認知科学の関係であろう。L & J 1999 では、ヨーロッパの哲学（ハイデガーなど）や東洋の哲学思想などについては取り上げられておらず、その点不十分だと考えられる*2。ハイデガーの存在論とのからみについては、次節で考えていくことにする。

1.3　存在論と認知科学

　第II部の「時間、出来事と原因、心、自己、道徳性」などの哲学的概念を、メタファー理論を用いて分析していく展開は非常に興味深いものであるが、これらについてのコメントは別の機会に述べるとして、第III部の「哲学の認知科学」に関して若干言及する。

　哲学の認知科学は、認知科学の概念的な道具、方法と結果を、哲学理論の本性を理解しその適切性を評価する方法として適用できる

とし、具体的には、認知科学の見解が哲学に次のようなものを供給するという。

1. 概念分析…我々が持っているような種類の哲学理論をなぜ持っているのか、それらが前提とする想定は何か、そしてそれらが我々の生活のさまざまな部分にどんな含意を持つかについて、深い理解を獲得できる。例えば、存在、真理、善とは何か？といった問題である。
2. 批判的評価…我々に諸理論を批判し評価するための認知的基礎も与える。
3. 建設的哲学理論構成を与える。

では、その分析を具体的に見ていこう。

まず、「ソクラテス以前：早期ギリシャ形而上学の認知科学」についてであるが、早期ギリシャ哲学者たちは彼らが自然（フュシス）に関する根本原則を発見し、それによって事物がどのように存在になるのか、事物がそれらが振る舞うように振る舞うのはなぜかを説明できると考えた。これらの自然哲学者にとって、存在は自然―ダイナミックな物質世界を意味していた。たとえば、ミレトス学派自然哲学者たちは、元素に関する通俗理論として、「存在の本質は物（土、水、空気、火）である」を持っていたという。ここでは、次のような通俗理論や思い込みが前提となっているとしている。

- 世界の可知性に関する通俗理論…世界は系統的意味をなし、我々はそれについて知識を獲得できる。
- 一般的種類に関する通俗理論…すべての特定の事物は事物の一種類である。
- 本質に関する通俗理論…すべての実体は1つの「本質」または「本性」を持ち、これはそのものをその種類のものたらしめている属性の集合であり、そのものの自然な振舞いの因果論的な源である。
- 形而上学に関する根底的思いこみ…複数の種類が存在しそれらは本質により定義される。
- 全てを包含するカテゴリーという通俗理論…存在するすべての事物の一カテゴリーがある。

・1つの事物の本質はなんでありうるか？―物質、形式、変化のパターン。

　こうした、世界の理解可能性、本質、一般的種類と全てを包含するカテゴリーという4つの通俗理論が形而上学を作り出したという。とりわけ、存在に関する奇妙な問いを発するための2つの楽天的思いこみとは、「1.すべてのことには、それがなぜそうであるかの理由がある。2.我々はその理由を知ることができる。」ということであり、これらが、神と神の本性に関する問いや神の本性は存在の本質という思考につながっていったとしている。

　しかし、「事実存在（existentia）」（あるものがあるかないか）と「本質存在（essentia）」（あるものが何であるか）の区別を言い、本質存在が事実存在より優位であるとしたのは、ソクラテス以前の哲学者ではなく、プラトンやアリストテレスではないか。このことはハイデガーが『現象学の根本諸問題』で示している（木田 2000a: 170）ように、「本質存在」の優位を言うことによって、形而上学が始まり、存在の本質としての神につながっていくのである。だから、「本質に関する通俗理論」がソクラテス以前から始まったというのは誤解だと思われる。また、「一般的種類の通俗理論」は、カテゴリー構造をいうものであり、これもアリストテレスに由来すると考えられ、「すべてを包含するカテゴリー」というのは「本質の本質（善のイデア）」をいったプラトンに由来すると考えられる。

　　ソクラテス以前の思想家たちが思いを凝らした〈自然（フィシス）〉も、けっして今日の自然科学が研究対象にしているような物質的自然などではなく、どうやらすべての存在者の〈本性〉、そして〈真のあり方〉だったようである。彼らのもとでは、〈自然〉は〈万物〉という言葉と置き換え可能な言葉だったというから、そうした真のあり方をしている存在者の全体をも意味していたことになる。そこには、人間も人間の社会も、人間的諸事象も、さらには神々さえもふくまれていた。そうしたすべての存在者の真のあり方に彼らは思いを凝らしていたのであろう。
　　　　　　　　　　　　　　　　　　　（木田 2000a: 185）

　ここで言う、〈本性〉は、essence としての本質というより、もの

第5章　認知言語学の「場所論」による基礎づけ　　83

ごとの自ずからあるありさまといったものである。そもそも〈physis〉という名詞は、〈生える〉〈なる〉〈生成する〉といった、植物的生成の動きを示す動詞から派生したものである。

> 彼らにとって、万物は、おのれのうちに内蔵している運動の原理―これも〈自然〉と呼ばれた―によっておのずから生成してきた（そして消滅していく）ものなのであり、〈ある〉ということは〈なる〉ことだった、と見てよい。　　　　　（同186）

この存在を生成＝自然とみる考えは、ソクラテス以前のギリシャに限らず、『古事記』の古層に見られるような古代の日本人の考えに近いと言われる。丸山真男は『歴史意識の古層』の中で、日本の歴史意識の古層―基底範疇に「なる」があると主張する。「有機物のおのずからなる発芽・生長・増殖のイメージとしての「なる」が「なりゆく」として歴史意識をも規定していることが、まさに問題なのである。」（丸山1992: 309）としている。日本語では、「なる」が、実が「なる」というイメージを基底として、物事の変化や成就を表すのである。また古代語の「ある」は、出生・出現を表したという。まさに、「ある」ことは「なる」ことであったのである。そして、こうした「なる」的発想が、日本語のあり方に影響を与えていることは確かである。池上嘉彦の『「する」と「なる」の言語学』の基底にこの丸山の「歴史意識の古層」があったことは池上自身が述べているところである。ここでは、作為としての「する」的発想と自然としての「なる」的発想があり、英語はスル型が優勢であり、日本語はナル型が優勢であるとする。そして、この事態把握は、ハイデガーが言う「制作としての存在概念」と「生成としての存在概念」という存在把握の違いに由来すると筆者は考えている。

L & J 1999 では、「生成としての存在」という発想は見られない。「存在」概念自体が、ソクラテス以前の自然哲学者の奇妙な問いとして設定され、その前提としての通俗理論を設定しているのだが、これらはすべてプラトンやアリストテレス以降の存在概念に基づいているのである。こうしたことを指摘し、「存在論の歴史の解体」をめざしたハイデガーの問題意識はL & J 1999には見いだせない。これは、言語学的にも、スル的事態把握をナル的な事態把握で相対

化していく視点を失わせるものになるのである*3。

1.4　カテゴリーと論理

　それでは、次にプラトン、アリストテレスの哲学の検討に移る。プラトンは、「本質はイデアである」というメタファーに基づき、「本質の本質」として特定の本質すべての因果的源泉である「善のイデア」を導き出した。すなわち、プラトンは個々の物質的対象物は影であり、その本質としてのイデアこそ、その源泉であるとしたのである。木田（2000b: 291–92）にしたがって、もう少しこれを解説すると、すべての個物は、イデアから借りてこられた形相（エイドス：形）と一定の質料（ヒュレー：材料）との合成物であり、そうした個物においてその存在性を左右するのは、あくまで形相であって質料ではない。そして形相とは、「それが何であるか」（本質存在）を決定するものであり、質料とは、「その物があるかないか」（事実存在）を決定するものであるとすれば、「存在」がもっぱら本質存在（…デアル）の意味に理解されているのである。これはたとえば、仕事場にある材料としての材木に、制作者の頭の中にある机の形相がおしつけられて、机ができあがるというものであり、こうした事物の存在構造は、制作物をモデルにして得られたものであると考えられる。こうした制作的存在論が、ソクラテス以前の存在者のすべてを包括するものであった自然（フィシス）を、制作の単なる質料（材料）におとしめ、「物質的自然観」を成立させたのであるという。

　それに対し、アリストテレスは、リアリティーを究極的に世界の中に位置づけており、本質はそれがそのものの本質である対象物の中にのみ存在するとした。L & J 1999 は、ここでアリストテレスは「イデアが本質である」というメタファーを採用したという。この点は、理解しにくい点である。木田（2000b: 106–110）によれば、アリストテレス自身は、プラトンのイデア論を批判し、修正しようとして、「質料－形相」という図式を「可能態（デュナーミス）－現実態（エネルゲイア）」という図式に組み替えたのだという。たとえば、樫の木の種子は「可能態」にある存在者であり、その可

能性が現実化された樫の巨木は「現実態」にある存在者という具合だ。こうして制作的存在論と自然的存在論を調停しようとしたアリストテレスの描く世界像は、すべての存在者がそのうちに潜在している可能性を次々に現実化していく目的論的運動のうちにあり、極めて動的で生物主義的なものだったという。ただ、そのすべての存在者の運動が目指している目的（テロス＝終極点）を、「純粋形相」として設定しているところは、プラトンのイデアと同質であり、イデアを否定したのではなく、批判的に継承したと言えるのである*4。「純粋形相」が最終目的というアリストテレスの考え方が、「イデアが本質」というメタファーとして理解できると考える。こうして、この現実の自然の外になんらかの超自然的原理を設定し、それに照準を合わせながらこの自然を見ていこうとする特殊なものの見方、すなわち「形而上学」が始まったわけである。

　次に、認知言語学の立場からも様々に批判されるアリストテレスのカテゴリー論と論理学についてみていく。私たちが知覚・経験する事物から何らかの一般性を抽出したり、類似性に基づくなどして、グループにまとめる認識上のプロセスをカテゴリー化という（河上1996）。古典的カテゴリー論の基礎にあるメタファーは「カテゴリーは容器である」というものであった。ここでは、カテゴリーは客観的に抽出される意味属性に基づいた境界のはっきりしたものである。容器とは、場所のことであるので、古典的カテゴリーは、場所的思考に基づいていると言える。L＆J 1999は、アリストテレスの論理学は、「カテゴリーは、容器である」「述定は包含である」というメタファーに基づいているとしている。たとえば、アリストテレスの三段論法は、次のようになっている。

　　　人間はすべて死すべきものである。（大前提）
　　　ソクラテスは人間である。（小前提）
　　　故に、ソクラテスは死すべきものである。（結論）

　ここで人間をH、死すべきものをM、ソクラテスをsとすると、集合論的に基盤を持つベン図を用いた包含関係で表現できるのである（図1、杉本1998：25）。

　このような関係は、現代の形式論理学にも継承されているもので

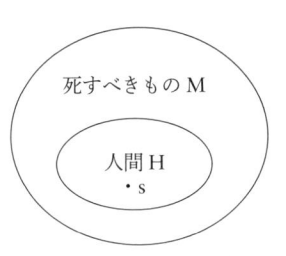

図1：三段論法のベン図表示

あり、古典的カテゴリー論とされている*5。ここでは、これを場所の論理との絡みで考えたい。アリストテレスの形式論理学が、容器のメタファーに基づいているということは、容器が一種の場所であることからしても、場所の論理に基づいているということである。しかし、一方で、アリストテレスの論理は、主語（個体）の同一性に基づいた主語の論理である。ここで注意しなければならないのは、「AはBに基づいている」ということと「AはBである」ということは異なるということだ。だから、第4章で述べたように、「形式論理は場所の論理に基づいている」ということは言えるが、「形式論理は場所の論理である」ということにはならない。

認知意味論では、アリストテレスの古典的カテゴリーが、多くのカテゴリーを説明するのに不十分であると指摘し、プロトタイプに基づく放射状カテゴリーを提起している。また、認知意味論は、形式論理学（形式意味論）がよってたつ客観主義的世界観（世界は人間の概念化とは独立した属性や構造をもち、言語表現はこうした世界のコピーであって、それを使う人間から独立に意味を規定できる）を批判し、言語表現は、世界についての人間の解釈を表すものであるとした。認知意味論では、形式論理自体を否定するものではないが、その不十分性を指摘し、より包括的な意味論を提起している。

こうして、認知言語学の哲学的基盤を検討してきた。認知言語学の哲学的基盤は、基本的に場所の論理に基づいている。ただ、そこでは存在論の正しい理解が求められると考える。

2. 認知言語学と場所論

本節では、場所論と関わる認知言語学の理論と道具立てについてみていきたい。2.1では、「図と地」の分化の問題、2.2では、比喩、2.3では、参照点構造、2.4では主観化と視点構成の問題について取り上げる。

2.1 図と地

認知言語学がその基盤として援用する心理学の概念に「図と地」がある。私たちが、物事を知覚する際に最も基本的な認知能力の1つに、図と地の分化の能力がある。すなわち、あるものに目を向けたとき、目立つもの、際立つもの、図柄として認定するものが「図」(Figure: 前景)、その背景としてみなすものが「地」(ground) である。図は輪郭のある「モノ」であり、地は「場所」であると考えられる。図と地の分化というのも、結局、モノと場所を区別して知覚する認知能力によっていると言えるだろう。そもそも、人間の視覚的認識ルートには、「モノ」を認識するルートと「場所」を認識するルートが異なり、モノと場所を識別できることが、図と地の反転を可能にしていると言える*6。

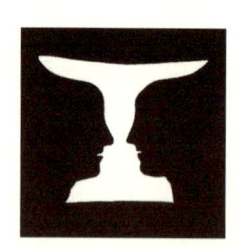

図2: ルビンの図形

図2の有名なルビンの図形では、黒を地とすれば、図として盃が見えるし、白を地とすれば、図として向かい合った二人の人の顔が見えるのである。この場所とモノの分化によって、認識が可能になり、また存在が認知され、推論も可能になるのである。認識論、存在論、論理学の基礎にあるのは、この場所とモノの分化の認知能力なのである。

認知言語学は、こうした図と地の分化の能力が、言語にも反映されているとする。ラネカーの認知文法におけるベース（base）とプロファイル（profile）の区別や trajector と landmark の区別もこの図と地の区別の応用である。
　図3では、斜辺という概念は、直角三角形というベースがあることによってはじめて成り立つものである。

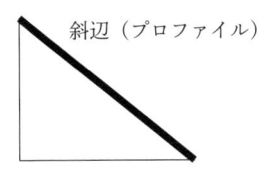

図3：ベースとプロファイル

　なお、ベースと関連した概念として、ドメイン（領域：domain）がある。これはより一般的な背景知識のことであり、直角三角形のドメインは「空間」のドメインにおいて理解される。基本的ドメインとして、「空間」「時間」「色」などがあげられる。
　次にトラジェクター、ランドマークであるが、
　The lamp is above the table.
において"The lamp"はトラジェクターであり、"the table"はそれを位置づけるランドマークである。（図4）

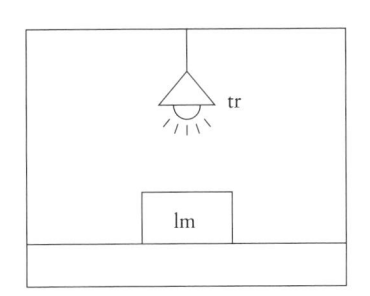

図4：トラジェクターとランドマーク

　landmark は、trajector の背景となる場所のこともあれば、最も際立つモノ（主語）としての trajector の次に際立つモノ（目的語）として landmark が概念化される場合もある。また、landmark は

第5章　認知言語学の「場所論」による基礎づけ　　89

モノだけではなく、関係（relation）を表す場合もある。モノと関係は、すなわち主語と述語の関係である。

2.2　比喩

メタファーは類似性に基づくとされているが、その類似性とは、イメージ的同一性、述語的同一性と言い換えてもいいかと思われる。（「男は狼である」では、狼の凶暴なイメージと男の凶暴なイメージが同一視されているのである。）すでに第1章で、述べたように、メタファーは述語論理に基づいているのである。

Lakoff & Johnson（1980）では、「存在のメタファー」（ontological metaphor）をあげ、出来事や活動、感情や考えを、存在物や内容物としてとらえる見方だと定義している。たとえば、「インフレが我々の生活水準を低下させている」という文は、「インフレは存在物である」というメタファーに基づいている。これは、「モノのメタファー」といっていいと思う。一方で、存在のメタファーの中で、「容器のメタファー」をあげている。容器は空間だけではなく、容器の内容物も容器としてみなすことができるから、活動、状態をも表わす。

　<u>カンザス州に</u>は、たくさんの土地がある。（場所）
　船がだんだん<u>視界の中に</u>入ってきた。（視界）
　<u>窓洗いの最中に</u>、私は水を撒き散らしてしまった。（活動）
　彼は<u>恋愛中</u>だ。（状態）

本書の枠組みでは、存在とは「ある場所に、モノがある」ことを表すので、場所とモノのどちらに焦点を置くかによって、「モノのメタファー」と「場所のメタファー」に二分できると考える。ここで、容器のメタファーではなく、あえて、場所のメタファーとするのは、容器は単なるモノが入れられる空間であるが、場所は人間が関わるより根源的な概念であるという点で、空間や容器より上位に置きたいという意図からである*7。「存在のメタファー」がメタファー全体の中で、どの位置に占めるのか、また「場所のメタファー」のさらに下位分類としてどういうものがあるのかは、今後の課題としておく。

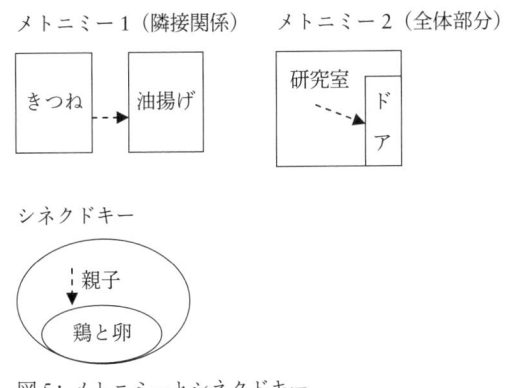

次に、メトニミーとシネクドキーについて述べる。メタファーは類似関係に基づき、メトニミーは、隣接関係に基づき、シネクドキーは包含関係に基づくとされている。

　「月見うどん」は、「月」が「卵の黄身」と類似関係にあることに基づいたメタファーである。ここでは、両者が「丸くて黄色い」という性質を共有している、つまり、述語的な同一性に基づいていることから成り立つものであり、メタファーは述語論理に基づいていると言える。

　「きつねうどん」は、「きつね」と「あぶらあげ」の隣接関係（「きつねは油あげが好きだ」）に基づくメトニミーである。また、「研究室をノックする」は、実際には「研究室のドアをノックする」わけで、「研究室」と「ドア」は全体と部分に基づくメトニミーになる。「親子丼」は、「親子」と「鶏と卵」が上位概念と下位概念にあることに基づいたシネクドキーである。（図5）

```
メトニミー1（隣接関係）   メトニミー2（全体部分）

┌──────┐    ┌──────┐    ┌──────────┐
│きつね │ ─▶│油揚げ│    │研究室 ┌──┐│
└──────┘    └──────┘    │       │ド││
                        │       │ア││
                        │       └──┘│
                        └──────────┘
```

シネクドキー

```
   ╭─────────────╮
   │  ┆親子      │
   │  ▼          │
   │ ╭─────╮     │
   │ │鶏と卵│    │
   │ ╰─────╯     │
   ╰─────────────╯
```

図5：メトニミーとシネクドキー

　菅井（2003:148）によれば、イメージ・スキーマの観点から言うと、メタファーはカテゴリー化に準拠し、メトニミーは、〈連結のスキーマ〉や〈全体と部分のスキーマ〉に支援されるが、より理論的には「参照点能力」に還元される。「参照点能力」については次節で述べる。また、シネクドキーは、〈上下のスキーマ〉によって、上位概念と下位概念の間の相互作用を反映したものと捉えられる。

場所論の観点から、メトニミーとシネクドキーはどのように位置づけられるだろうか。メトニミー2とシネクドキーは包含関係であることから、場所からモノへのアクセスと捉えられるだろう。一方、メトニミー1はどのように位置づけられるだろうか。このことを考える上で、参照点構造について、考えることが必要になる。次節で参照点能力と場所論の関係について取り上げよう。

2.3 参照点構造

ラネカーが言う参照点構造は、「あるものXを指すのにまず隣接するYを指し、そこからXにアクセスするメカニズムを言う。このとき、Yを参照点と呼び、Xをターゲットと呼ぶ。」(菅井2003)。参照点構造の例としては、所有表現があり、'dog's tail'「犬の尾」において、まず参照点としてのdog（犬）にアクセスし、tail（尾）というターゲットにアクセスするプロセスである。ここで重要なことは、犬と尾は、全体と部分関係になっており、犬という領域を支配領域あるいは探索領域として尾を指し示すという構造になっている点である。本書の枠組みでは、参照点能力というのは、場所を手がかりにモノを認知する人間の基本的能力として位置づけられる。日本語の「XハY」構文もこの参照点構造として、ハは概念的場として位置づけられる（岡2007b）。参照点構造は、まずXという個体がYという個体にアクセスするための構造として考えられているが、参照点は、まず場所ではないだろうか。たとえば、存在構文「YニXガアル」においては、そもそも場所Yと個体Xは一体的なものであるが、語順的にYが先頭に立つことから、まず場所YにアクセスしてXに達するという構造になっていると考えられる。「あの木の上にウグイスがいる！」においては、「ウグイス」というターゲットに到達するための参照点としてまず「あの木の上に」という場所が指し示されているのである。「象は鼻が長い」であれば、「象」と「鼻」は全体と部分関係で、「象」という全体を参照点にかつ支配領域として、「鼻が長い」を指し示す構造となっている。

ここで先のメトニミーの問題にかえると、全体部分関係を表すメトニミー2の場合は、まず場所を参照して個体を指すという関係で

図6：所有表現　　　　　　図7：存在構文

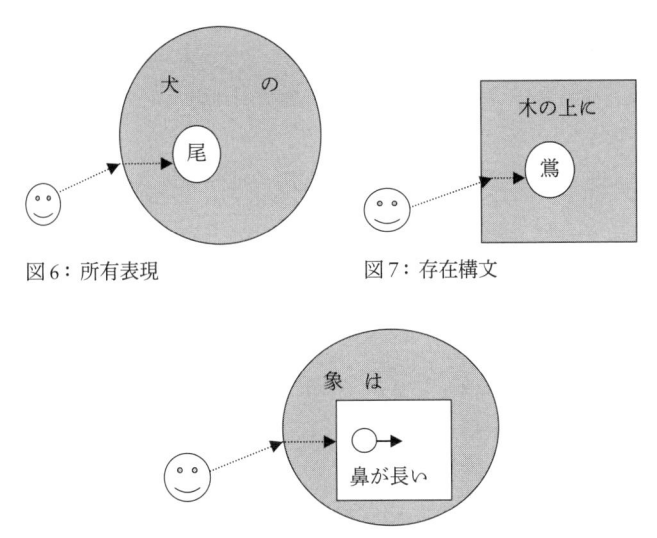

図8：「XハY」構文

　説明できるが、ではメトニミーで全体部分関係ではなく、単なる隣接関係を表す場合はどう説明すればいいのだろうか。隣接関係というのもさまざまである。「漱石を読んでいる」のように、作者で作品を指す場合もある。これは、広義に全体―部分関係と解釈できないこともないが、「シャンプーは朝の方がいい」では、モノ（シャンプー）で行為（シャンプーをする）を指している。これは全体―部分関係では明らかにない。先の「きつねうどん」の場合は、「きつねが油あげが好きだ」という知識が背景にあって、初めて「きつね」で「あぶらあげ」を指すことができることを考えれば、隣接関係とはある背景的知識（フレーム）のもとではじめて成り立つものであり、やはりそういう場所が必要ということになるだろう。

　こうした解釈は、「ぼくはウナギ」などのウナギ文にも適用できるものである。食堂というフレームのもとで、はじめて、「僕」と「ウナギ」を注文する人とその物としてメトニミー的に解釈できるわけである。

　メトニミーに関して参照点構造が基盤となるとし、基本的に全体―部分関係は、場所からモノへの認知として捉えられるとしたが、部分から全体へと認知が進む場合もある（「顔を見せる」などは、

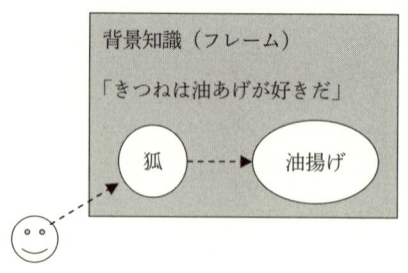

図9: メトニミー（隣接関係）

「顔」という目立つ部分で全体を指す）。これは、まずアクセスされるのは、全体であれ部分であれ、目立つものが参照点になるということであろう。比喩の構造と場所論との絡みについては、より詳しい検討が必要であるので、今後の課題としておきたい。

2.4 主観性と視点配列

ラネカーの枠組みでは、主体が、概念化の対象である客体的な事態を、外から客観的に把握する場合と、その事態を構成する一部となってその事態を把握する場合がある。これをそれぞれ最適視点配列（optimal viewing arrangement）と自己中心的視点配列（egocentric viewing arrangement）とよんでいる（以下の記述は主に深田・仲本2008: 93–96による）。あるいは、池上（2003、2004）では、それぞれを「客観的把握」と「主観的把握」と呼んでいる。

この図で、MSは概念化の対象となっているすべてのものを含む

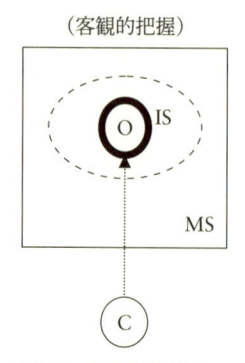

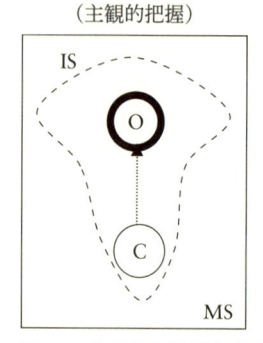

図10: 最適視点配列　　図11: 自己中心的視点配列

最大領域（Maximal Scope）、IS はこの MS の中でプロファイルされているものを最も直接的に特徴づけている直接領域（Immediate Scope）を表している。

　図10の最適視点配列は、主体（C）が事態の外から自らが参与者となっていない事態（O）を把握するもので、

（1）They are approaching Tokyo.（彼らは東京に近づいている。）

のような文があげられるている。

　図11の自己中心的視点配列は、主体（C）が、事態の中に入ってその事態（O）を把握するもので、

（2）Tokyo is approaching.（東京が近づいている。）

のような文があげられている。ここでは、主体は自らの移動によってこの事態が起こっているにもかかわらず、〈東京の移動〉という事態（〈見え〉の変化）を認知する主体としての役割を担っている。

　ここで、1つの問題は、ラネカーが英語などに特徴的な図10のような客観的視点を標準的なものとみており、図11のような自己中心的視点に移ることを主観化としていることであるが、このことについて、山梨（2009: 83）は次のように言っている。

　　Langacker（1985）は、英語のような言語に特徴的な客観的な視点構成を「標準的」としているが、これは英語をはじめとする欧米言語の自己中心的な主観を反映している視点ということもできる。（中略）言語類型論的な立場から見るならば、「標準的」という言葉は、日本語にも欧米語にも相対的に適用することが可能である。この立場から見るならば、いわゆる「客観的」視点構成が、英語のような欧米語では「標準的」であり、「主観的」な視点構成が、日本語のような言語では「標準的」であるということも可能である。この言語類型論的な立場は、言語の標準性、典型性などの判断が、言語現象を分析する研究者の主観性（ないしは主観的視点）に多分に左右されることを示している。

ラネカーの視点はやはり、西洋中心特に英語的事態把握に依拠し

ており、日本語的な事態把握、視点でそれを相対化する必要があると考えられる。

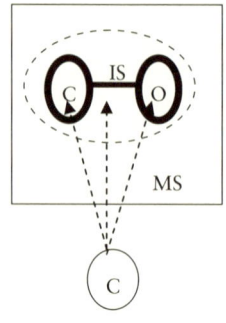

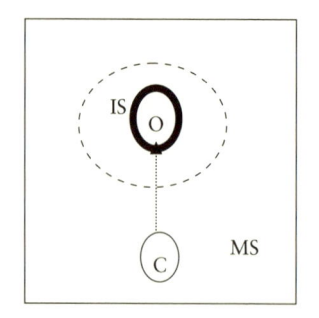

図12：自己の客体化　　図13：事態が起こる場を形成

　また、図12は、主体（C）が、事態の外から自らが参与者となっている事態（O）を把握するもので、
　（3）　We are approaching Tokyo.
　　　（?私たちは東京に近づいている。）
のような例文が挙げられているが、日本語では通常このような表現は自然ではないと思われる。
　図13では、主体（C）は、事態が起こる場を形成し、その上で事態（O）を把握するとして、
　（4）　The island came into view.
　　　（島が視界に入った。＝島が見えた。）
のような例文を挙げている。
　場所論の観点からすれば、図13のような事態把握が、主体が自ら事態が起こる場を形成しているという指摘は重要だと思われる。深田・仲本（2008：94）では、このときのMSは主体によって開かれた視界であると解釈されていると思われるが、筆者の立場からすると、図13の事態把握に該当する例文は、「島が見えた」のような知覚文ではなく、むしろ、「鳥が飛んでいる」などの現象文や、「木の上にウグイスがいる」のような存在文に当たるのではないかと思われる。
　（5）　あそこに、鳥が飛んでいる。

（6）木の上に、ウグイスがいる。

　なぜなら、図13でのISは具体的な「鳥が飛んでいる」場所＝「あそこに」、あるいは「ウグイスがいる」場所＝「木の上に」を指していて、認知主体はそのISには含まれていないからである。「島が見えた」などの知覚文では、島がある場所＝「向こうに」などが言語化されるとともに、「私（の視界）に島が見える。」と主体の視界が言語化されるので、主体はISの中に含まれる図11の認知図式が適当だと思われる。図11でのMSは視界だけにとどまらない（聞こえる範囲もある）のだから、視界はISに限定した方がいいかと思う。

　また、図13は存在文の認知図式を表していると言ったが、日本語では、MSは主体が開く現場を表しているが言語化はされていないのに対し、英語では存在文はThere構文で表わされ、このときのthereはこの現場すなわちMSを表していると考えられる。

（7）There is a book on the desk.
　　（There=MS, on the desk=IS, a book=O）
（8）机の上に本がある。
　　（MS:言語化されない現場、机の上に：IS（物理的空間）、本：O）

　there（そこ）という場所を開いて、存在物を指し示すという構図は、人間が「現存在」であるというハイデガーの指摘と合致するのではないかと思われる。認知主体は、「そこに」存在物を見出し、「ここに」いる存在なのである。

　事態把握の分類は、このような認知図式だけでは尽きないと思われる。たとえば、日本語に見られる「暑いなあ！」というような述語だけの文はどのような図式になるのか、また「水が欲しい」「犬が恐い」などの「私」の欲求、情意を表す文などの認知図式はどうなるのかなど、英語とはまた違った認知過程や視点をとる事態把握について、西洋の言語学者ははっきりと認識していないのではないだろうか。この点で、そのような事態把握の仕方を日本語の側から提起していくことが、より普遍的な言語理論を構築する上での日本語側からの貢献になると思われる。

*1　より包括的な認知言語学の哲学的基礎づけと言語研究への応用については、岡（2009）を参照。

*2　Varela et al（1991）では、認知主義とコネクショニズムに描かれる自己の断片化を理解するのに無自己が役立つとし、仏教の非二元論（中観派）が、メルロ＝ポンティ及び認知を行為からの算出と見るより最近の考え方と並置しうるとしている。このような東洋思想と認知科学のかかわりについては今後の課題として別の機会に論じたいと思う。

*3　ここで１つ断っておきたいことは、ナル的事態把握が日本語に独特のものであるという誤解である。どの言語にもナル的事態把握というものはあるのであり、日本語ではそれが優位であるにすぎない。そして、それは日本語だけでなく、古代ギリシャあるいはアメリカ先住民などにもある原初的な事態把握であるということである。また、ここでは、「作為に対する生成の優位」を主張するわけではない。この主題は、柄谷行人の一連の著作を通して浅利（2008）でも指摘されているので、また稿を改めて論じたいと思う。

*4　この点で、アリストテレスがプラトンのイデア論（感覚・知覚から自律した思惟―心身二元論）を否定し、身体性に根ざした感覚・知覚を重視することで、認知言語学を特徴づける考え方と共通するという野村（2008）の見解は疑問である。そもそも感覚・知覚から自律した思惟―心身二元論を唱えたのは、デカルトであって、プラトンのイデアは「知ることは見ること」というメタファーに基づいて感覚を基盤として捉えられている。身体性に根ざした感覚・知覚を重視したのはアリストテレスというより、メルロ＝ポンティ以降の哲学であろう。アリストテレスの哲学は、古典的カテゴリー観、形式論理学、実体的思考というような点で認知言語学の立場からも批判されるべきであり、認知言語学が「アリストテレス派言語学」などというのは、まさに「悪しき先祖がえり」と見られないだろうか。

*5　それに対して、認知言語学で援用するプロトタイプ論は、成員に段階性を認め、その境界は連続的でかつ曖昧であると考える。Lakoff（1987）でいう放射状カテゴリーは、容器のスキーマというより、「中心と周縁」のようなイメージ・スキーマに基づいていると考えられる。

*6　これは、城戸（2003: 106–107）で言及されており、人間の脳において、モノに関する情報の認識ルートと場所に関する認識ルートが異なることは、山元（1997: 109–111）で言及されている。

*7　瀬戸（1995b）では、メタファーを悟性的メタファーと感性的メタファーに分け、感性的メタファー以下、外部感覚のメタファー―五感のメタファー―視覚のメタファーの下位分類として「空間のメタファー」を置き、その下位にさらに「存在のメタファー」を位置づけている。このようなメタファーの分類の妥当性については、今後検討の余地があるが（なぜ空間のメタファーが視覚のみに限られるのかなど）、瀬戸の「存在のメタファー」の位置づけについては、一言言及しておきたい。瀬戸は、「存在のメタファー」とは、「あらゆる思考対象をこの世に存在する「もの」と〈見立て〉るメタファーである」（同79）と定義する。「横浜は東京の南にある」のように「横浜」という場所もモノ化するし、「今朝早く、地震があった」のように「地震」という出来事もモノ化

する、と言う。瀬戸（1995a: 116）では、「「存在」とは、必然的にある〈もの〉の存在のことであろう。「存在」というプロセスは、ある〈もの〉が一定の形を保って特定の空間を占めていることである。ここに「存在」という「こと」が〈もの〉に意味的に移行する契機がある」としている。本書の枠組みで言えば、「存在」とは「もの」だけで成り立つのではなく、「場所」があることによってはじめて成り立つ「こと」である。瀬戸の発想は、「存在」＝存在物＝モノとするモノ的存在論、実体的思考に基づいていると考えられる。それゆえ、「存在のメタファー」の下位分類として、「モノのメタファー」と「場所のメタファー」が置かれなければならないと考える。

II 事例研究

第6章
場所論に基づく「ハ」と「ガ」の規定

　本章の目的は、場所論の観点から、日本語のハとガに関わる諸現象を統一的に説明することにある。ハとガにかかわる問題は、日本語文法の最重要の問題の1つであり、既に数え切れないほどの研究がなされている。本章の目的は、様々な先行研究（認知言語学の観点を含め）を「場所」という観点から統合し、ハとガの本質を追求しようとするものである。

1. 概念的「場」としてのハ

1.1　先行研究
　これまでのハとガに関わる先行研究としては、久野（1973）や野田（1996）のものが代表的なものとして挙げられている。久野は、ハには「主題」「対照」の用法があり、ガは「中立叙述」「総記」*1「目的格」の用法があるとした。問題は、なぜそれらにそのような用法があり、それらに共通するスキーマが何なのかである。また、ハとガは「旧情報」と「新情報」として区別されるとしたが、情報構造からだけでは、区別できないという批判も多くある（金谷2002*2）。また、野田（1996）はハとガに関する詳細な記述的研究として注目されるが、ハやガの本義は求めないという立場に立っており、本書は、その本義すなわちスキーマを追及する立場であることは既に述べたとおりである。

　本書は、ハを概念的「場」と考えており、そのことは既に多くの先行研究で明らかにされている。伝統的な国語学の中では、時枝や佐久間、三尾が場面論と言う形で場所の論理と軌を一にした指摘を行っている。佐久間（1959）は、「は」の働きを、「課題の場」を設定し、その範囲を確立し、言明の通用する限界を明示する働き、

すなわち題目の提起をすることに求めている。また、三尾（1948）は、「文は場の中に、場によって規定されている」という場と文の相関原理から4つの文類型を提起した点で注目される。この類型に関しては、議論の余地があるが、「文が場によって規定される」という三尾の主張は本書においても重要なテーゼとして継承される。

浅利（2001）は、「場所の論理と助詞」について論じ、日本語のすべての格助詞は矢印と円と点で示しうる場所性を持っていることを指摘した（「で」は円周、「が」は矢印と点など）。また、「は」の条件は、係り性、提題性、対比性（A／非A）、コンテクスト性（疑問を前提としない辞）であり、「が」の条件は、円周「で」のなかの3つ以上の範列物の中の1つ、すなわち矢印・排他とし、「は」と「が」の境界を確定しようとしている。

認知言語学的観点からは、池上（2007: 331-332）が、主題すなわちtopicとはギリシャ語のトポス、すなわち「場」の意味であるとし、「は」は概念的な場所であることを指摘している。たとえば、「東京は人が多い」という文では、「東京」という場所において、「人が多い」というコトが成立するということを表しているのであり、ここに「場所においてコトがなる」という日本語特有の認識が成立するという。単なるナル型という認識を超えて、「環境論的自己」から「場所」としての自己という観点がおしだされている。

山梨（2000: 95-99）は、ハの認知過程をLangacker（1993）の参照点構造から明らかにしている。すなわち、ハでマークされる名詞句が参照点になって、その支配領域において、述語が目標として示される、ということである。また、「春はあけぼの」という表現の「春は」は、英語でIn springと翻訳されるように、ハによってマークされる認知領域は、容器のスキーマであるという指摘がなされている。「容器のスキーマ」とはすなわち「場」の観点と一致する。

高橋（2003: 64-65）は、認知言語学的観点から、ハの本質的機能を「ハはテクスト内において、見えの枠を変更する標識である」と規定している。「馬車の中にはお祖母さんが五人居眠りをしながら、この冬の蜜柑が豊年だという話をしていた。馬は海の鴎を追う

かのように尻尾を振り振り走った。」という例文を挙げ、まず、馬車の中に見えが設定され、次に馬車の外側の馬に見えが移動するというように、見えとともにその枠も変更されるので、ハが用いられると説明している。この説明は本質をついていると思われる。この「見えの枠」とは、認知主体が作り出す「概念的な場」とする本書の見解と一致するものである。

また、熊谷（2011）の、「は」が共有映像の枠を作る、という指摘も相通じるものである。

1.2　ハのスキーマと諸用法

以上のような、先行研究を総合してみると、「XハY」のスキーマは次のように規定される。

「Xを参照点に、その支配領域（場）において、目標であるYを指し示す」

これをイメージ・スキーマとして描いたのが図1である。ここから、ハの次のような意味性質が出てくる。

第1に、「Xは参照点である」ということから、認知主体にとって際立つ存在、親しみのある存在ということで、これが旧情報とか既知の情報であることとつながってくる。

第2に、「支配領域は概念の場」ということは、「今、ここ」という現場での事態とは限らないことから、恒常的事態を表せるという菅井（1996）*3の主張ともつながってくる。

第3に、ハは「XとYを大きく分ける」ということは、尾上（1981）のいう「二分結合」*4という観点ともつながってくる。す

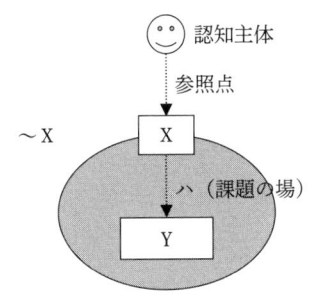

図1：「XハY」のイメージ・スキーマ

なわち、文を切り、XとYをつなぐ繋辞としての役割を果たすものである。

　第4に、「世界の中からXとXでないものを切り分ける」という点から、対比という意味性質が生まれてくる*5。それでは、次に具体的に、ハの諸用法について、検討していく。

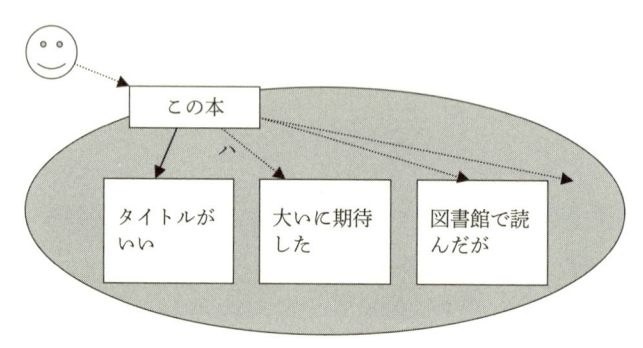

図2：主題—コンマ越えとピリオド越え

　三上（1960）が、ハの本務は題述の呼応としたように、ハの基本用法として、「主題」の用法があると考える。「この本は、タイトルがいいので、大いに期待した。図書館ですぐ読んだが、得るところはなかった。まったく期待はずれだった」（金谷2002: 119）のように、一旦「題目」（「この本」）をたてて、場を設定すれば、それは、コンマやピリオドを超えて、続いていくことが図2で表される。

　次に、対比の用法だが、先にも述べたように、Xで課題の場を設定すれば、非Xという場も設定されるということから、その非Xのなかで、新たな題目を立てたものが対比の典型的な用法である。「母は医者ですが、父は教師です」の場合は、「母は」も主題であり、「父は」も主題で、2つの主題が対比されていることになる。次に、「佐藤さんは、紅茶は好きですが、コーヒーは嫌いです。」のような場合は、「佐藤さんは」という課題の場の中に、さらに場があると考えられる。この場合、「佐藤さんは紅茶は好きです」で終わっても、紅茶以外の何かがあるという対比のニュアンスは残る。これは、「佐藤さん」をめぐる課題の場の中で、「紅茶」という場を作り出せ

ば、それ以外の場が生み出されることによる効果だと思われる。「紅茶以外の場」の中で新たな場を明示したものが「コーヒーは」で作られる場である。否定文の中のハ(「太郎は学生ではありません」)は、「太郎は」という太郎をめぐる課題の場の中で、「学生」以外(「学生でない」)の領域を指し示すため、ハが否定辞の前に挿入されていると考えられる*6。

「母は教師ですが、父は医者です」

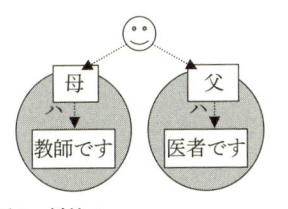

図3：対比1

「佐藤さんは、紅茶は好きですが、コーヒーは嫌いです」

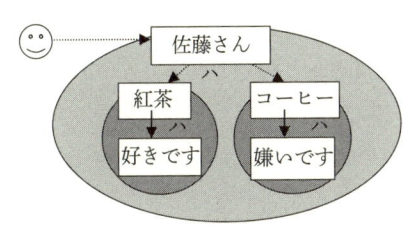

図4：対比2

「太郎は学生ではありません」

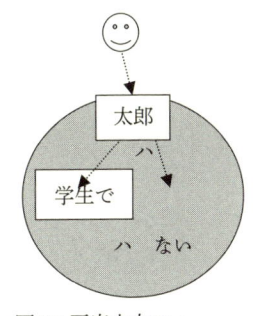

図5：否定文中のハ

「これは寝すぎた」

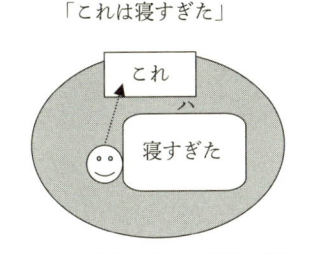

図6：発話者を含む状況を指し示すハ

最後に、主題でも、対比でも、格関係でも考えにくいハがある。たとえば、「これは寝すぎた」*7 という場合の「これ」は、自分が寝坊した状況を指しているものであり、そうした状況の中に認知主体がいて、その状況そのものを指し示していると考えられる。「これは」という場は、「寝すぎた」という状況と一致する場である。

第6章　場所論に基づく「ハ」と「ガ」の規定　　107

2. ガのスキーマ

2.1 先行研究

本書では、ガの用法を大きく「主格」(動作主)、「対象格」(知覚、情意の対象)、「排他」の用法の三大用法に区分する*8が、この3つに共通したスキーマはなんだろうか。古くは、富士谷成章が『あゆひ抄』の中で、「「何が」は、その受けたる事に物種をあらせて、それがと指す言葉なり」と指摘している。これを尾上 (2004) が受けて、ガ格を「事態の認知的中核」と規定した。また、菅井 (2002) では、「ガは叙述部(ドメイン)内における最高の顕著性を表す」と規定している。山口 (2004) は、ガ格は主格表示の語ではなく、ものごとの生成や由来を表す格であると規定している。このような先行研究を総合すると、ガのスキーマは、「コト内の最も顕著なモノすなわち存在物」を指示すると規定できる。ただ、コトは場の中でしか存在し得ないということを考えれば、「ある場において」という限定を付け加える必要がある。これを、イメージ・スキーマで表したのが図7である。

ここから、ガのさまざまな意味性質が出てくる。

第1に、「コト内の成分である」ということから、従属節や名詞修飾節ではハではなく、ガが使われることが自然に納得できる*9。名詞文では、「太郎は学生だ」のように普通は「は」が用いられ、「が」が使われるのは「太郎が学生だ(＝太郎が学生であるコト)」という、コト図式の中だけである。つまり「鳥が飛んでいる」は、「鳥が飛んでいるコト」を発話者が見ているのであり、「富士山が見える」は「富士山が見えるコト」の中に、発話者が含まれている場合である。「が」が表れるのは、すべて「コトを修飾できる形の中」だけなのである。

そしてこのように考えれば、

(1) これは<u>李さんが描いた</u>絵です。
(2) 今日、<u>試験が終わったあと</u>、飲みに行きませんか。

のように、名詞修飾節や従属節の中では、「は」ではなく「が」が使われるということも説明できるだろう。

また、ハのように事態を2つに分けるのではなく、丸ごと述べることから、現象文においてガのみが使われる理由が分かる*10。
　第2に、「コト内の最も顕著なモノである」ということから、ある範囲すなわち場で、他のものより顕著な存在物であるという、排他の意味が生まれると考えられる。
　第3に、ハのように参照点としてではなく、直接的な目標として認知主体に指し示されるものということから、新情報という性質が生まれてくるものと思われる。ただし、すべてのガが新情報でないことは言うまでもない。

2.2　ガのスキーマと諸用法

　次に、ガの諸用法について、検討していく。まず、主格あるいは動作主としてのガは、「鳥が飛んでいる」という場合、認知主体が「今、ここ」という現場の中で、「鳥」という存在物を指し示していると考えられる。この場合「鳥が飛んでいる」という事態の中で最も顕著な存在物は鳥というわけである（図8）。
　次に、対象格の用法は、「富士山が見える」という文では、認知主体が現場あるいは知覚領域の中で、「富士山」という存在物を指し示しているという認知過程は、主格用法と全く変らない（図9）。この場合、認知主体（「私」）は、言語化されずに、現場（知覚領域）にあるという点で、ラネカーや池上がいう主体化された表現だと言える。また、「犬がこわい」のような情意の対象を表す場合でも、認知主体が自らの情意の場において、「犬」と言う存在物を指し示しているという点で、認知過程は同じである（図10）
　排他の用法は、先の先行研究の浅利（2001）が述べていたように、「円周「で」の中の三つ以上の範列の中の一つ」を表すという最上級の用法に典型的に表されていると考える。2つのうち1つを選ぶ比較級はその特殊な用法だと考えられる。「このクラスで太郎が一番優秀だ」という文では、「このクラス」という範囲の中で、他を排除して、「一番優秀な」存在者である「太郎」を指し示している（図11）。また、「神戸の方がいい店がある」では、他の場所を排除して「神戸の方」が「いい店がある」場所として、指定して

第6章　場所論に基づく「ハ」と「ガ」の規定

いる。この場合、「神戸の方が」の「が」は「神戸の方にいい店がある」と「に」と言い換えられることから、そもそも「神戸の方が」の「が」は主格ではないことがわかる（野田1996: 230）。このような主格ではない、排他専用の用法をも、ガのスキーマは包括して説明できるのである。

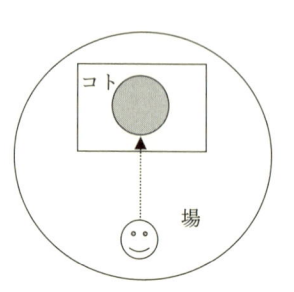

図7：ガのイメージ・スキーマ

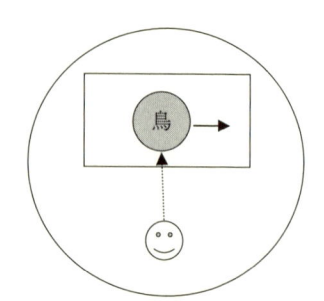

図8：主格（動作主）
「富士山が見える」

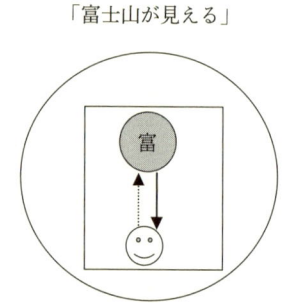

「犬がこわい」

図9：対象格（知覚の対象）

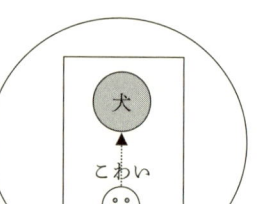

図10：対象格（情意の対象）

「このクラスで太郎が一番優秀だ」

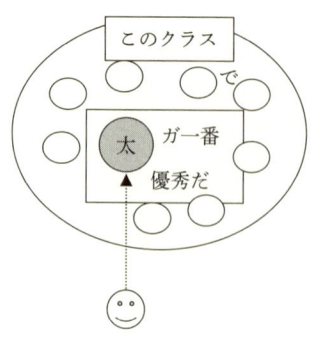

「田中が社長です」

図11：排他（最上級）

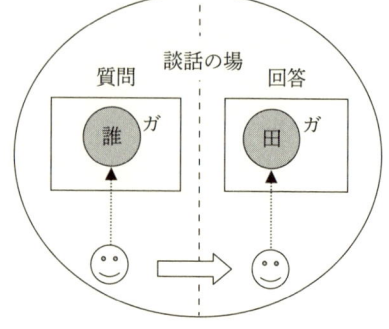

図12：排他（談話の場における）

排他の用法を説明するとき、よく出されるのが、「田中は社長です」に対する「田中が社長です」*11 という例である。「田中が社長です」は、「誰が社長ですか」という質問文の答えとして成り立つ文なのである。この場合も、前提となる「この会社の中で」という範囲で、「田中」という人物を指定しているので、先の最上級の用法の一変種であると考えられる。排他のガの文は、一文では落ち着きが悪く、「質問─回答」という談話の場に支えられて成り立つ文である（図12）。

3.「～ハ…ガ」構文

　次に、いわゆる「は―が」構文を取り上げる。野田などにおいては、この「は―が」構文を格関係の点から様々な種類に分類することが行われている*12 が、「XハYガP」構文は、Xを参照点に作り出した場の中で、「YガP」というコトが成り立つということに尽きる。「象は鼻が長い」では、「象」を参照点とした課題の場の中で、「鼻が長い」というコトが成り立っていることを表しているのである（図13）。ちなみに、「象は鼻が長い」は、「象の鼻が長い」か「象が鼻が長い」から派生した文であるという議論が見られるが、これらはまったく認知過程の異なるものであり、派生という観点は取らないことを付け加えておく*13。つまり、「は―が」構文そのものが認知的に独立した構文なのである。また、「私は頭が痛い」

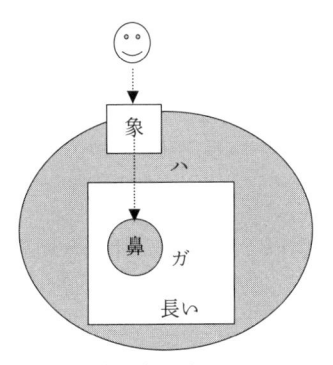

図13：「象は鼻が長い」

では、「私」の身体の感覚の場の中で、「頭がいたい」という事態が成り立っているということである。この場合、(「私」が現れない)「頭が痛い」という本来主体化している文に対して、認知主体がその場を出て、それを眺めているという形になっており、これは客体化あるいは客観化された表現だと言える。これらの構文を二重主語構文と言う人もいるが、本書では、Xは場であり、Yはコト内の最も顕著なモノであって、主語という用語を使う必要はないと考える。

以上、結論的にハは、概念の場を形成するものであり、ガは現場や談話の場において、「コト内の最も顕著なモノすなわち存在物」を指示するものであることを述べた。今後の課題としては、ハもガも表れない、いわゆる無助詞の機能について、場所論的観点から位置づける必要があると考える*14。

---

*1 「総記」という名づけはわかりにくく、「これだけが」という意味としてよりわかりやすい「排他」の用語を本書ではとる。また、「中立叙述」というのは、「排他」に対する概念で「これだけが」という意味を持たないものを言うが、本書では取り立てて用法としてはとりあげない。「排他」(総記)と「中立叙述」はガの本来的意味ではないという指摘 (菅井1995) も参照。

*2 金谷 (2002: 104-105) では、新情報を表さないガについて、甲「太郎が来ました」、乙「そうですか。全くよく来るなあ」、甲「そうそう、太郎がこう言っていましたよ」の最後の甲のガは明らかに新情報ではなく、単なる「繰り返し」であるとしている。また、旧情報を表さないハについては、「(部屋に入ってきて) すみません。ここに山田さんはいますか」や小説の冒頭の「ゴーシュは町の活動写真館でセロを弾く係りでした」などの例をあげている。金谷の「繰り返し」のガに関連して、菊池 (1997: 113) が「僕の友だちには山田君というのがいる。この男が大変な酒豪だ。」のガの文について、《コ系の中立叙述文》として、述語の部分だけが新しい情報を提示しているとしているが、場合によって、ガの前が新情報になったり、後の述語が新情報になったりという説明はアドホックのように思われる。問題は、新情報、旧情報でガとハの違いを説明するのでは包括的ではなく、より統一的な説明が求められるということである。

*3 菅井 (1996) は、非主題化文が制約的に〈一時的アスペクト〉を持つのに対し、主題化文は相対的に〈恒常的アスペクト〉を持つと主張している。たとえば、a「雪は白い」、b「雪が白い」では、aの主題化文は恒常的な事態を表

すのに対し、bは、それ一文で成り立つためには(従属節の中に埋め込まれない限り)、現場で見た「雪の白さ」を詠嘆的に述べるような場合にしか成り立たないだろう。すなわち、一時的なアスペクトを持つということである。動的述語の場合でも、c「太郎は来ましたよ」とd「太郎が来ましたよ」というペアに関して、aが「すでに太郎が到着している」ことを表し、太郎の到着は発話時点より前であるのに対し、bは「ちょうど到着したところだ」と解釈され、太郎の到着は発話時点と一致しなければならない。もちろん、主題化文は「太郎は戸棚のリンゴを全部食べた」というように一時的事態をも表せるが、非主題化文は「＊太郎がよくかんでご飯を食べる」のように恒常的事態をあらわせないという非対称性が見られるのである。このことは、本書の趣旨から言えば、主題化文が、「概念の場における事態」を表しているのに対し、非主題化文は「いま、ここ」の現場に制約されているという点から説明されるだろう。

＊4 尾上(1981:103)は「助詞「は」は、何よりも文中の一点に位置するそのことにおいて、一文を二項に分節しているのであり、文節を意識した上で二項を結んでいるのである。「は」の機能のこの面を、以下〈二分結合〉と呼ぶ。」と定義し、「一文をＸとＹとの二項に分けてその結合を主張するという文中繋辞の働きを時間の流れに即して描写すれば、まず「Ｘ」を場に持ち出してそこで表現の流れを一旦区切り、然る後にこの「Ｘ」が文の表現的成立のために要求するものとして「Ｙ」を開陳するということである。「Ｘ」が表現の前提として文の他の部分から半ば独立した特別な位置に押し上げられて聞き手の注意を深め、同時にそれに結び付けられるべき「Ｙ」を強く期待させるものとして場に緊張をひきおこす、それが題目提示ということの内実である。」としている。

＊5 尾上(1981:104)は、「は」の「排他性」は、二項の結合そのものの―すなわち句全体の―他からの特立であり、これは「は」のすべての用法において指摘できる意味的特性であるとし、「文中に「は」が存在して対比の色が濃く出るのは、「当該事態と内容的に対立する他の事態の並行存在」ないし「並行的な他の事態の不成立」、総称して他の対立的事態が、なんらかの条件によって、強く想起される場合に限られる」とし、その対比の諸条件を詳細に述べている。また、高橋(2003:71)は、対比について、次のように説明している。「私はタバコは吸います」では、「まず、同一文内の最初のハが使用され、①の枠が設定される。しかし、一文は１つの静的視点による事態を表しているのだから、一文内にもう１つのハを使用すれば、図７のように①の中に②の枠を設定することになり、枠①の中に事態Ｐと¬Ｐの対立が生まれ、対比の意味が生じることになる。」としている。尾上や高橋の趣旨を受け、本書でも、対比性は、Ｘを参照点にした場を作り出すことによって、Ｘでない事態が結果的に生み出されることからする効果であるとする。

＊6 高橋(2003:74)では、枠②の外側の¬Ｐを表すことになり、枠の変更が必要になるからハが用いられると説明している。

＊7 三上(1960:84)の例文、「これは寝すぎた。しくじった。」他には、「これは、道を間違えたかな」、「ふむ、これは何かあったらしいぞ」「このにおいは、ガスが漏れてるに違いない」などをあげ、これらは主として指示詞によって、漠然と状況を提示するとしている。野田(1996)では、この種の文を「こ

のにおいはガスが漏れてるよ」構文とし、格関係にもどすことができない（「＊このにおい<u>が</u>ガスが漏れてるよ」）破格の主題を持つ文としている。尾上（1981）は、この文の「は」は題目提示と言いがたいとしている。筆者もこの文は、主題とは言いにくいと考える。

＊8　ここでは、便宜的にガが主格を表すという一般的な見解をとり、「主格」をガの典型的な用法とした。さらに、「動作主」をガの典型的な意味役割とするという一般的な見解にしたがって、「主格（動作主）」という用法を立てた。「対象格」という用語は時枝から始まったものであるが、正確には格関係では「対格」、意味役割が「対象」とすべきであろう。また、「排他」は、排他の意味を持たない「中立叙述」に対し、付けられた命名であるが、ここでは、「中立叙述」という用法はとりあげず、「排他」の用法のみ取り上げる。これらの三分類はあくまで便宜的なものである。

＊9　高橋（2003：73-74）では、従属節内の名詞句は、対比の意味以外では、ハをとることができないことを次のように説明している。「「彼女が来たとき、雨が降っていた」では、「彼女が来た」という事態が起こった時間の見えを提示し、その見えの枠内（setting）で「雨が降っていた」という事態を記述するのである。」だから、「見えの枠を限定しているその節内で、見えの枠をマークするハがあらわれることは、意味的に混乱を招いてしまい、許容されない」としている。

＊10　高橋（2003：71）は、現象文や描写の文にハが用いられないことを次のように説明している。「現象文や描写の文とは、視点人物の眼前で出来事が生起し、進行するありさまを表現しているものなので、生態学的自己からの見えのまま、表現すれば十分で、見えの枠の変更を必要としないからである。」

＊11　西山（2003）では、「AはBだ」「BがAだ」のコピュラ文を類型化している。すなわち、措定文「AはBだ」（「田中は幹事だ」）は、AがBという属性を持っているもので、主語Aは指示的名詞句である。倒置指定文「AはBだ」（「幹事は田中だ」）は、「誰がAか」に対する答えをBで指定するもので、主語Aは世界の中の個体を指示するような働きを一切持たず、非指示的であるという特徴を持つ。また、倒置指定文「AはBだ」は意味を変えずに、指定文「BがAだ」（「田中が幹事だ」）に言い換えることができるという（議論の関係上他の類型―「（倒置）同定文」「（倒置）同一性文」などは割愛する）。この類型化と特徴づけについては、基本的に異論はなく、また、指定文のAも主題ではないという指摘には賛同する（指定文は「述語が主題になっている」（陰題をもつ）という三上や野田などの論には筆者も疑問を呈する。）ただ、倒置指定文「AはBだ」は意味を変えずに、指定文「BがAだ」（「田中が幹事だ」）に言い換えることができるという点は、真理条件的意味は同じでも、形式と意味の一致という観点から言うと、疑問に思える点であり、議論の詳細は別稿に譲りたいと思う。

＊12　野田（1996）は「は」が使われる文を6分類している。1.「父はこの本を買ってくれた」構文（格成分が主題になっている文）、2.「象は鼻が長い」構文（各成分の連体修飾部が主題になっている文）、3.「かき料理は広島が本場だ」構文（述語名詞の連体修飾部が主題になっている文）、4.「辞書は新しいのがいい」構文（被修飾名詞が主題になっている文）、5.「花が咲くのは7がつご

ろだ」構文（節が主題になっている文）、6.「このにおいはガスが漏れてるよ」構文（破格の主題を持つ文）。このような分類自体、「は―が」構文の意味構造を知る上で意義があることは認めるが、本書では、「は―が」構文の認知過程は同一であることを重視する立場から、詳しい分類への議論には触れないでおく。

＊13　野田（1996:32）では、「象は鼻が長い」の構造を「象の鼻が長い」コトから「象が鼻が長い」コトを通って、「象」の部分が主題になってできるという。本書では、西山（2003第4章）が言うように「象の鼻が長い」コトという格関係を持つ基底構造から主題化によって「象は鼻が長い」という文が生成されるという見方はとらない。つまり、この文は基本的には「象は、「鼻が長い」という属性を有している」という措定文であり、概略「象は長鼻だ」に言い換えられるような文なのである。「鼻が長い」という述部が一体化したものであると考える。これは、「洋子は髪が長い」が「洋子は長髪だ」に言い換えられる措定文であり、「髪が長い」がひとまとまりに一体化していると考えるのが自然であるのと同じである。つまり、「象は鼻が長い」は、認知的にはＡは［ＢがＣだ］」という構造をまず基本として持つと考えるのが自然であるということである。これは、形容詞文や名詞文が「は」を持つ文が基本的であるという言語直感に基づいている（「雪は白い」と「雪が白い」では、「は」の文の方が基本的である。）むしろ、この文をコト化したときに、「象の鼻が長い」コトや「象が鼻が長い」コトという形が生まれるのである。格関係を持つコトから主題化による派生というのとは、順番が逆である。三上（1960）が、ハは「ガ、ノ、ニ、ヲ」という格関係を代行していると言ったのも、格成分が主題になるというより、「ハ」の文を無題化（コト化）したときに潜在していた格成分があらわれるといっているだけであり、コトから主題化文が派生されるというような言い方はしていないと思われる。これが、生成文法の影響下で基底構造からの主題化による派生という説明が一般的になっているが、これは三上のもともとの趣旨とも違うのではないだろうか。

＊14　池上・守屋編（2009:128）では、無助詞は、ある話題を特に取り立てることなく談話のイマ・ココに持ち込む機能と、過去の談話の延長上に談話のイマ・ココを捉えて過去の話題を再活性化する機能があり、どちらも基本的に、話し手があるモノ・コトを談話のイマ・ココの無標の話題として聞き手の目の前に提示し、共同態勢にある聞き手の注意を喚起する機能である、としている。無助詞は単なるハやガの省略ではなく、ハの対比性や格助詞ガ、ヲの排他性と無縁のものである。金田（2006）においても、無助詞題目を現場性の観点から論じており興味深いが、場所論からのその詳しい位置づけは今後の課題としておく。

第7章
場所論に基づく日本語格助詞の体系的研究

1. はじめに

　格の体系化に関しては、かつて「場所理論」が重要な役割を果たしたことは、第2章で見たとおりである。本章では、場所論の観点からの文法論の要として、この格助詞の体系化を位置づけるものである。

　従来の言語学*1においては、格関係を扱う場合、主格、対格、与格を文法格として最も基本的なものにすえ、道具格、場所格などは斜格として周辺的なものとしている。文法格は、それぞれ、主語、直接目的語、間接目的語という文法関係に対応するものとし、その典型的な意味役割（深層格）を、動作主、対象、経験者であるとしている。日本語学でも、仁田（1993: 24-25）は、文法格が主要な格であり、場所格は文法格を前提として存在する副次的格であるとしている。また、城田（1993）は、ガの一次機能は、直接補語でない主要補語をマークする文法格、ヲの一次機能を直接補語を表示する文法格として規定し、文法格としてのガ、ヲは文法的関係を示すだけであって、意味論的意味はないとしている。

　日本語の格助詞に、主格、対格、与格という格関係をあてはめると、それぞれガ格、ヲ格、ニ格になるとされるが、一方で、日本語のガ格には「リンゴが好きだ」のような「対象格」の用法があるし、ヲ格には「道を歩く」のような経路の用法、そしてニ格には「あそこに本がある」のような場所格などさまざまな用法がある。これら日本語の格助詞を「形式と意味の一対一の対応」の観点から統一的に説明するには、文法格や意味役割などだけでは不十分ではないかと思われる。

　「形式と意味の一致」という認知言語学の観点から言えば、どん

な形態にも意味があるのであり、本書では、格助詞などの文法的機能を果たすとされる機能語においても抽象的（スキーマ的）ではあるが意味的説明ができるという立場をとる。

7章では、その理論的前提について議論し、8章から10章は、それぞれの格助詞のスキーマの抽出とそこからの様々な用法の説明に向け、記述を行う。

2. 先行研究の検討

日本語の格助詞は、すぐれてトポロジカルな機能を持つものであり、イメージ・スキーマで提示することが、格助詞の統一的説明に重要な役割を果たすと考えられる。すでに、認知言語学的観点から、菅井（2005）、森山（2008）などが、格助詞の認知言語学的観点での分析と体系化を行っている。これらの研究を批判的に検討しながら、筆者自身の事例研究として、場所論的観点からの日本語格助詞の体系化を提起していきたいと思う。

2.1 「場所の論理」と格助詞　浅利（2008）

「場所の論理」から日本語の格助詞を規定しようとした浅利（2008）は、格助詞の弁別的特性として、1.格助詞は一種の「空間性」を伴って機能する助詞である。2.この空間性は3つのタイプに類型化される。（一）「で」[*2]…「場所が円のイメージを伴って動詞（動作）と結びつけられる」〈包摂〉。（二）「を」…「所定の場所が或る動作＝動詞と接触点を持って表象される」〈接触〉。（三）「その他すべて」の格助詞…「ある一点が矢印によって示されるイメージとして表象される」〈分離〉。としている。浅利の主張は基本的に支持できるが、具体的な用法間の連関などについては論じていない。（三）の分離に関しては、「が」「に」「から」「まで」がそれぞれ点として指し示されるということはわかるが、それ自体は「は」と弁別される格助詞の高度なスキーマであり、その下位スキーマとして、それぞれの格助詞が示すスキーマを提示することが必要であろう。また、（二）「を」については、場所用法についてはこの通りだが、

対象用法については「接触」という規定だけで説明できるかは、具体的な用例を示して、そのスキーマの妥当性を図る必要があると思われる。「を」の場所用法と対象用法をいかに統一的に説明できるかが問題である。

2.2 「起点・経路・着点」のイメージ・スキーマ
　　菅井（2005）

　菅井（2005）は、Johnson（1987）の〈SOURCE-PATH-GOAL〉のイメージ・スキーマを援用し、〈起点〉〈過程〉〈着点〉のイメージ・スキーマが各々「カラ格」「ヲ格」「ニ格」で実現されるとした。ガ格は〈主体〉が具現化したものとして、カラ格とニ格を結ぶ全領域をカバーする。また、「デ格」は「動詞の語彙的意味によって変化を被らずに限定するもの」として範疇化されるとする。

　まず、「起点-経路-着点」のイメージ・スキーマについて説明しよう。

　　スキーマとは、経験を抽象化・構造化して得られる知識形態のことで、対象の理解を促進する規範や鋳型としてはたらく。したがって、イメージ・スキーマといった場合、種々の身体経験をもとに形成されたイメージを、より高次に抽象化・構造化し、拡張を動機づけるような知識形態を言う。　（辻編 2002: 13）

その例として、「前後のスキーマ」、「遠近のスキーマ」、「容器のスキーマ」、「起点・経路・着点のスキーマ」などがあげられる。たとえば、「容器のスキーマ」では、人間が自分の体を容器としてイメージし、容器の内側・外側・境界を設定することで物事を理解する仕組みになっている。「起点・経路・着点のスキーマ」は、経験的な空間認知を反映させたもので、典型的には〈移動〉を表すが、空間的な〈移動〉から〈変化〉や〈因果関係〉への隠喩的写像が行われる（辻編 2002: 13）。イメージ・スキーマは、日常的な身体経験をもとに形成され、特に空間認知をベースにしていることから、場所論的な観点において位置づけられるものである。

　この菅井の研究は、格助詞をこのようなイメージ・スキーマから規定しようとした点で、先駆的であるが、次のような疑問点が挙げ

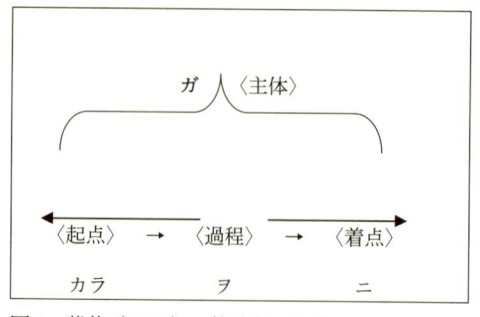

図1: 菅井（2005）の格助詞の体系

られる。

　第一に、〈起点−経路−着点〉というイメージ・スキーマを援用しながら、経路の部分を〈過程〉に変更し、ヲ格が〈過程〉を具現化したものと規定した点である。菅井（1998: 17）では、ヲのスキーマを〈過程〉とした理由について、もし、〈経路〉と規定すると、対格の意味役割として1次的に空間的な〈経路〉が引き出された上で、その「経路」から2次的にモノ的な「対象」が引き出されることになり、隠喩的写像の「単方向性」に反するからとしている*3。しかし、空間的概念である「起点−着点」の間に、「経路」ではなく、時間的概念である「過程」を置くのは、次元の違う概念を対等に並べているという点で腑に落ちない。菅井は「過程」→「対象」→「経路」という拡張を仮定しているが、「過程」という時間的概念から空間的概念である「経路」が引き出されるというのは、一般に理解されている「空間から時間へ」という隠喩的写像の方向性からは逸脱しているのではないかという反論もできる。岡（2005a）では、ヲ格が「経路」が具現化されたものであり、その観点から、起点、対象、時間、状況用法などを統一的に説明することを試みた。

　第二の疑問点は、ニ格を「着点」が具体化したものとして一次的に規定した点である。これは、国広（1986: 199）の「「ニ」は一方向性をもった動きと、その動きの結果密着する対象物あるいは目的の全体を本来現している」という「密着性」をニの意義素とした規定を踏襲したものであり、杉村（2005）もこの説を採っている。

確かに、「太郎が学校に来た」のような「着点」用法は、ニ格の中心的な用法と認定できるが、一方で「親友にノートを借りる」や「先生に論文を否定される」「首相が凶弾に倒れた」のような用法は「着点」とは逆の「起点」をマークするものであり、「着点」をニ格の一次的なスキーマとするとこれらの用法を説明することが困難になる*4。また、「着点」を具現化するのはニ格だけではなく、マデ格もある。岡（2005c）では、ニ格のスキーマを「存在の場所」とし、「着点」や「起点」といった方向性とは中立であると主張し、ニ格の用法を統一的に説明することを試みた。

　伊藤（2008）は、イメージ・スキーマに基づいた格パターンとして日本語の構文を設定している。イメージ・スキーマに基づいて格体制を位置づけているという点で、本書と軌を一にした研究であるが、「起点―経路―着点」のイメージ・スキーマと関連しての疑問点を述べておく。伊藤は、〈起点―経路―着点〉のイメージ・スキーマを基盤として、《変化》というイベント・スキーマが形成され、[__ガ__カラ__ニ] という格パターンをもつ【変化】構文が具現化するとしている。本書では、「起点・経路・着点」のイメージ・スキーマが形成するイベント・スキーマは一次的には「移動」であって、「変化」ではないと考える。もちろん、「移動」自体が「位置変化」として「変化」のヴァリエーションとして捉えられるという考えもできるだろうが、伊藤はこの「変化構文」の中に「経路的―変化構文」というのを含めているところは疑問である。たとえば、「花子が公園を走る」という場合、この事態は果たして「変化」を表しているのであろうか。一般には、「走る」は「移動様態」を表す動詞とされ、「出る」や「着く」のような「位置変化」を表す動詞とは区別される。本書の立場から言えば、「起点・経路・着点」のイメージ・スキーマに基づくイベント・スキーマは、一次的には「移動」であり、格パターンとしては、[__ガ__カラ__ヲ__ニ] として表れる「移動構文」である。「変化構文」は主に移動からのメタファーとしての「状態変化」を指すものとした方がいいかと思われる。

2.3 「動力連鎖」的事態を基本とすることの問題性
　森山（2008）

　森山（2008）も認知言語学的観点から、日本語の格助詞を体系化しようとしたものであるが、動力連鎖的事態把握を典型とするラネカーの認知文法的観点に依拠しているため、本書の体系とは異なるものとなっている。

ガ格：プロトタイプ：動作主
　スキーマ：認知主体により第一の注意が向けられた結果、第一の際立ちが与えられた視点領域の能動的参与者（tr）を表す。

ヲ格：プロトタイプ：被動作主（対格）
　スキーマ：認知主体により第二の注意が向けられた結果、第二の際立ちが与えられた視点領域の受動的対象（lm）を表す。

ニ格：プロトタイプ：移動先
　スキーマ：視点領域のガ格参与者に対峙する対峙領域の対象を表す。

デ格：プロトタイプ：場所
　スキーマ：前景を構成する動力連鎖に対し、ある背景を補足的に表す。

　上記のスキーマの規定は、動力連鎖的事態には当てはまるだろうが、「存在論的用法」については、ラネカーの「動力連鎖」では説明できないため、新たに「視点領域」と「対峙領域」のような規定を導入しているが、うまく説明しているとは言い難い。ラネカーの動力連鎖的説明に引きずられて、かえって説明を難解にしていると思われる。

　森山は、存在論的用法（「庭に犬がいる」）のニ格のスキーマを図2で表している。ここでなぜ、ガ格が視点領域、ニ格が対峙領域にあると別に領域を分けて描いているのかが疑問である。本来、存在の関係はニ格とガ格が一体化しているものであるが、図2では、「犬が庭に入った」のような移動の図式に見えてしまう。また、ガ格からニ格への破線の矢印は「位置づけの心的走査」としているが、

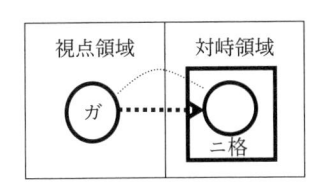

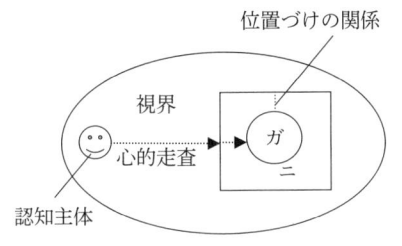

図2：存在の位置を表すニ格　　図3：存在のスキーマ
　　（森山2008: 131図20）

これでは「犬が」「庭に」位置づけの心的走査を送っていると解釈してしまう。心的走査を送っているのは、ガ格ではなく、言語化されない認知主体なのである。森山は、ニ格のプロトタイプである「移動先」のスキーマを、「存在のスキーマ」にも適用するために、図2のような図式にしているのだろうが、図3のような図式が直感的にも受け入れやすいのではないか。認知主体は（自らを参照点にした）視界（＝参照点の支配域）において、まずニ格の場所に心的走査を送り、そこからガ格にアクセスするという参照点構造を形成している。こうして、「ニ格にガ格が位置づけられる」関係ができるわけである。

　また、森山は、ヲ格に関しては、「日本語の場合、動力連鎖の受動的な参与者（モノ）だけでなく、（受動的な）場所（「家を出る」、「橋を渡る」）や時（「夏休みを過ごす」）をさすこともある。」（同48）としているが、ヲ格の「場所」「時間」「状況」用法も動力連鎖的事態の観点から説明しようとしている点は疑問である。どうして、「娘が思春期を経て大人になった」が動力連鎖的事態なのか理解に苦しむ。

　結局、英語に典型な動力連鎖的事態を基準にして、日本語の事態を考えるために、このような不自然な説明になってしまうのである。

2.4　プロトタイプからの拡張論の問題点

　次に、森山（2008）の問題点として、プロトタイプを1つに設定してそこからの拡張として、多義性を説明するというプロトタイプからの拡張論をとっていることの問題点を挙げる。これは、ニの

プロトタイプである着点から存在の場所が拡張されたり、ヲのプロトタイプである対象から経路などが拡張されたりするという主張の無理な点に現れる。

　まず、プロトタイプについて確認しておく。プロトタイプとは、ある語や概念を考えるとき、まず念頭に置かれるそのカテゴリーの最も代表的な（典型的な）成員をいう。たとえば、鳥というカテゴリーを考えた場合、そのプロトタイプ的成員は「すずめ」や「つばめ」などであろう。「だちょう」や「ペンギン」などの飛べない鳥は、周辺的な成員とされる。カテゴリーは、プロトタイプを中心とした内部構造を持ち、その周辺に行くに従ってそのものらしさが薄れる。これをプロトタイプ効果という。認知言語学では、このプロトタイプ論を基に、さまざまな多義的な語彙を「放射状カテゴリー」として、記述するのである。

　先に述べたように森山（2008）では、ニ格のプロトタイプを「移動先」、スキーマを「視点領域のガ格参与者に対峙する対峙領域の対象」としている。森山の分析では、まず1つのプロトタイプを決め、そしてそこから拡張する過程でスキーマを抽出し、カテゴリーを形成していくというプロトタイプ拡張にもとづくモデルをとっている。まずは、格助詞のような機能語で、このプロトタイプ拡張論を適用して妥当かという問題について検討していく。

　まず、ニ格のプロトタイプを「移動先」とする根拠であるが、日本人母語話者の想起実験、使用頻度、母語習得の3つの実証的データから考察している。想起実験では、最初に想起される用法では、「動作の相手」（43％）が一番多く、「移動先」（42％）が2番目になり、次に「位置」（8％）、「時点」（2％）の順番になっている。森山は、プロトタイプが母語話者にとって最初に想起される成員であるとすると、ニのプロトタイプは「動作の相手」を表す用法であるようにも見えるとする。筆者は、「動作の相手」と「移動先」の間に有意差は存在しないことから、2つのプロトタイプが共存する可能性も否定できないと考える。必ずしも、プロトタイプが1つとは限らないのである。次に、使用頻度では、「移動先」（46％）が圧倒的に多く、次に「時点」（23％）、「存在の位置」（14％）、「変

化の結果」（13%）となり、「動作の相手」（2%）は圧倒的に少ない。使用頻度からのプロトタイプは、「移動先」と見ていいだろう。一方で、時点の用法が多いのは説明が必要であろう。3つめに、母語習得過程から見ると、「移動先」と「存在の位置」が先に習得され、「動作の相手」や「時点」は遅れて習得されるとしている。これら3つの考察を総合して考えると、ニ格のプロトタイプは、「移動先」であると森山は結論づけている。

　この点に関しては、若干の再考が必要であろう。早瀬・堀田（2005）では、母語話者の直観によるプロトタイプと頻度によるプロトタイプが乖離する現象をあげており、「一般に「プロトタイプ」とされるものは、必ずしも実際に接する言語表現から直接的に導き出されるものではなく、カテゴリーの再構築が行われ、その結果として創り上げられたものである可能性が出てくる。」（同181）としている。また、プロトタイプと言語獲得順序との乖離があることについても指摘し、「子どもは1つのことばがもつ複数の意味を、拡張という形ではなく、それぞれ独立した同音異義語として別々に学習している可能性がある。そして後にスキーマ抽出を行い、カテゴリーを再構成するのだが、その際、母語教育や外国語教育からの類推などの影響を経て、プロトタイプの組み替えも行われるのだと考えられる。同音異義語として別々のスタートを切ることからも予測されるように、結果として複数のプロトタイプが同時に共存するカテゴリーを形成する可能性もある。」（同185）としている。このような指摘から考えると、想起実験（母語話者の直観）と頻度、獲得順序の結果は、それぞれ別個に考察されなければならないものだと考えられる。これをどう総合して考えたのか、その考察の根拠が森山でははっきりしないのである。少なくとも、「移動先」から「存在の場所」が拡張されたり、逆に「存在の場所」から「移動先」が直接拡張されたりという根拠は証明することは難しいと考えられる。むしろ、複数のプロトタイプ的用法を認め、そこからスキーマが抽出されるという説明の方が妥当のように思われる。

3. コア理論を使った説明

　前節で述べたプロトタイプ理論を格助詞の分析に援用する問題性の解決策として、本研究では、田中（2004）のコア図式論を援用する。

　田中（1997）は、用例の最大公約数的な意味を意義素の束としてとりだす「意味成分抽出論」やLakoff（1987）の語義間の関係を図式の連鎖図で表す「複合図式論」（あるいは語彙ネットワークモデル）を批判し、「コア」という概念装置を使って、基本動詞や前置詞などの多義語の意味を明らかにしようとしている。「意味抽出論」は、多義語において1つの基本的意味を抽出し、そこから他の意味の派生を説明する一種の単義説である。たとえば、overの用例の共通した意味成分として〈場所的上位（LOCATIVE superior）〉を抽出し、この基本形に「起点」「経路」「目標」などの意味成分を加えながら、他の語義を説明するものである。しかし、ここでは、すべてのoverの用法が網羅されておらず、またaboveやupとの違いを明らかにできないという欠点を指摘する。また、レイコフの複数図式論に対しては、overの分析で「above-across」をプロトタイプ的なイメージ・スキーマとすると、aboveとの違いが明らかにならないなどの欠点を挙げ、結局、overの多義が複数の図式で構成されるとすると、図式の変形や焦点化の原理がうまく機能しないことを本質的な問題点としてあげる。それに対して、田中は多義的語義全体を包括する単一の図式を想定する「コア図式論」を提示し、その多義的な用法は焦点化とコア図式の変換によって説明されえるとする。

　田中の言う「コア（core meaning）」とは、Bolinger（1977）の「一つの全体を包括するような意味（a single overarching meaning）」やLangacker（1990）の「超図式（super scheme）」に当たるが、それに対して、田中（2004: 5）は、コアとは、文脈依存から脱文脈化に至る学習における一般化の過程に注目した、学習の産物であるとする。コアは、理屈上、文脈に依存しない―英語で言えば、context-freeあるいはcontext-independentな―意味を指す。コア

は（1）用例の最大公約数的な意味であり、かつ（2）語の意味範囲の全体（たとえ、おぼろげな輪郭であったとしても）をとらえる概念である。これをわかりやすくイメージでとらえると、図3のように円錐の頂点としてとらえることができると言う。すなわち、円錐形の円（底面）の大きさは意味の範囲を示しており、円が大きくなればそれだけ、コアの頂点も高くなり、コアそのものの抽象度も増す。底面の部分では、文脈に依存した（context-sensitive）意味の集積が表され、中間どころで文脈横断的な（trans-contextual）意味のタイプが示され、そして頂点のところで脱文脈的な（de-contextual）コアが示されていると言う。文脈横断的な意味タイプ間には、プロトタイプ効果が見られ、またそれぞれのタイプ内の用例の中にも、プロトタイプ効果が見られる。

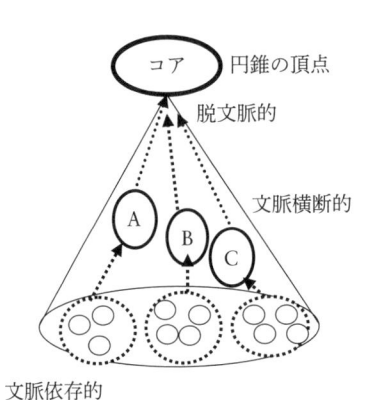

図4：コア図式

　例として、田中・佐藤・安部（2006）では、takeのコアは〈x take yにおいて、xがyを自分のところ（HAVE空間）に取り込む〉と記述している。この際、xがyをあるところ（A）からxのところ（C）に何らかの手段（B）で移動させる、という3つの側面を切り出すことができ、焦点をどこに当てるかによって、その具体的な用法が出てくるとする。すなわち、Aを焦点化すると〈Aからyをとる〉となり、Bを焦点化すると〈手にして〉という手段が注目され、Cを焦点化すると、〈yをxのところに取り入れる〉という

点が強調される。コア図式は、このような基本動詞だけではなく、前置詞や文法事項にも応用されるものである*5。

　田中（2004）が言うように、コア（スキーマ）の妥当性は、論理的妥当性、心理的妥当性の観点からチェックされる必要がある。とすれば、格助詞ニにおける「授受の相手」、「移動の着点」、「存在の場所」の3つの用法（「時点」もそれに加えてもいいかもしれない）は、プロトタイプとしてはいずれもそれなりの論理的妥当性はあると思われるし、3つの用法がどれも母語話者にとって中心的な用法とみなされるという心理的妥当性もある。コア理論を援用して考えてみると、3つの用法は、円錐の中間である文脈横断的な意味として、同平面に並ぶ（お互いに関連性を持つ）3つの中心的用法であり、この三者の共通性を抽出したスキーマが求められるのである。すなわち、3つの中心的用法に、共通するスキーマは、ニ格名詞に向かう（認知主体あるいは動作主体ガ格の）指向性があることなのである。ニ格の用法のネットワークとスキーマについては、次章で述べていくが、森山のように、ニのプロトタイプを「移動先」という1つの用法に限定し、そこから様々な用法が拡張されていくというカテゴリー形成の仕方には無理があるのではないかと考える。何より、「移動先」から「存在の位置」が拡張されるという思考法がよく理解できないのである。本書では、中心的になる用法の設定から出発し、そこからコア・スキーマを抽出していくと同時に、拡張的ネットワークを記述するという方法をとっていくことにする。

　次章から具体的にニ格、ヲ格、デ格を中心にそのスキーマとネットワークを明らかにしていきたい。

＊1　フィルモアの格文法がその典型的なものである。その批判については、山梨（1993）を参照。
＊2　浅利（2001）では、西田の場所のイメージは、日本語の助詞「で」の円のイメージに重なるものであるとしている。
＊3　菅井の言う「単方向性」とは、一般に文法化における「単方向性」をいう

もので、たとえば、英語の back のように「背中」を表す名詞が「後ろ」という方向を表す接辞に文法化するというような例が挙げられるだろう。ここでは、確かに「モノから空間へ」という方向性が見られるが、それを一般的なメタファー的拡張の方向性にも拡大させることができるかは議論の余地があるだろう。

＊4　竹林（2007）では、受身文動作主標示用法の「に」と受益構文の「に」について、〈視線の移動〉という観点を導入して説明し、ニ格のスキーマを、「移動主体が、一方から他方へと移動し、対象に密着する」とした。ただ、「存在の場所」用法では、そもそも移動がないのであるから、「移動主体が移動し対象に密着する」ということで説明できるか疑問である。

＊5　松田（2001）は、田中のコア図式を日本語の複合動詞後項「〜こむ」の分析に応用し、日本語教育への応用を示唆している。

第8章
ニ格のスキーマとネットワーク

1. ニ格の用法

　日本語の格助詞「ニ」は、一般に格関係からすれば「与格」、文法関係は「間接目的語」と規定される。記述的研究では、格助詞ニには次のようなさまざまな意味・用法があるとされる*1（日本語記述文法研究会編 2009）。

(1) 私に大きな夢がある（状態の主体－所有の主体）
(2) この子に専門書が読めるはずがない。（状態の主体－能力の主体）
(3) 私には弟の成功が心からうれしい。（状態の主体－心的状態の主体）
(4) 親にさからう。（対象－動作の対象）
(5) 先輩にあこがれる。（対象－心的活動の対象）
(6) 隣の人に話しかける。（相手－動作の相手）
(7) おばあさんが孫に絵本をやる。（相手－授与の相手）
(8) 犯人が警察に捕まった。（相手－受身的動作の相手）
(9) 体格が大人にまさる。（相手－基準としての相手）
(10) 机の上に本がある。（場所－存在の場所）
(11) あごに髭が生える。（場所－出現の場所）
(12) 子どもが学校に着く。（着点－移動の着点－到達点）
(13) 糸くずが服につく。（着点－移動の着点－接触点）
(14) 信号が青に変わる。（着点－変化の結果）
(15) 新入生の顔は希望にあふれている。（手段－内容物）
(16) 全身が泥にまみれる。（手段－付着物）
(17) 職員の横柄な態度に腹を立てる。（起因・根拠－感情・感覚の起因）

(18) 潮風に帆が揺れていた。(起因・根拠 – 継続的状態の起因)
(19) 1時に事務所に来てください。(時 – 時点 – 時名詞)
(20) 午前中に用事を済ませた。(時 – 時点 – 期間名詞)
(21) 私には、山本さんの意見は刺激的だった。(領域 – 認識の成り立つ領域)
(22) 母が買い物に行く。(目的 – 移動の目的)
(23) お礼に手紙を書く。(役割 – 名目)
(24) 1週間に1回は酒を飲まない日を作りましょう。(割合 – 割合の基準)

大きくは、主体、対象、相手、場所、着点、起因、時などの用法があげられるが、どの用法がプロトタイプかを認定するために、日本人学生33人に、ニの用法の異なる例文を、思いつく順に5つあげてもらうという調査を行った*2。結果は次のようであった。

表1:格助詞ニの想起テスト

	1	2	3	4	5	合計
移動の着点(行く、登る、着く、入れる、座る、乗る等)	16	10	5	3	0	34
動作の相手、授与の相手	13	6	6	2	0	27
存在の場所(ある、いるなど)	4	5	5	4	4	22
時間	0	1	9	2	1	13
変化の結果	1	2	4	3	1	11
受身的動作の相手	1	3	0	0	4	8
決定、選択(〜にする、選ぶ)	1	2	0	2	1	6
〜に見える	0	3	0	1	1	5
目的	0	0	2	1	2	5
基準(〜に弱い、にいい、による)	0	0	0	2	1	3
その他(副詞など)	0	1	2	7	2	12
総計	36	33	33	27	17	146

この結果を見ると、上位5位は、1.移動の着点(23%)、2.(動作、授与の)相手(18%)、3.存在の場所(15%)、4.時間(8%)、

5.変化の結果（7％）で、変化の結果を着点に入れると、着点は30％になる。相手は、受身的動作の相手も入れると、23％になる。ここから、「に」の一番中心的な用法は、着点であると考えられる。しかし、本書では、「着点」からすべてを拡張させるプロトタイプ的拡張論は採らない。その理由は第7章で述べたとおりである。心理的妥当性として、3大用法（着点、相手、場所）をあげ、これら、3大用法を軸にして、ニ格の様々な用法を統一的に説明していきたい。

2. 先行研究の検討

ニ格のどれを中心的用法として見るかには大きく3つの見解がある。1.授与の相手、2.移動の着点（菅井2005、杉村2005、森山2008）、3.存在の場所（岡2005c）があげられる。まず「授与の相手」をプロトタイプ的用法と見るのは最も伝統的な見方であり、ニ格が「与格」と呼ばれているように（「XガYニZヲ与える」）、「受益者」を典型的な意味役割とする規定である。またこれは、「間接目的語」という文法関係を第一に考えた規定でもある。岡（2005c）では、「授与の相手」は、「移動の着点」の用法からの拡張であると考えた。なぜなら、授与の相手もモノが移動する一種の場所（着点）として捉えられるからである。次に、「着点」をプロトタイプ的用法としてみる見方は、次節でも述べるが、「起点」用法をうまく説明できないという難点がある。岡（2005c）では、「授与の相手」、「移動の着点」も「存在の場所」に還元できるとして「存在の場所」をスキーマとして、さまざまな用法を位置づけた。本書では、「存在の場所」用法そのものをスキーマとするのではなく、「授与の相手」、「移動の着点」、「存在の場所」を3つの中心的用法とし、それらに、共通するスキーマを抽出していく方法をとりたい。以下、先行研究をより詳しく検討し、本書での見解を述べていく。

2.1 「密着性」について　国広（1986）

ニ格の用法を意味的に統一的に説明しようとした研究として、まず「着点」をそのスキーマ的意味とする考え方として国弘（1967, 1986）があげられる。国広（1967）は「に」の意義素を「密着の対象を示す」とし、国広（1986）では、「「ニ」は一方向性をもった動きと、その動きの結果密着する対象物あるいは目的の全体を本来現している」とする。この見解を基本的に引き継いだものとして堀川（1988）、菅井（2000, 2001）などがある。ここでの問題は、「次郎は太郎に本をもらった」のようないわゆる「起点」用法をいかに説明するかである。というのは、「着点用法」では、ガ格名詞からニ格名詞への方向性が確認できるが、「起点用法」では方向性が逆になるからである。堀川（1988）では「起点」用法も「着点」用法と同じくガ格名詞からニ格名詞への「働きかけ」[*3]があるとする。しかし、

(25) 私は花子に（思いがけず）プレゼントをもらった。

のように、プレゼントを「思いがけず」もらう場合が普通だとすれば「働きかけ」があるというのはあたらないことになる。

(26) 太郎は花子に殺された。

また、(26) のような受身の「動作主」の場合、堀川（1988: 330）では「ニで示される名詞句への主語からの働きかけは抑圧されており、動作成立の必須要素に密着する、という意味だけになる。いわばニの「方向性」の意味が抑圧され「対象物」だけが考慮される」とする。しかし受動文の場合、ニ格名詞からガ格名詞への働きかけがあるのであって、この場合だけガ格からニ格への「働きかけ」や「方向性」が抑圧されるというのはアドホックな説明ではないだろうか。さきの「密着性」の定義からいえば「起点」用法ではガ格からニ格への「一方向性」は成り立たず、むしろニ格からガ格への「移動」や「働きかけ」の方向性があるのだから、最初から移動や働きかけの「方向性」として定義するのは問題がある。

こうした問題の解決策として、竹林（2007）は、「視線の移動」という概念を導入して、国広説を支持し、「に」のスキーマ的意味を〈移動主体が、一方から他方へと移動し、対象に密着する〉と規

定した。すなわち、受け身文の動作主用法では、視線が被影響者から動作主へ移動する、受益構文では、受益者から与益者に視線が移動するというものである。「視線の移動」は、本書が述べる「指向性」と一致するが、竹林の規定の「移動主体」が移動するという表現には疑問がある。「次郎は太郎に本をもらった」で、次郎が太郎に視線の移動を行っているという説明は納得できるが、そもそも視線そのものが移動主体であるという言い方は理解しにくい。また「部屋にいる」のような「存在の場所」用法では、〈移動主体が対象物に密着している〉という側面が焦点化されているとしているが、存在の場所表現では、移動そのものがないのであって、移動主体は存在しないのである。国広の言う「移動」という概念にこだわるとこういう問題性が出てくる。それゆえ、本書では、これを認知主体（概念化者）の指向性と位置づける。指向性とは、認知主体がある対象に向けて、心的走査をおこなうことで、端的に言えば、「あれ」と指さしすることである*4（図では対象に向けた点線の矢印で表される）。移動の着点では、ガ格の移動主体に視点を置き、そこから着点ニ格に向けた指向性が発せられる。多くはガ格→ニ格の方向性を持つが、存在の場所では、逆に場所のニ格に指向性が向けられ、そこからガ格の存在物にアクセスされるという参照点構造を持つのである。そういう意味で、ニ格の最もスキーマ的な意味は、ニ格名詞句に向けた指向性であると規定することが出来るのである。

2.2　対峙性　森山（2008）

　森山（2008）の総論的問題性は前章で述べたが、ここではニ格の個別的記述の問題性について明らかにする。

　まず、森山はニ格の用法を「プロセス的用法」と「存在論的用法」に分ける。まず、プロセス的用法では、次のような例文があげられている。

(1-1) 太郎が海に石を投げた。（＋対峙性、−能動性、＋プロセス性（＋着点性））

(1-2) 太郎が次郎にボールを投げた。（＋対峙性、＋能動性、＋プロセス性（＋着点性））

(1-3) 太郎が東京に行く。(＋対峙性、－能動性、＋プロセス性（＋着点性))

(1-4) 太郎が花子に会う。(＋対峙性、＋能動性、＋プロセス性（＋着点性))

(1-5) 太郎が食事に行く。(＋対峙性、－能動性、＋プロセス性（＋着点性))

(1-7) 太郎が娘に水を飲ませた。(＋対峙性、＋能動性、＋プロセス性（＋着点性))

(1-8) 太郎が娘に働かせた。(＋対峙性、＋能動性、＋プロセス性（＋着点性))

(1-8') 太郎が娘を働かせた。

　まず、ニ格自体に、果たして「対峙性、能動性、プロセス性」といった素性があてはまるのか、そういう分析をしていいのかという疑問点があげられる。「プロセス性」がニ格自体にあるのか、疑問である。それは、ニ格と共起する述語が「過程（プロセス）」をもつか、そうでないかの問題であろう。また、プロセス性のあとにカッコして、（着点性）と書かれてあるが、プロセスであることと、着点であることは本来異なった概念であるので、着点性は独立した素性としてカッコを外した方がいいと思われる。次に、「能動性」についてであるが、(1-2)では、「次郎」が「人であるため能動性」を有するとしているが、「投げられる相手としての次郎」は、「受動的」であって、「能動性」を有するとは考えにくい。同じく、(1-4)でも、「花子」が「能動性」を有するとは考えにくい*5。また、(1-7)に関しては、「娘」は、本来動作主であり、人であるため能動性を有する、としているが、「娘」は、「太郎」という使役主の影響を受けているわけであるから、この使役文で現れている「娘」は「受動性」を持つと考えるのが自然であろう。

　それから、(1-8)の文はそもそも自然な日本語であろうか。自動詞の使役文の非使役主は、一般にヲ格が普通であり、ニ格がとれるのは、「太郎が娘に行かせる」「太郎が娘を行かせる」のようなペアが考えられるが、移動先のニ格が現れるとニが重複するので、ヲ格の方が自然であると思われる。

(27) ?太郎が娘に学校に行かせる
(28)　太郎が娘を学校に行かせる。

(28)では、「太郎は娘を希望通り学校に行かせた」という文も可能であるので、ニ格使役の方がヲ格使役より強制性が低いという説明は、あまり妥当性はなさそうである*6。

(1-9) 太郎が花子に花束をもらった。(＋対峙性、＋能動性、＋プロセス性（−着点性）)

(1-10)次郎が太郎に殴られた。(＋対峙性、＋能動性、＋プロセス性（−着点性）)

(1-11)花子が病気に苦しむ。(＋対峙性、＋能動性、＋プロセス性（−着点性）)

これらは、ニ格が、強い能動性を示し、「＋起点性」を持つようになるとしている例であるが、(1-9)では、なぜ、「授与主」がニ格になるかの説明がない。また、「太郎が花子から花束をもらった」のように、カラ格になる場合との違いが説明されていない。(1-10)は受動文の例であるが、ここでも、なぜニ格が受け身の動作主として使われているのかや他の格表示（カラ、ニヨッテ）との違いの説明も見られない。また、受動文には、「富士山の頂上が雪に覆われている」のように、ニ格でマークされる「雪」が明らかに動作主ではない（能動性をもたない）し、テイル形でプロセス性を持たないような例があるがこれをどう説明するかなど問題が残る。(1-11)はニ格が「原因」と解釈される場合であるが、これについて、「病気」というのは人ではないのに、なぜ能動性があるかというのは理解に苦しむ。

次に、「存在論的用法」であるが、この場合、「−プロセス性（位置性）」となり、ガ格に対する「対峙性」も静的（心的）なものとなるとしている。

(2-1) 庭に犬がいる。(＋対峙性、−能動性、−プロセス性（位置性）)

(2-2) 8時に太陽が起きる。(＋対峙性、−能動性、−プロセス性（位置性）)

(2-3) 学校が家に近い。(＋対峙性、−能動性、−プロセス性

(位置性))

(2-4) この素材が熱に強い。(＋対峙性、－能動性、－プロセス性(位置性))

(2-5) 私に娘が1人いる。(＋対峙性、＋能動性、－プロセス性(位置性))

(2-6) 私に富士山が見える。(＋対峙性、＋能動性、－プロセス性(位置性))

(2-7) 私にピアノが弾ける。(＋対峙性、＋能動性、－プロセス性(位置性))

(2-8) 私にその一言がうれしい。(＋対峙性、＋能動性、－プロセス性(位置性))

(2-1)の存在文の図の問題性は7章で述べたが、(2-5)の所有文や(2-6)の知覚文の「私」が能動性を持つという論拠として、「私が娘を1人持っている」や「私が富士山を見る」という他動詞文に言い換えられることをあげているが、言い換えというのは「客観的」意味は同一という立場に立っており、「形式が違えば意味も違う」という認知言語学のテーゼに立つとすれば、それは間違いである。そもそも日本語では、「私が娘を持っている」という表現は自然な日本語ではないし、「私は娘を1人持ちたい」と言えたとしても、「私には娘が1人いたい」とは言えない。「私が富士山を見る」と「私に富士山が見える」では、認知過程が異なっているのであるから、前者の「私」が能動性を持つからと言って、後者の「私」が能動性を持つとは言えないのである。「見える」主体としての「私」には能動性や意志性は少なくとも感じられない。これは、(2-7)の能力主、(2-8)感覚・感情主にも言えることである。

　　これらの「経験主」の用法は客観的事態としては動力連鎖を含んだプロセス的な事態(＋プロセス性)であるが、事態を認知主体(私)の「見え」として描写することが多い日本語では、経験的動作は無意識的動作であるため意識から外れ、その結果、存在論的にとらえられる(－プロセス性)　　(同130)

また、上記のように、「見える」や「弾ける」、「うれしい」といった事態を「経験的動作」としているが、これらは「動作」ではな

く、むしろ「状態」であろう。特に（2-8）のような感情形容詞で表される事態が、いかなる意味で、客観的事態としては動力連鎖を含んだプロセス的な事態なのか理解に苦しむところである。

　最後に、ニ格の超スキーマとして、「対峙領域に位置し、ガ格参与者に対し対峙する対象（場所や参与者）を表す格」としている（図1）。ガ格からニ格への対峙性という規定は、「ニ格に対する指向性」という本書の規定と一致する部分はある。しかし、存在の場所は、認知主体からニ格への指向性である。やはりこの図でも、存在の場所を含んだスキーマにはなりえていないと考えられる。ニ格が場所であるか人、モノであるか、あるいはガ格からの指向性か認知主体からの指向性であるか、すべてに共通するコア・スキーマは図2のように描くべきではないかと思われる。

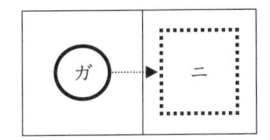

図1：ニ格の超スキーマ（森山2008:132）　　図2：ニのコア・スキーマ

2.3　位置づけ操作　　フランス＋小林（2005）

　本書のニ格の規定に最も近いのは、フランス＋小林（2005:68）である。

　フランスは、「に」の機能を位置づけ操作、すなわちその操作の位置基準点を示すものであるとしている。直観的には、位置を示す「に」として誰もが理解できる操作にそれが端的に表れている。つまり「なにかがある場所にある」ことだ、としている。

（29）　夫はいま、東京にいる。
（30）　夫は明日、東京に行く。

　「存在の場所」の場合は、当然「夫」が「東京」に位置づけられているわけだが、目的地の場合も、夫の「行く」という運動は、東京という場所で初めて完了するわけで、「に」は「行く」という運動が終わった終了の状態での位置を表しているという。

(31) 先生は太郎に本をあげた。
(32) 太郎は先生に本をもらった。

「あげる」の場合は、最初の所有者に位置づけられていた物が、その動詞が示す運動が完了した時点で、今度は、新しい所有者のもとに位置づけられ、その位置づけの基準点を「に」が示しているわけである。一方、「もらう」の場合は、「あげる」とプロセスが逆になり、構築の出発点が、もらう受け手、つまり移動の終点になる。終点から出発して、「に」は最初の位置づけの基準点である送り手を標示しているわけである。

別の言い方をすれば、「に」は単に位置を明示するだけで、方向性のある運動を表示しないが故に、それが出発点であろうが、到着点であろうが、言表の構築の原点として前提されている位置とは別の方の位置を明示するのであって、それが時間的に先だろうが後だろうが、関係ありません。そのことは矛盾ではないのです。　　　　　　　　　　　　　　　（同72）

(33) よい席を取るために、朝早くから並ばなければならない。
(34) 台風のために、汽車が三時間も遅れた。

上記の場合、(33)は目的だが、(34)は原因である。因果関係が逆であっても、「に」は、どちらも行為の起源を指し示しているだけであるとする。

(35) 車が家の猫をひいた。
(36) 家の猫が車にひかれた。

また、受身の場合でも、「車に」は、「家の猫－ひかれた」の全体を位置づける機能を果たしているとしている。受身に関しては、これだけの言及であるが、さらに詳しい説明が必要であるとは思う。

「に」の機能が「位置づけ操作」にあり、それが、直観的には、「場所に何かがある」という関係が示しているという指摘は本質を突いていると思われる。ただ、ニ格の用法の相互関係やより詳しいネットワークについては触れていない。以下、3節以降でニ格の各用法とそのスキーマ及び、用法間のネットワークについて提示していく。

3. 存在の場所用法と「存在のスキーマ」

　岡（2005c）では、「存在の場所」をニ格のスキーマとしたが、その立場を支持する先行研究としては、影山（1972）、杉本（1986）などがあげられる。影山（1972: 48-49）は、移動動詞のニについて

> 一応「に」はGoalを表現すると考えられるのだが、そこに出てくる方向性は述語の意味から自動的にentailされるのであって、「に」自身はあくまでLocationを意味すると解すればよいのではなかろうか。

とし、授受文や受身のSourceを表す「に」についても、「「に」のこの意味も、Goalの意味と同様、本来の場所性から述語の意味との関連で派生してくるもので、本質的なものではないように思われる」とし、フランス語の前置詞àがGoalもSourceも表す例を挙げている。（同54）

　杉本（1986: 377）は、主に統語的観点からの「に」の分析を行っているが、

> 「に」格名詞句は、基本的には場所を示しているが、それが有性名詞であることによって、機能が高まり、単なる場所補語とは異なり、主語や間接目的語という統語的に優位な機能を持つようになるのである。

と結論付けている。

　このような先行研究を受け、岡（2005c）では、「存在の場所」用法そのものをニ格のスキーマとしたが、前章のコア理論から、「存在の場所」は、「移動の着点」や「授与の相手」と並ぶ中心的用法と位置づけ、そこからスキーマを抽出するという方法をとりたい。

　本節では、まず「存在の場所」用法を図式化した「存在のスキーマ」の意味的特性について述べていく。図3を参照していただきたいが、「存在のスキーマ」は、第一に、「存在物Xが場所Yに位置づけられる」という関係として規定される。これは一般的な存在のメタファーである「存在とは位置づけられることである」（Lakoff & Johnson 1999）から来るものである。菅井（2000）のいうニ格

の「位置づけ」の性質もここから導き出されるものである。

「存在のスキーマ」は第二に、「存在物Xが場所Yに包含される」という関係を表している。ここから、菅井（2000）の言う「一体化」の性質や国広の「密着性」という性質が導き出されるのである。

第三に、「存在のスキーマ」においては、概念化者の心的走査はまず場所に向かい、その場所を参照点に存在物を指し示すという認知過程をたどる。すなわち、ここでは、ニ格からガ格への方向性があるのであって、堀川や菅井が述べるように、ガ格からニ格への方向性ではない。つまり、ガ格からニ格への一方的な方向性は認められないということである。方向性として認められるとすれば、認知主体の場所に対する「心的走査」あるいは、指向性といったものである。

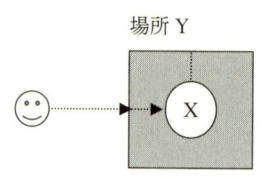

図3：存在のスキーマ

この「存在の場所」用法の拡張として考えられる用法は次のようなものである。

（37）　私には子どもがいる。
（38）　妹にはバイオリンが弾ける。
（39）　太郎には幽霊が見える。
（40）　私には彼の思いやりが嬉しかった。

これらは、所有関係や能力、知覚、感情の「主体」をニ格が表すもので、従来「与格主語構文」などと言われてきた。しかし、これらのニ格は、「主語」（主体）というより、「空間的場所」が「所有、能力、知覚、感情の領域」に比喩的に援用されているものであって（メタファー的拡張）、これも広義の場所であると考えられる。ここでも、認知主体の心的走査は、ニ格からガ格へ向かうものである。通常、主題化され、ハが表れることも、ニハ→ガへの指向性がある

ことが見て取れる。

　ちなみに、菅井（2000）が述べている「自動詞構造では、ニ格はガ格を包含し、他動詞構造では、ニ格はヲ格を包含する」という「ニ格の基本的修飾機能」も、場所が存在物を包含するという規定から導き出されるものであろう。

　(41) 太郎がコーヒーに砂糖を入れた。（コーヒー⊃砂糖）

　ニ格がガ格（ヲ格）を包含するという存在のスキーマの構造は、「全身が泥にまみれる」（手段）、「お礼に手紙を書く」（役割）、「1週間に1日休む」（割合の基準）などの用法にも引き継がれていると考えられる。

4. 時間点用法

　(42)　太郎は12時に寝る。
　(43)　9時に授業がある。

　次に、時間点の用法であるが、岡（2005c）では、時間点の用法は、「存在の場所」からのメタファー的拡張として位置づけた。ただ、「存在の場所」用法は、場所にモノが位置づけられる関係であるが、時間点のニ格は、出来事自体が、時間点に位置づけられるのであって、「太郎が」というガ格がニ格に位置づけられるものではない。時間点の語順は、通常、主題（～ハ）の後に表れるが、主題がない場合は、(43)のように、「時間ニ＋出来事」であろう。

　ちなみに、森山（2008）のプロトタイプの調査では、時間点の用法は、頻度において、移動先（43％）に次ぐ、23％を占めてい

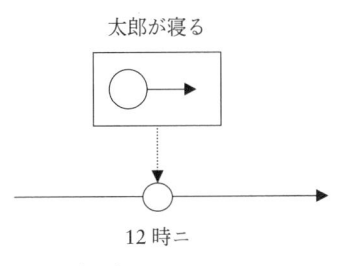

図4：時間点のニ

たのが気になる点である。筆者の調査でも、着点、相手、場所に続く第4位の用法であった。森山はこれをコーパスの偏りに原因があるものとしているが、これだけの頻度における用例があると言うことは、時間点用法も「着点」と並ぶ、中心的用法と認めなければならないと言うことではないだろうか。本書では、時間点用法は、中心的用法のひとつとして認め、ニ格のスキーマを形成するものとし、「存在の場所」用法とは、メタファーの関係で位置づけられると考えておく。

5. 移動の着点用法

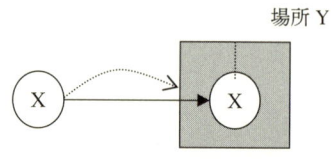

場所 Y

図5：移動のスキーマ

　次に、移動の着点用法について説明する。移動のスキーマは「移動者Xが移動して場所Yに到達する」ものであるが、一般に「場所理論」で述べられるように、移動の到達点は「移動物が存在する場所」に還元できるものである。ガ格からニ格への移動の方向性も移動動詞の意味から含意されるものであるとしていいと考える。移動の着点のニの意味は「XがYに存在する」という場所的意味に収斂していくのである*7。3節の存在のスキーマとの共通点は、移動者Xから場所Yに向かう移動の方向性というより、点線の矢印で表示されている指向性といった方がいいと思われる。ただ、本書では、「移動の着点」用法は、頻度としては一番よく使われることから、ニ格の中心的用法と認め、「存在の場所」用法からの拡張という考えはとらない。「移動の着点」用法と「存在の場所」用法の共通するスキーマとして、ニ格へ向かう概念化者の心的走査（指向性）というものを抽出する方式を採用する。

　移動のスキーマでは、ガ格からニ格への一方向性が認められる。ここから、「変化の結果」（「大人になる」）や、「働きかけの対象」

I44　　II　事例研究

(「トラックにぶつかる」「花子に会う」など)、「目的」(「買い物に行く」)などの用法などが拡張されると考えられる。指向性の性質は、ニ格名詞の性質や述語によって異なる。「変化の結果」では、結果状態に、「働きかけの対象」ではモノや人に、目的では出来事に向けられる。また、「花子にあこがれる」のような感情述語は、ガ格有情者からニ格有情者にある感情が向けられるというような指向性が見られる。

6. 授受の相手と出所

次に、問題となる授受動詞の相手と出所を表すニについて論じていきたい。まず、授与の相手の用法は、移動の着点の拡張として解釈できるであろう。すなわち、授受の出所＝起点、授与の相手＝着点であるから、起点から着点へのモノの移動として授受関係は規定できる。ただ、「授与の相手」の用法は、母語話者の想起しやすさという点では、「移動の着点」と並ぶ用法として認定できる。

(44) 太郎が次郎に本をあげた。(太郎→次郎　モノの移動、指向性)
(45) 次郎が太郎に本をもらった。(次郎→太郎　指向性)

(44)では、太郎から次郎に本が移動し、次郎のもとに本があることを示している。ここでは、モノの移動の方向性と概念化者の心的走査(指示)の方向性は一致している(図6)。

一方、授受の出所の用法(45)では、先に着点として表されたニ格名詞が起点を表しているという点が問題となる。「太郎が次郎に本をあげた」という同じ事実を次郎の視点から述べると「次郎が太郎から本をもらった」のように、太郎は起点をあらわすカラ格で標示されるのが自然であるが、なぜここで起点がニ格で表されているのであろうか。

菅井(2007: 123)では、「「着点」の与格は、主格NPから着点NPへの順方向的なエネルギー伝達が《到達性》を満たしていることを表し、「起点」の与格は、順方向的な着点NPへの《到達性》を前提に、その[着点]を[起点]として逆方向に汎用したもの」

であるとしている。

　まず、「起点」の与格が「着点」の与格を前提としているという指摘は、支持できる。つまり、「太郎が次郎に本をあげた」という関係を前提として、「次郎が太郎に本をもらった」という関係が成り立つ。ここから、次例で「太郎が図書館に本を借りた」がなぜ成り立たないか説明できるだろう。

(46) 太郎は<u>図書館　から／*に</u>　本を借りた。
　　（*図書館が太郎に本を貸した。）
(47) 彼は<u>警察　から／?に</u>　感謝状をもらった。
　　（?警察が彼に感謝状をあげた）

すなわち、(46)では、前提となる「図書館が太郎に本を貸した。」が成り立たないからということになろう。(47)でニ格の容認性が若干上がるのは、「警察が彼に感謝状をあげた」の「警察」が擬人的に動作主として解釈される余地があるからであろう。

　菅井(2007)の問題性は、起点NPが「ニ格」で標示されるときは、起点NPに対する順方向的な働きかけが含まれているとしている点である。例えば、「花子が先輩に携帯電話を借りた」では、主格NP「花子」が「先輩」に「借りる」ことを求めたことが前提となっているとしている。そして、(46)のニ格が不自然となるのは、「図書館」が図書の閲覧・保管・貸し出しを役割とする公共機関であって、あえて「図書館」に「働きかけ」をする必要がないためとしている。しかし、これはアドホックな説明であろう。「図書館」で本を借りる際にも、貸し出し受付で本を出すとか、機械で貸し出し手続きをするという働きかけはあり得るであろう。一方、「私は花子に思いがけずプレゼントをもらった」では、「私」が「花子」にプレゼントを求めるという働きかけが前提になっているわけではない。問題は、「働きかけ」の有無ではないと思われる。

　竹林(2007:104–105)は、菅井に対する批判を共有しつつ、

(48) 太郎は（さんざん頼んで）<u>友達に</u>ゲームを貸してもらった。
(49) 太郎は、<u>隣の家のおじさんに</u>、思わぬ褒め言葉をかけてもらった。

(48)の場合は、「依頼」が一方から他方へとなされている、すな

わち「依頼内容の移動」を表す「依頼使役文」だが、(49)の場合は、「依頼使役文」ではなく、視線が一方（主部項目［受益者］）から他方（「に」格項目「与益者」）へと移動する、すなわち、言表者（話し手／書き手）が受益者の側に立って、与益者を対者として設定するということである、としている。

　この指摘は基本的に支持できるものである。ただし、「視線の移動」という規定については、一定の留保をしておきたい*8。受益表現の、「次郎が太郎に本をもらった」では、認知主体の視点が「次郎」に置かれ、そこから「太郎」に向かっての視線が移動していると解釈することは可能であろう。しかし、2.1で述べたように、そこから「に」のスキーマ的意味を、〈移動主体が、一方から他方へ移動し、対象に密着する〉と規定するのは問題がある。これは「図書館に着く」のような移動の着点用法にはそのまま当てはまるが、「次郎が太郎に本をもらった」では、移動しているのは「本」であって、視線ではない。また、視線そのものが主体として動くわけではないだろう。視線が移動主体なのではなく、移動させているのは認知主体である。そういう意味で、本書では、これを視線の移動というより、認知主体の指向性として規定する。認知主体は、受益者に視点を置いて、その立場から与益者を指示する。このとき、受益者は与益者から恩恵を受けているわけなので与益者に対する感謝などの気持ちが向けられるわけである。それゆえ、与益者が有情者（典型的には人間）であることが普通である。

　結論として、授受表現において、モノの移動としては起点から着点への方向性があるのであるが、ニ格があらわしているのは、次郎から太郎に向かう心的走査の方向性（指向性）なのである。起点用法では、移動の方向性（ニ→ガ）と指向性（ガ→ニ）が逆になっている点に注意しなければならない（図7）。

　結局、授受の出所用法のニ格は、モノの移動の方向性というより、認知主体がまず視点を置くガ格からニ格への指向性というニ格のスキーマが顕在化したものと解釈できるだろう。

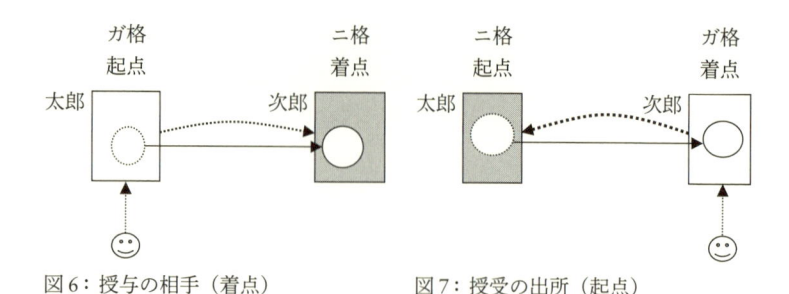

図6：授与の相手（着点） 　　図7：授受の出所（起点）

7. 受身におけるニ格

7.1 受身のニ格の認知過程

　先に言及したように、受身の「動作主」を表すとされるニ格は、堀川（1988）や菅井（2001）のように、ガ格名詞からニ格名詞への働きかけがあるとは考えにくい。次郎が太郎に頼んでたたかれる、というような事態は普通考えにくいだろう。(51)の受身文では、むしろニ格名詞（太郎）からガ格名詞（次郎）への働きかけがあると見るのが自然である。

　(50) 太郎が次郎をたたいた。（働きかけ　ガ→ヲ）
　(51) 次郎が太郎にたたかれた。（働きかけ　ニ→ガ）

　動作主とは、エネルギー伝達の起点であり、被動作主は、エネルギー伝達の着点とするならば、まず、前項の授受の出所の説明のように、被影響者から動作主への指向性があるという説明が出来るだろう。直接受身では能動文の被影響者に視点が置かれて、ガ格として表され、動作主はニ格となる。このとき、被影響者から動作主に向けての指向性があると考えられる（図8）。

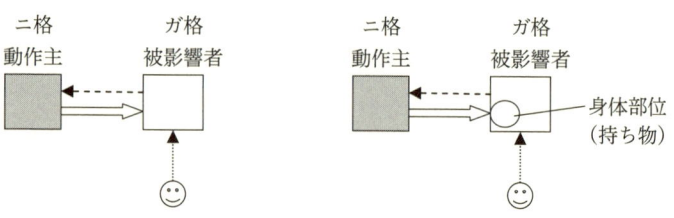

図8：直接受身の動作主のニ格　　図9：持ち主の受身の動作主のニ格

II　事例研究

「私はこの店の味に魅了された」のようなニ格が非情物になる受身は、原因的な意味を持つ非情物によって、心理的・生理的な影響を受けるものとされている。これは、「私は花子に惹かれている」の「ニ格」と共通性を持つもので、「私」から「この店の味」への感情の指向性が文字通り認められる。
　また、いわゆる持ち主の受身は図9のような図式になる。
(52) a.（私は）隣の人に足を踏まれた。
　　　b. *（私の）足が隣の人に踏まれた。
(53) a.（私は）母に日記を読まれた。
　　　b. *（私の）日記が母に読まれた。
この場合、身体部位や持ち物がガ格に立ち得ないのは、ガ格名詞がモノ（非情物）の場合、認知主体がその立場に立って動作主への指向性を送るということが困難だと説明できるだろう*9。
　次に、間接受身の場合はどうだろうか。
(54) 太郎は雨に降られて、ずぶぬれになった。
(55) 花子は両親に死なれて、苦難の人生を歩んだ。
(56) 花子は赤ちゃんに泣かれて、困った。
間接受身では、ある事態があり（「赤ちゃんが泣く」）、それ自体が直接的に被影響者に働きかけるものではないが、間接的に何か影響を与えていることが二重矢印が点線になっていることで表されており、非影響者は、何らかの変化を被っている。ニ格は、被影響者からニ格参与者に対する指向性を表している。この場合、ニ格有情者に対して、迷惑であるという感情の指向性が向けられるわけである（図10）。
　もう1つ、受身に現れるニ格には、場所的に解釈されるものがある。これは受身文のニ格を、「動作主」マーカーとしてのみ規定してきた従来の見解（細川1986など）への見直しを図るものでもある。つまり、日本語の受動文のニ格名詞は「動作主」に限られない場合がある。次の例文のように、ガ格名詞がニ格名詞に包含される関係が見られる。つまり、ここではニ格名詞が「場所」として解釈されるわけである。このような受身を「場所受身」*10と呼びたい（図11）。

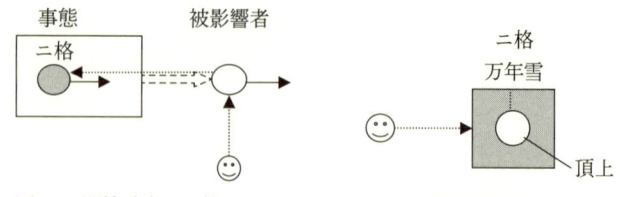

図10：間接受身のニ格　　　図11：「場所受身」のニ格

(57) 富士山の頂上は万年雪におおわれている。(富士山の頂上⊂万年雪)

(58) その家は高い塀に囲まれている。(家⊂塀)

(59) レモンにはビタミンCがたくさん含まれている。(ビタミンC⊂レモン)

(57) においては、「万年雪が富士山の頂上を覆っている」という能動文が受身化されたものとして、万年雪が比ゆ的に（動作主的に）富士山の頂上に働きかけているという解釈がされるかもしれないが、非情物の万年雪はやはり働きかける動作主とは解釈しがたい。このような受身文において、万年雪は動作主より場所として解釈したほうが自然である。((57)(58)の場合、場所のデにも置き換えられるだろう)。このような場所の受身は、「窓際に花が飾られている」のように、「場所に対象物が何らかの状態で存在している」ことを描写する存在文と連続するものである。

(60) 窓際に花が飾られている。

(61) 旗が風に吹かれている。

(62) 新宿は多くの乗客に利用されている。

また、「旗が風に吹かれている。」のような受身は、「風が旗に吹いている」という能動文（やや不自然であるが）が考えられ、風が旗に影響を与えているようであるが、風は動作主とは考えにくい。これも広義には、「風の中に旗がある」という関係でニ格が場所的に解釈され、ガ格が位置づけられる場所受身の変種であると考えられる。このニは、「旗が風になびいている」のような原因と解釈されるニ格と共通性を持つものである（本章8節参照）。「祖父は不治の病に冒されている」は有情物主体であるが、同質のものである。

「新宿駅は多くの乗客に利用されている」では、ニ格が有情者で

あるが、「新宿駅は、太郎に利用されている」というような文は不自然である。これは、複数主体や多回的な動作を表すことによって、ニ格名詞が場所的な解釈を持ちやすくなるからだろうか。「地震の影響で、新宿駅は、多数の乗客に埋め尽くされた」の場合、多数の乗客が場所的に解釈されている。これは、「頂上は雪に覆われている」のような受身の認知過程を継承しているものであると考えられる。また、「この本は、多くの人に読まれている」のような例は、複数主体が同じものに働きかける（「読む、利用する」）ことによって、多くの人に囲まれているようなイメージを作っている。「城は多数の軍勢に囲まれた」のような受身と同様の認知過程を継承していると解釈したい*11。

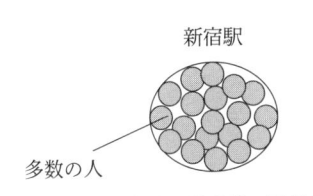

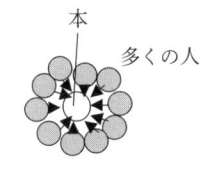

図12：複数主体が場所的に解釈される場合

以上、直接受身、間接受身、持ち主の受身のような有情者が何らかの影響を受け、動作主体に指向性を送るというような受身と、ニ格が場所的に解釈され、ガ格に位置づけられるという場所受身という類型を提案した。

7.2 受身のニとカラ、ニヨッテの違い

それでは、受身の「動作主」を表すマーカーとしてニの他にカラ、ニヨッテがあげられるが、これらとの違いを説明することによって、受身のニ格の意味的特性を考えてみたい。

まず、カラ格の受身について述べる。日本語記述文法研究会編（2009: 224）では、「直接受け身文によって表される動きや状態に、具体的あるいは抽象的な移動や方向性が含意されているとき、能動主体はその起点として解釈され、「から」によって表される。」としている。

(63)優勝者には主催者　から／*に　メダルが贈られた。
(64)妹が駅で見知らぬ人　から／に　声をかけられた。
(65)高校時代の友人　から／に　結婚式に招待された。
(66)佐藤さんは両親　から／に　深く愛されている。

　(63)は、具体的なもののやりとりを伴う移動で、この場合受益者のニ格（「優勝者に」）とが重複するため、ニ格は使えない。(64)(65)は言語活動を表す動詞で、メッセージが移動するといった動きが想定される。また、(66)は、感情など心的活動・態度を表す動詞で、人から人への心の働きといった抽象的な移動が想定できるので、カラ格が使えるとしている（図13）。カラ格が使える場合は、ほぼニ格が使える。
　森(1997)では、そのような何らかの移動が感じられず、ニ格とガ格の隣接性、一体化が強まるにつれ、カラ格が使えなくなる、としている。

(67)電車で隣の人　?から／に　よりかかられた。
(68)犯人は警察官　?から／に　縛られた。
(69)留守番の主婦が強盗　*から／に　殺された。
(70)富士山の頂上は万年雪　に／*から　おおわれている。

　(67)～(69)のように移動のニュアンスがなくなり、ニ格名詞とガ格名詞の隣接性（密着性）が高くなってくるとカラ格は使いにくくなり（図14）、(70)のようにガ格がニ格に一体化するあるいは包含されるという場所の受身はニ格しか使えなくなる（図15）。

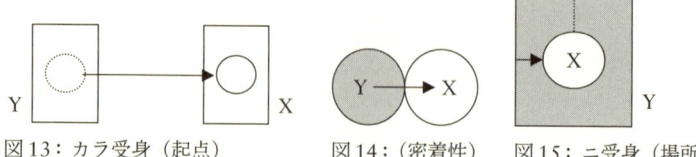

図13：カラ受身（起点）　　図14：（密着性）　　図15：ニ受身（場所）

　次に、ニヨッテとの意味的違いについて述べる。
　日本語記述文法研究会編（2009：223）では、「「によって」は、動作の主体や原因的な意味を持つ能動主体を表す、ややかたい文体で用いられる形式である。」としている。

(71) 議長　によって／*に　国際会議の開会が宣言された。
(72) 整備不良　によって／*に／で　引き起こされる事故が年々増加している。

　(71)の例では、「議長が国際会議の開会を宣言した。」という能動文の対象はそもそも動作主が働きかける対象というものではない。その受身文である「国際会議の開会が宣言された」のガ格（国際会議の開会）は、被影響者ではないという意味で直接受身ではないのである。そもそも影響を受けるのは有情者（典型的には人）であって「国際会議の開会」は、有情者ではなく、出来事である。このような出来事の視点に立って、動作主に指向性を発すると言うことが不自然であることがニ格が使われない理由と説明される。また、「議長に国際会議の開会が宣言される」とすると、ニ格が「議長に対して」の意味に解釈されてしまうからニ格が避けられるという理由もある。(72)の例で、ニ格が使えないのは、「事故が引き起こされる」という受身文のガ格は、出来事であって、出来事からその動作主に指向性が発せられるという説明が出来ないという同様の理由による。

　それでは、なぜ「によって」が使われるのか。もともと「よる」が「因る」と表記され、「病気による欠席」、「濃霧による欠航」「成功は市民の協力による。」などと言われるように、本来的に出来事を引き起こすもととなる起因を表す動詞であり、「によって」は、出来事の起因を表すもっとも適当な複合辞になるからである*12。

　また、「動作や行為の結果、何かが生まれてくるといった意味を表す産出動詞では、能動主体を明示する場合に、「に」を用いることが出来ず、「によって」で表す」（同223）とされるが、なぜ、産出動詞においては、ニが使われえないのかの説明が必要だろう。

(73) 本棚が田中　によって／*に　作られた。
(74) デザートには、有名なパティシエ　によって／*に　焼かれたケーキをご用意しております。
(75) 源氏物語は紫式部　によって／*に　書かれた。

産出動詞の場合であるが、ニ格にすると「本棚がYに作られた」では、Y項は本棚が据え付けられる場所に解釈されてしまい、「源

第8章　ニ格のスキーマとネットワーク　　153

氏物語はYに書かれた」では、Y項が書かれた場所あるいは「Yのために」というような意味に解釈されてしまうので、ニ格が避けられ、結果的に、動作主の意味ではニヨッテしか使われえないという説明がひとまずできる。そもそも「田中が棚を作った」のような制作動詞の対象は、制作者によって働きかけられ変化するものという対象ではなく、制作行為によって生じるモノであり、普通の対象とは異質である。このような対象が受動化されたものは、被影響者を主体とする通常の直接受身文ではないのである。「棚が作られた」というような受身文では、モノの発生が語られているのである。ここでニ格が使えないのは、被影響者（有情物）に視点を置いて、動作主に指向性を送るニ格の規定に合致しないからである。また、「によって」が使われるのは、出来事の生起のもととなる起因としての「によって」の規定に合致するからである。厳密に言えば棚は出来事ではなく生じるモノであるので、「によって」は、「事物の発生のもととなるもの」をマークする複合辞と一般化できるであろう。

　一方、感情などの能動主体の心的活動・態度を表す動詞の場合、能動主体を「によって」では表しにくい、としている（同223）この場合、なぜニヨッテが使えないのか、説明が必要である。

(76) 佐藤さんはご両親 ?によって／に／から 深く愛されている。

(77) 鈴木君は仲間 *によって／に／から 頼られている。

(78) 子ども *によって／に／から 甘えられるのはうれしいものだ。

これらは通常の直接受身と解釈されるので、ニ格が使えるが、「佐藤さんが深く愛されている」というのは、出来事の生起ともモノの発生とも解釈しがたいことが、「によって」が使われない理由であろう。

　問題となるのは、下のように「に」も「によって」も使われる場合である。

(79) 留守番の主婦は 強盗 によって／に 殺された。

(80) その機器は出張の多いビジネスマン によって／に 利用されている。

竹林（2007: 108）は、「によって」は、或る事態の成立が当該動作主に負うものであることを表すとし、非一般的な事柄（即ち、ありふれた出来事ではない事柄）の動作主として重要性を付与されている項目であるとしている。故に、「??太郎は先生によって褒められた」のように非一般的ではなくありふれた出来事には使えないとしている。これに関する反例として、「問題用紙が試験官によって配られた」のような例の場合、試験で「問題用紙が配られる」のは、学校ではありふれた出来事ではないだろうか。また、(80) の例は、一般的な出来事であろう。故に、単に、非一般的な出来事という規定ではこれは説明できないだろう。
　ここでは、降格受動文の動作主がニヨッテ受身で表されるという益岡（1987）の規定が有効になるだろう。益岡は、受動文を、昇格受動文（ニ格受動文）と降格受動文（非ニ格受動文）に分け、降格受動文は、能動文の動作主を背景化することを動機とする受動文で、典型的には動作主はその存在が含意されるだけで表面には表われず、動作主を標示するためにはニではなく、ニヨッテが使われるとしている。降格受動文になれば、ニ受身ではなく、ニヨッテ受身になるわけだが、益岡は「に」も「によって」も使える場合の説明はしていない。
　(79) でニ格が使えるのは通常の直接受身文であるからであるが、同時にニヨッテも使えるのはなぜだろうか。「留守番の主婦が殺された」というような殺人事件は、まずは誰が殺したかわからないのが普通であろう。だから、動作主が背景化される降格受動文になる。つまり、「留守番の主婦が殺された」と動作主がなくても、ある出来事が起こったという受動文が成り立つのである。しかし、「太郎が褒められた」と言われても、普通誰がほめたか動作主が明らかにされないとひとつの出来事とは解釈しにくいであろう。つまり、降格受動文が形成されないので「太郎が先生によって褒められた」というニヨッテ受身にはならない。
　一方、「その機器は出張の多いビジネスマンに利用されている。」は益岡では、属性叙述受動文として、降格受動文とはしていない。しかし、動作主を背景化した「その機器は関西地方ではよく利用さ

れている。」というような降格受動文も可能である。ゆえに、ニヨッテが使えるのである。
　この動作主を背景化するという点から、ニヨッテ受身は次のような認知過程が考えられる。

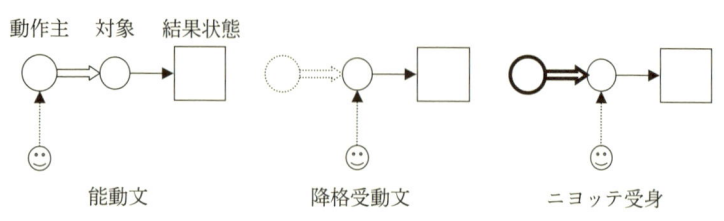

動作主　対象　結果状態

図16：降格受動文（ニヨッテ受身）の認知過程

　つまり、「能動文」の動作主を背景化することによって、「降格受動文」を形成し、そこから、再び背景化された動作主をプロファイルすると、ニヨッテで表されるということである。
　以上、まとめると、ニ受身は、被影響者に視点を置いて、動作主に指向性を送るというスキーマを持つものであり、有情者が主体となる。また、非情物が主体になるニ受身は、ニが場所の解釈を受け、場所に指向性が送られるものである。ニヨッテ受身は、事物の発生を表す非情物主体の受身であり、動作主が背景化される降格受動文である。このような規定からニとニヨッテの違いを説明した。

8. 原因のニ格

　最後に「原因」をあらわすとされるニ格について考えてみたい。
　日本語記述文法研究会編（2009: 81）では、「「に」は、述語が感情・感覚を表す場合、その感情・感覚の生じる起因を表すほか、述語が継続する状態を表す場合、その原因となる自然現象を表す」としている。

(81) 職員の横柄な態度に腹を立てる。
(82) 昔、我が家には暖房設備がなく、冬は寒さに震える毎日だった。

（83）潮風に帆が揺れていた。

本書の解釈では、（81）のような感情・感覚の起因は、起因としても解釈されるが、対象に何らかの気持ちを向ける指向先とも解釈される。「私はこの店の味に魅了された」や、「花子にあこがれる」というニ格と共通するものである。一方、（82）のような例は、「寒さに」が場所的に解釈されている。私が「寒さ」の中にあって、影響を受けているというような解釈である。（83）も、「旗が風に吹かれている」のような受身のニ格と同様、「潮風」という自然現象の中に「帆」があって、影響を受けているという解釈である。

山梨（1993:45）も、次のようなニ格が〈原因―場所格的〉として、原因格と場所格の間で揺れると指摘している。

（84）雨に濡れる木々の緑。
（85）テントの幕が風にはためく。
（86）海浜の松が木枯らしに鳴り始めた。

（84）では、「雨」のために木々が濡れていると「原因格」に解釈できるが、一方で、木々が雨の中で濡れているという点で「場所格」にも解釈されるということである。このような例は、自然現象を表す文によくみられるが、ガ格名詞句が自然現象の中にあってそれに影響を受けているという「場所」的解釈が可能である。ここで、上記の例文は同じ場所格のデ格にも置き換えられるが、その違いについても一言触れておきたい。

（87）昨夜の大雨　で／?に　まだ地面が濡れている

山田（2003:2）は、「雨」が「地面が濡れている」という状態に併存する状況的物質であるときにはニ格の方がより自然に感じられるが、時間的に先行する原因であることが明白な場合は、同じ「雨」であってもニ格はいいにくく感じられると言う。これも現在の状況には現在の地面が包含されるというイメージが作られやすいが、昨夜の状況には直接現在の地面が包含されるというイメージが作られにくいということによるものであろう。ここにも同じ場所格でも、デは出来事全体を包含し、ニはガ格（モノ）のみを包含するという違いが反映していると思われる。

一般的な原因のニ格の規定としては菅井（2001:15-16）が参考

になる。

　　(88) 次郎が弾丸　に／?で／??から　倒れる。

　菅井は「「ニ格」は主格 NP が一体化していく終点であることを示す」ので、「原因が主体と一体化するとの解釈が求められるときには「ニ格」で標示しなければならない」としている。(88)においては、「「弾」によって「人」が「倒れた」という事象を描写するとき、原因の「弾」は、人体への「到着」ないし「密着」が想定されるので「ニ格」で標示されなければならない」と説明している。物理的には「人の中に弾があるのである」が、場所的解釈からいうと、「弾丸」が「人」に決定的な打撃を与える（「倒れる」「死ぬ」）ような影響力がある場合にのみニ格が使われるのであるから、力関係としては「弾丸」が「次郎」を包含する図式（「弾丸」⊃「次郎」）に解釈できると考えられる。

9. ニ格のスキーマとネットワーク

　まず、ニ格の用法として、中心的な用法を、「存在の場所」、「移動の着点」、「授与の相手」「時間点」の用法と設定する。それらに共通するスキーマは、「概念化者の指向性が Y に向けられている」という点である。（指向性が向けられる Y は典型的には場所である。）「事物が Y に位置づけられる」という関係も重要な点としてあげておきたい。

　「存在の場所」からの直接的な拡張としては、「所有・能力・知覚・感情の主体」としての経験者が位置づけられる。「移動の着点」用法からは「変化の結果」「働きかけの対象」「被使役者」などが拡張される。「授与の相手」用法を前提とした「授受の出所」では、ニ格自体は移動の方向性とはかかわりなく、指向性のみが「起点」に向けられる。受身のニ格も、この授受出所用法と同じく被影響者から「動作主」（相当句）への指向性として解釈できるが、このニ格を「場所的」に解釈する場所の受身という類型があることを提案した。また、「原因」用法もガ格名詞がニ格名詞と一体化するという「場所的」観点からの解釈ができる。基本的に上のようなスキー

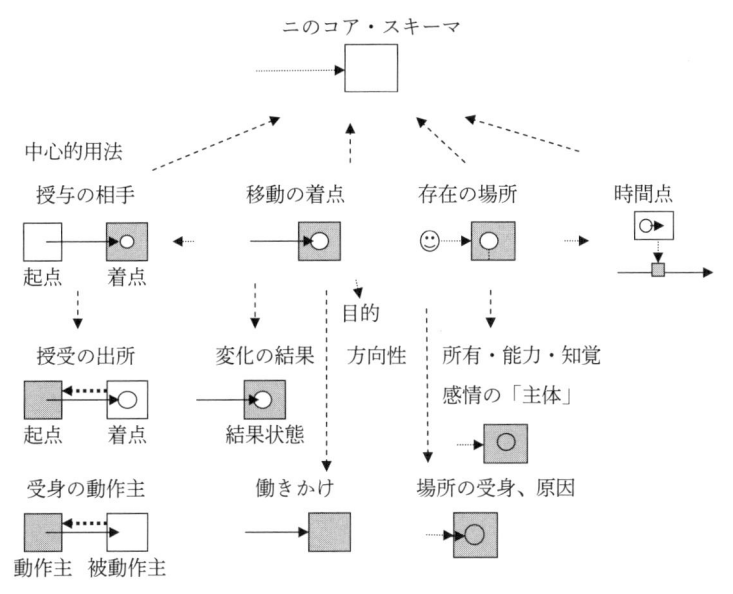

図17：ニ格のスキーマとネットワーク

マとネットワークでニ格の全体像を示すことができると思う。

---

*1　その他、複合助詞としての「に対して」「について」（対象、割合）、「において」（動きの場所）、「によって」（手段、変化の原因、対応）、「につき」（手段、割合）、「にかけて」（限界）、「のために」（起因、目的）、「によらず」「にかかわらず」（不対応）があるが、本章では複合助詞はとりあげず今後の課題としておく。
*2　2010年度東京学芸大学教育学部の授業で、アンケート調査を行った。
*3　堀川（1988:330）は「ここでいう働きかけとは、相手の好意を求める気持ち、相手の意志を動かそうとする気持ちが相手に向かって働くことである。つまり、ニの「方向性」が卓越する場合である。」としている。受益表現のニ格にそれが適用される場合はそれとして理解できなくもないが、そういう意味で言うなら、「働きかけ」という用語は混乱を生むものである。また、受身の動作主では、そのような定義でも理解できないのである。（「太郎は花子に殺された」で、殺される側の太郎が、花子に好意を求める気持ちが働いているとか到底解釈できないだろう。）
*4　認知主体の心的走査といえば、「鳥が飛んでいる」のような文ではガ格にも向かうであろうが、ここでいう指向性は基本的に場所に向けた指向性である。

*5 「花子と会う」のように「と」と共起すれば、相互行為として、「花子」に能動性が出てくるかもしれないが、「花子に会う」では、「花子」は静止した位置にいて、そこに「太郎が行く」というニュアンスなので、「花子」に能動性があるとは考えにくいのである。

*6 早津（2004: 142）では、実例では、ヲ格の方が強制的使役であるという意味的特徴はあまり見られないとしている。ただし、「病気の間、妻に働かせる」のように、使役対象による代行性が伺える場合の例文はあげていて今後の研究に待たれるとしている。

*7 菅井（2000: 15）では、近接性、到着性、密着性、収斂性というニ格の認知的制約を「動詞の意味内容の範囲で、デフォルト的には可能な限り「一体化」する」と説明している。この「一体化」という規定も結局は「存在物Xが場所Yに包含される」という関係に可能な限り近づいていくものとして再解釈できるのである。

　　針金を内側に曲げる（方向―近接性）→壁にボールを投げる（到着点―到着性）→壁にペンキを塗る（密着点―密着性）→調味料をスープに入れる（収斂先―収斂性）

*8 認知言語学で「視線の移動」と言うとき、たとえば「ハイウェイが国境を越えて南に走っている」という場合、実際に「ハイウェイ」が移動している（「走っている」）のではなく、その情景を知覚している主体の視線が移動しているという意味で使われている。「外部世界の存在の物理的移動に関わる叙述が、外部世界の存在（ないしは情景）を知覚していく主体の視線の移動の世界に投影された表現とみなすことができる。」（山梨 1995: 208）。すなわち、本来、移動の表現が、視線の移動と見なされ、情景の静的な描写に対して使われるのである。

*9 ニ格をとる受動文には非情物が主体となる非情物の受身がある。

　　あの絵が子供に引き裂かれた。
　　大切なお金が泥棒に盗まれた。

　　益岡（1991: 111）は、このような非情の受身は、「潜在的受影者」が関与するとした。すなわち、受動文の表面に表われることはないものの当該の事象からなんらかの影響を受ける有情者である。たとえば「鈴木さん」が潜在的受影者であるとすると、それを顕在化させると有情の受身になるわけである。上記のような受身は、一種の持ち主の受身である。

　　鈴木さんは子供に絵を引き裂かれた。
　　鈴木さんは泥棒に大切な絵を引き裂かれた。

*10 栗原（2005）では、受け身文のニ格項が「場」として表現されているこのような受け身を、ガ格項の位置をニ格項の「場」に定めるという意味で、「定位」のための受身表現としている。その類型として、表れる類：「オーストラリアで見られるすべての景色が、この島に凝縮されています」、受ける類：「昔ながらの飛騨の風景が、白川郷に受け継がれています」、用いる類：「遺伝子組み換え大豆が、この豆腐に使用されています」をあげている。また、益岡（2000）は、このような受身を属性叙述受動文の中に分類しているが、ガ格項が主題化される場合は、属性を表していると解釈されるが、主題化されていないものは、属性叙述ではないだろう。

*11 『華麗なる一族』は多くの中国人民に読まれています。

　益岡（2000: 56-58）は、このような受動文を属性叙述受動文と称し、「多くの中国の人民に読まれています」という叙述から「中国人民に人気がある」といった属性が含意されるとしている。また、複数主体でなくても、「この部屋は当時の皇帝に愛用されていた」「その小説は漱石に激賞された」のように、有意義な属性が含意されれば受動文が成立する、としている。このような属性叙述文の場合、無情物主体の受身が成立するという説明は一貫していると思われるが、益岡はこのときのニ格の意味については、述べていない。本書では、複数主体、多回的動作のものは、ニ格が場所的に解釈されていると説明する。一方、複数主体でない場合は、益岡の言う「潜在的受影者」が関与していると考える。「（私の祖父が書いた）この小説は、漱石に激賞された」「（私が今案内している）この部屋は当時の皇帝に愛用されたものです」「（私の）この論文はチョムスキーに数回引用された」など私か私に近い（共感を寄せる）人物が何らかの形で関与しているものが、主体として選ばれているのである。それゆえ、そのものに視点を置くことが出来るわけである。

*12　菅井（2007: 127-130）では、「ニヨッテ」は、〈引き起こすもの〉をコード化し、受動文全体が出来事の生起として把握されなければならないとしている。

第9章
ヲ格のスキーマとネットワーク

1. ヲ格の用法

ヲ格には次のような用法があるとされている。
(1) 赤ん坊が花瓶を壊した。(対象)
(2) 道を歩く。(経路)
(3) 駅を過ぎる。(通過点)
(4) うちを出る。(起点)
(5) 冬休みを楽しく過ごす。(時間)
(6) 雨の中を進軍する。(状況)

一般に、ヲ格の中心的用法は「対象」とされている。一方で、「経路」「通過点」「起点」のような「場所的用法」や「時間、状況的用法」が存在する。これら用法のうち、どの用法がプロトタイプかを認定するために、日本人学生33人に格助詞「を」を使って、5つの例文を思いつく順番で書いてもらう、という想起テストをおこなったところ、次のような結果が出た。

表1:「を」の想起テストの結果

	1	2	3	4	5	計
対象（ご飯を食べる、テレビを見る）	33	11	6	0	1	51
場所（家を出る、公園を散歩する）	0	5	1	1	0	7
方向（前を行く、前を見るなど）	0	1	0	1	0	2
（話、勉強）をする	0	1	0	0	1	2
状況（危ういところを助けられた）	0	1	0	0	0	1
時間（20歳を迎える）	0	0	1	0	0	1
その他（砂糖をおいしいと思う）	0	0	1	0	0	1
合計	33	19	9	2	2	65

回答数自体が「に」と比べても少ないが、これは、「を」自体が用法が少なく、5つ書くことが難しかったという理由であろう。結果は、対象が78%と圧倒的に多く、場所は方向を含めても14%であった。このことから、対象が「を」の中心的用法であると考えられる。対象の内訳は、変化の対象23（形状変化の対象13（「リンゴを食べる」）、位置変化の対象8（「紹介する、投げる、貸すなど」）、産出の対象2（「手紙を書く、写真をとる」））、動作の対象25（働きかけの対象7（「猫を飼う、鉛筆を使う」など）、言語活動の対象3（「あの人を説得する」など）、心的活動の対象14（「テレビを見る、対策を考える、チョコレートを嫌う」など）、使役の対象1（「彼を泣かせる」）、その他3（「骨を折る、手を挙げる」など）であった。対象といっても様々である。場所の内訳は、経路3（「公園を散歩する」など）、起点3（「家を出る、車を降りる」）、あと「大学院を修了する」は起点というより過程と解釈してもいいかもしれない。

2. 先行研究の検討

　上記の結果から、筆者も、ヲ格の中心的用法を「対象」とすることに異論はないが、ヲ格の意味を考えるとき、「対象」と「場所」の用法をどう統一的に説明するかということが問題になる。一般には、対象用法を中心的意味として、場所的用法や時間、状況用法をその派生と見る見方がある。すなわち、ヲ格をとる動詞は「空を飛ぶ」や「山を登る」のような経路用法においても、その対象になんらかの働きかけを成す他動詞として見る見解である。ヲ格をとる動詞をすべて他動詞と見る見解は極論としても、場所のヲ格を対象からの拡張と見る見解は多い。最近の研究として、森山（2008）の見解をまず批判的に検討する。
　森山（2008）は、ヲ格のプロトタイプを、ガ格参与者（動作主）から他動的な動力連鎖を受ける受動的参与者（被動作主）、すなわち対格（第二の際立ちが与えられた視点領域の参与者（lm））の用法であり、動力連鎖の結果、何らかの変化を引き起こすとしている。

一方、ニ格はガ格と対峙する「対峙領域」の能動的参与者としている。ニ格とヲ格の違いは、ヲ格は、ガ格の動力連鎖の及ぶ範囲にあり受動的な対象であるのに対し、ニ格は、動力連鎖の及ぶ範囲の外にあり、ガ格と対峙する「対峙領域」にある能動的参与者としている。その例として、「学生に英語を教える」では、「「英語」は「教える」という動力連鎖の直接的な支配を受け、受動的であるためヲ格をとるのに対し、「学生」は「英語」に比べ、主体性、能動性を持ち、動力連鎖の支配を受けていないためにニ格をとると説明できる。」（同82）としている。しかし、次のような例文はどうであろうか。

(7) 犬が人にかみついた。
(8) 子どもが塾に行きたいと言ったので、子どもを学校に行かせている。

(7) のように「かみつかれる人」は明らかに受動者だ。ニ格が人であるからといって、能動性があるとは限らないのである。また、(8) のように「子ども」が積極的に行きたいと言っているのだから、子どもは能動性があるはずだ。ヲ格だからといって、受動的だとは限らないのである。ヲ格、ニ格の区別に、受動性、能動性という規定を使うのは、用語として誤解を生むと考えられる。

一番の問題は、対格から「場所」用法が拡張されるというものである。森山は、ヲ格の場所用法も、「ガ格参与者を起点とする動力連鎖の終点に置かれ、その支配を受けている」という共通のスキーマを持つと言う。ここでは、「場所」がメタファーにより参与者的にとらえられている、と言うのである。森山の説明では、「家を出る」や「橋を渡る」においても、「家」や「橋」に動作主の力が加えられており、その反動で移動が成立すると言っている。

では、次のような例はどうであろうか。

(9) おにぎりが坂を転がり落ちていった。
(10) 船が川を流れていく。

このような場合、「おにぎり」や「船」が「坂」や「川」に力を行使して、その支配を受けているとは考えがたい。逆に、「おにぎり」や「船」は受動者であって、重力や川の流れに動かされる対象

第9章 ヲ格のスキーマとネットワーク　　165

なのであり、「坂」や「川」は、対象が移動する経路にすぎないのである。「起点」の解釈は、次節以降で述べるが、「経路」を移動する主体は、人に限らないのであるから、動力連鎖があるとは限らないのである*1。ましてや、「太郎が雨の中を行く」などの状況用法にも、動作主と場所との動力連鎖があるとか、「娘が思春期を経て大人になった」などの時のヲ格も、「ガ格参与者の動力連鎖を直接受け、生の営みが進行している」(同90)というような説明は非常に苦しい説明であると思われる。「状況」や「時」の用法が「経路」の拡張であるというのは正しいが、それらがすべて動力連鎖で考えられるのかは疑問である。

　森山(2008)は、想起実験、使用頻度、母語習得過程から、対格の用法が圧倒的であり、場所用法は少数であることから、ヲ格のプロトタイプ的用法は、対格であると断じている。確かに、対象のヲ格を中心的用法であると筆者も否定するものではないが、だからといって、対格から場所などの用法が拡張されると断定することはできないと考える。

　一方、菅井(2005)は、認知言語学で提唱する「起点・経路・着点」のイメージ・スキーマを援用しながら、「経路」を「過程」に変更し、ヲ格は「過程」が具現化したものであるとしている。この問題性は、7章でも述べたが、「過程」から「対象」を拡張するという説明はやはり無理があると考える。たとえば、「太郎がドアを押した」のような例では、「押す」という過程の中に「ドア」という対象が位置づけられるという説明ができるのであろうか。

　竹林(2007: 55–56)は、同じく、「起点・経路・着点」のスキーマを援用してヲ格を次のように説明した。

① 「を」の諸用法は、〈移動主体が、その存在していた場を出て、経路を移動し、別の場に至る〉という構図を(背景[base]として)共有している。

② ①の構図がどの領域が焦点化されるかによって「を」の諸用法が生ずる。「移動の起点」用法は〈移動主体が、その存在していた場を出る〉という部分、「移動の経路」用法は〈移動主体が経路を移動する〉という部分が、それぞれ焦点

化されたものである。これらの2つの用法とは異なり、「動作・行為の対象」用法は、移動主体が〈エネルギー〉であり、それが動作主から発せられ、移動し、対象に至るという構図全体がハイライトされたものである。

としている。これは、「起点・経路・着点」のスキーマをベースにするという点で本書と共通した見解であり、「起点」「経路」用法の図式は本書と一致する。しかし、「対象」用法が、「動作主から発せられたエネルギーが移動し対象に至る」構図全体がハイライトされるというのは果たして正しいだろうか*2。むしろ、ヲ格自体の特徴づけとしては、エネルギーの到達点（着点）が「対象」としてハイライトされるのではないか。また、移動主体がエネルギーであるという説明は「〜をたたく」のような例では言えるだろうが、「プレゼントをあげた」のような場合は、移動主体はモノである。これをどう整合的に説明するかが問題である。また詳細は次節以降で述べる。

　岡（2005a）では、ヲ格のスキーマを「経路」として、全体の用法を統一的に説明しようとした。ただ、この説明では、「経路」から「対象」を拡張させる説明に若干無理があると思われる。岡（2007a）では、「対象」と「経路」をプロトタイプとした2つの中心的用法とし、その共通のスキーマを抽出するというやり方がとられた。そこでは、ヲ格のスキーマは、「通過域」のイメージで示される。このようにすれば、経路と対象のヲ格が同一のイメージとして表示されるという利点がある。すなわち、経路の場合は、動作主（移動者）がヲ格名詞を貫いて移動するのに対し、対象の場合は、動作主がヲ格名詞に働きかけ（そのエネルギーに貫かれることによって）、ヲ格名詞が移動、或いは変化するのである。ただ、そのスキーマの特徴づけとして「点と点の間にある点」では、規定として抽象的すぎるという難点もある。

　加藤（2006）は、「対象格と場所格の連続性」を論じており、「部屋を掃除する」や「第三ゲートを突破する」のような例は、場所性と対象性が共存していると言う。そして、経路の一種である「通過域」が「対象格」と「場所格」をつなぐ接点になっているとしている。ただ、すべての用法で、対象性と場所性が共存している

とは言えないという難点もある。許（2010）は、加藤の見解を受け、「切る」「割る」と共起するヲ格の対象格と場所格のメトニミー関係から対象格と場所格の関連性を動機づけた（「ランナーがテープを切る」「雛が卵を割って出る」）。ただ、「壊す」（「赤ん坊が花瓶を壊した」）のような動詞の場合は、場所性があるとは考えにくい。すなわち、すべての動詞で対象格と場所格のメトニミー性が見られるかは疑問である。

　本章では、基本的に「起点・経路・着点」のイメージ・スキーマをベースにして、「起点」「経路」「着点」をそれぞれプロファイルしたものを起点用法、経路用法、着点用法として位置づけ、その概念化とヴァリエーションを記述していきたい。

3. 経路用法

　〈起点・経路・着点〉のスキーマにおいて、経路を焦点化するのが「経路用法」である。経路とは、起点と着点の間を移動体が移動する場所であると規定できる。

　ここで、経路のヲ格の意味特性を明らかにするために、同じ「動作が行われる場所」を表すとされるデ格との相違について述べておく。久野（1973）では、次のような説明がある。

> 名詞＋ヲは、動詞によって表される運動が、名詞によって表される距離又は空間の全範囲（或いはかなりの部分）にわたって続けて一方向に向かって行われることを示す。名詞＋ニは名詞によって表される場所が、運動の目的地であることを示す。名詞＋デは動詞によって表される運動が、名詞によって表される距離、又は、空間のごく一部で、必ずしも連続的、一方向的でなく行われることを示す。　　　　　　　　　　　　（同58-59）

　久野の規定は、本書の規定とほぼ一致するものである。場所のデ格は「出来事が存在する場所」であると仮定すると、次の例文は下のように説明される。

(11) a.　ドーバー海峡を泳ぐ。
　　 b.　ドーバー海峡で泳ぐ。

(12) a. ヨーロッパを旅行する。
　　 b. ヨーロッパで旅行する。
(13) a. 公園を散歩する。
　　 b. 公園で散歩する。

(11) a は、移動する経路として海峡を泳ぎ渡るというイメージなのに対し、(11) b は、単に動作が行われる場所であり、泳ぎ渡るというイメージはない。(12a,b)、(13a,b) いずれも、ヲ格はその場所の外から来て、その場所を移動し、そして出て行くというイメージがあるが、デ格の場所はその中で動作が行われるだけで、場所に入り、出て行くというイメージはない。

　また、デ格には、通過域の意味はないのであり、このことからも、ヲ格の場所は、ある地点からそこを通過して他の地点へ移動する場所であると規定できる。

(14) 道を渡る。
(15) 駅を過ぎる。

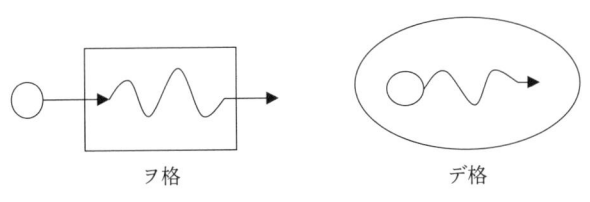

図1：経路のヲ格　　　　図2：場所のデ格

4. 起点用法

4.1 経路の移動の含意

　次に、起点用法とは、「起点・経路・着点」のスキーマのうち、起点を焦点化したものであり、経路での移動が含意されているものと仮定する。

　この見解は、次の竹林（2007: 64）の見解を継承するものである。

　　起点用法の「を」を使用することができるのは、当該表現に
　　移動の経路が含意されている場合に限られる。

という説明である。

第9章　ヲ格のスキーマとネットワーク　　169

(16) 煙が煙突　*を／から　出た。
(17) 煙が煙突を出て、大気中を漂っている。　　　　（竹林2007）

　起点のカラ格とヲ格との使い分けにおいて、(16)のように、煙は人のように意志性をもったものではないので、ヲ格が使えないとされている（三宅1995）が、(17)のように、煙突から出た後、「大気中を漂っている」のように移動の経路を表す表現を付け加えるとヲ格も使えると言う。すなわち、起点のヲ格が使えるのは、意志性を持った有情物に限られるという制約からではなく、起点から離脱後の経路における移動が含意されていることに本質があるとするのである。

　森田（2006:254）でも、次のような例をあげている。
(18) 終点でバスを降り、ケーブルカーに乗り換えて、十分で見晴台に着く。
(19) 八時に家を出れば、お昼前には宿に着く。

　(18)(19)では、ヲ格名詞を「降りて」、「出て」からの移動が含意されていると見られる。あるいは、起点から着点までバスで移動したことが含意されているという解釈も可能である。

　一方、カラ格が適当なものとして下記のような例文をあげている。
(20) この車は行き先が違いますから、バスから降りてください。
(21) まもなく発車しますから、お見送りのお客様は列車から降りてください。
(22) 日曜日は一日中こもりっきりで、家から一歩も出なかった。

　(20)(21)のように、カラ格は乗り物にいったん乗ったが移動しなかった場合に使われている。ここでは、移動の含意はないのである。(22)のように、否定形になり、移動そのものがなかったという場合は、カラ格が適当であり、ヲ格は不自然になる。

　このような解釈のもとで、次のようなカラとヲの区別も説明できるだろう。
(23) a.　今日8時にいつも通り家を出て、大学に行った。
　　　b.　?今日8時にいつも通り家から出て、大学に行った。
(24) a.　?泥棒は、家のものに見つかると、あわてて家を出た。
　　　b.　泥棒は、家のものに見つかると、あわてて家から出た。

(23)のように、日常的に家を出るという行為は、当然、他の場所に移動することが含意されているので、「家から出た」より、「家を出た」の方が自然である。(24)のような場合、泥棒は他の場所に移動すると言うより、家から逃げ出すということに焦点があるので、カラの方が自然であろう。

つまり、「起点」のヲ格は、「起点・経路・着点」のスキーマをベースとして起点をプロファイルしたものであり、そこでは、経路での移動が含意されている（図3）。一方、起点のカラ格は、経路での移動の含意は必要ないのである（図4）。

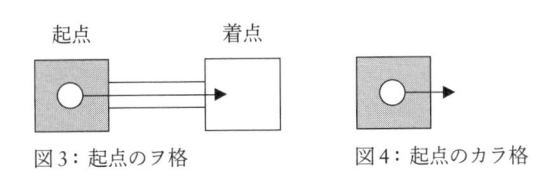

図3：起点のヲ格　　　　図4：起点のカラ格

4.2　起点内の領域での移動の含意

一方で、離脱後の経路を移動するというより、ヲ格名詞内を移動していると解釈される場合もある。

杉本（1986: 314–316）では、「「を」の場合、その名詞句で示される領域内での移動が必要であるが、「から」の場合、その必要がない」として、次のような例文をあげる。

(25) a.　国籍不明機が日本の領空を離れた。
　　 b.　国籍不明機が日本の領空から離れた。

(25) a では、「国籍不明機」は「離れる」前に「日本の領空」の中にいなければならないが、b では、その必要がなく、「日本の領空」の近くにいた「国籍不明機」がそこから離れるのでも構わない、としている。この場合、起点のヲ格は、同時に経路としても解釈され

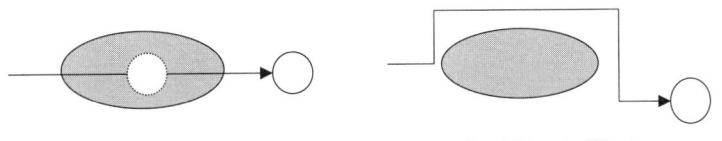

図5：日本の領空を離れる　　図6：日本の領空から離れる

ていると考えられる。

　また、菅井（1999: 11）が言うように、「太郎が花子を離れた」と言えないのも、日本語では人は普通モノ的に捉えられていて、広がりがある領域ではないと考えられるからであろう。それゆえ、「次郎が花子のもとを（そばを）離れた」というように、「のもと」や「のそば」を付加すれば、「起点」の周囲に一定の広がりが保証され、移動が可能であるからと考えられる。

　また、菅井（1999: 86）では、「大学を卒業する」がヲ格しか使えないのは、通常「卒業する」ことを描写するのに学校から離脱する〈過程〉をプロファイルしない形で把握することが不適切だからだとしている。ここでの〈過程〉とは、卒業するまでの在学中の活動である。筆者も、「大学を出る」がこのような意味で使われる場合は、ヲ格が「過程」であるという規定は有効であると思う。「過程」とは、後で説明するように、「経路」からのメタファー的拡張である。

(26) a.　娘は結婚して家を出た。
　　　b.　?娘は結婚して家から出た。
(27) a.　故郷を離れて、都会にやってきた。
　　　b.　?故郷から離れて、都会にやってきた。
(28) a.　大学を出たものの、就職がなかった。
　　　b.　?大学から出たものの、就職がなかった。

　(26)「家を出る」が「家出」や「独立」というニュアンスで解釈されるのも、この「生活拠点」としてそこで何らかの移動が伴っているからであろうし、「家で生活していた」という過程を伴うからであろう（図7）。(27)「故郷を離れる」や(28)「大学を出る」も同様で、「故郷」や「大学」ではある一定期間そこで日常的な営みを行ってきたというイメージがヲ格にあるのであって、その中での移動（あるいは過程）が含意されている（図8）*3。

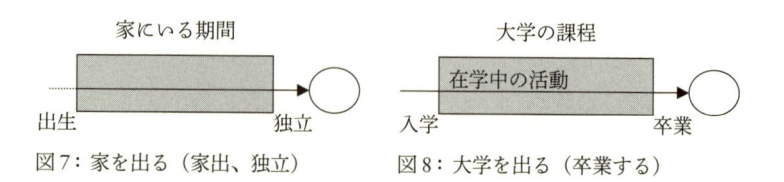

図7：家を出る（家出、独立）　　図8：大学を出る（卒業する）

4.3　移動の経由点

さらに、起点のヲ格が移動の経由点と解釈される場合がある。

(29) a.　玄関／門／勝手口　を／から　出る。
　　 b.　玄関／門／勝手口　を／から　入る。
　　 c.　玄関／門／勝手口　を／*から　通る。

「玄関から出る」の場合、玄関の領域から外の領域への移動のみを表しているが、「玄関を出る」は、家の中から玄関を通って外へ出るという意味で、「玄関」は移動の経由点を表していると考えられる（図9）。単なる起点では、「～を入る」（「*家を入る」）や「～を通る」（「*家を通る」）という言い方は出来ないが、「玄関を入る」「玄関を通る」という言い方ができることからもこのヲは内部領域から外部領域への経由点と考えることができる（図10）。ただ、「家の前を通る」のような通過域ともまた異なる。この場合、「家の前を出る／入る」という言い方は出来ない。「玄関」は、「家の中」という内部領域をもち、その出口としての機能を持っているのである。（森田 2006: 252）

(30) a.　ドア／窓　から出る。
　　 b.　*ドア／*窓　を出る。

ただし、「ドア／窓から出る」は言えるが、「ドア／窓を出る」が言えないのは、ドアや窓は移動主体がそこにとどまるに足る一定の空間がないからであろう。日本語記述文法研究会編（2009: 67）でも、「「を」がつく名詞は、主体がいったんは存在している場所である。したがって、主体がその中に入れないような名詞には「を」はつかない。」という指摘がある。

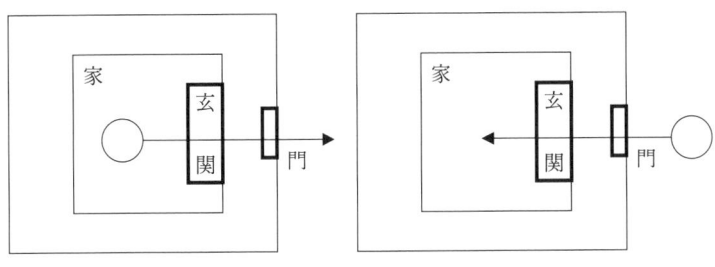

図9: 玄関／門を出る　　　図10: 玄関／門を入る

ここでヲ格の起点用法について結論的には次のように述べることができる。

　ヲ格が起点用法として使えるのは、基本的に、ヲ格名詞を出てからの経路の移動が含意されている場合であるが、ヲ格名詞領域内での移動（あるいは比喩的に過程）が含意されている場合、また内部領域から外部領域への移動の経由点と解釈される場合が含まれ、いずれにしろ、何らかの移動が実現されている場合と考えることができる。

5．対象用法

5.1　さまざまな対象

　「対象」と言っても様々であるが、典型的な対象を、「動作主から何らかの働きかけを受けて状態変化を起こすモノ」とまずは考えよう。

　　(31)赤ん坊がおもちゃを壊した。

これは、動作主（「赤ん坊」）が意図的に対象（「おもちゃ」）に働きかけることによって、状態変化（「壊れた状態」）をもたらすものである。一方で、動作主によって働きかけられるが、対象に変化がもたらされないものもある。

　　(32)次郎が太郎をたたいた。
　　(33)テレビを見る。
　　(34)英雄色を好む。
　　(35)駅前で友達を待つ。
　　(36)図書館で本を探す。
　　(37)ミカンはビタミンCを含んでいる。

「たたく」などの接触・打撃動詞は、物理的には対象に何らかの変化がもたらされたかもしれないが、言語的には表現されない。「見る」などの知覚動詞、「好む」などの感情動詞、「待つ」「探す」などでは、対象に変化がもたらされるとは考えられないが、ヲ格名詞句への何らかの心理的働きかけが感じられる。しかし、「含んでいる」というような状態を表している場合は、「みかん」が「ビタミ

ンC」に何らかの働きかけを行ったとは考えられない。これらさまざまなヲ格にはどのような共通点があるのだろうか。

　ヤコブセン（1989: 217）は、他動詞構文のプロトタイプを「ある対象に知覚可能な変化を起こすべく、ある動作主が意図的かつ直接的にその対象に働きかける、という意味を表すもの」としている。そして、このプロトタイプから拡張した周辺的事例として、上記のような例を位置づけている。またさらにプロトタイプから離れた周辺事例として、移動空間を表すヲ格について触れている。経路のヲ格は、移動空間の全面的、一方向的移動が成り立つことから、こうした移動空間の〈全面的支配〉は、他動詞構文のプロトタイプにおいて動作主が対象物を完全に支配するという〈全面的支配〉の反映であるとしている。これは先に述べた森山（2008）のように、対象から経路を拡張させるやり方である。しかし、「空を飛ぶ」といった「空」に対して動作主が〈全面的支配〉を行っていると言うのは違和感がある。本書では、むしろ、移動のスキーマが基本となって、対象のスキーマも説明されうると考える。次節以降そのことを述べたい。

5.2　対象のヲ格のスキーマ

　池上（1993）は、〈起点−経路−目標〉を〈移動体〉が移動するという移動のスキーマの言語的具体化として、

Ⅰ．移動体−経路（「太郎が道を歩く」）
Ⅱ．移動体−目標（「太郎が学校に行く」）
Ⅲ．起点−移動体−目標（「太郎が家から学校に行く」）
Ⅳ．起点−移動体−経路（「太郎が家を出る」）

の4つのタイプがありうるとしている（例文は筆者作成）。このうち、Ⅲのタイプの移動のスキーマが〈行為〉の概念化に供されるとしている。

(38) a.　John gave the dog a kick.　　　　　　　（池上 1993: 46）
　　 b.　ジョンが、犬にけりを入れた。（上記の筆者訳）
　　　　〈起点〉（ジョン）→〈移動体〉（けり）→〈目標〉（犬）
(39) a.　John kicked the dog.

b.　ジョンが犬をけった。
　　　　〈動作主〉（ジョン）→〈被動体（対象）〉（犬）
(38)の場合、〈起点〉に相当するのは、行為の発する場としての〈動作主〉（「ジョン」）であり、〈目標〉に相当するのは、行為の届く場としての〈被動体〉（「犬」）、そして〈起点〉から〈目標〉へと〈移動体〉としての〈行為〉（「けり」）が移動するというわけである。(39)では、〈起点〉が、〈動作主〉へ〈目標〉が〈被動体（対象）〉へと転換している。「こうして、〈行為〉のスキーマでは、〈目標〉は単なる到達点にとどまらず、〈移動体〉の到達によって影響される対象として捉えられる。（中略）これに伴って、〈移動体〉としての行為を概念化することも止み、行為の言語化の典型的な形式としての「他動詞＋対格」が成立する（同46）」としている。

　池上によれば、このように移動の目標（着点）であるものが、行為のスキーマに供与され、行為を受ける被動体（対象）として概念化したものであるという説明が可能である。つまり、「移動のスキーマ」のメタフォリカルな拡張として考えることができるのである*4。

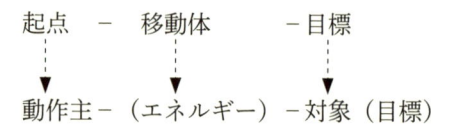

　　起点　－　移動体　　－目標
　　　↓　　　　↓　　　　↓
　動作主－（エネルギー）－対象（目標）

　この場合、移動しているのは、動作主（起点）から発せられるエネルギーであり、それが対象（目標）に到達するという概念化ができる。

　このような概念化は、典型的には接触動詞（触る）や打撃動詞（たたく、ける）において行われるが、これらの動作は、動作主の一部（手や足など）が対象に移動し接触した上でエネルギーが伝えられるという点で、移動とエネルギー伝達が同時に行われているとも考えることができる。この場合、経路となるのは動作主の一部（手や足）になる。「〜ガ…ヲV」の格体制をとる他動詞構文は基本的にこの図式で説明できると思う。

　ちなみに、同じ動詞でニ格とヲ格が交代する次のような例があげられる。

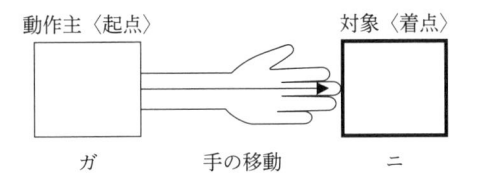

図11：対象のニ格

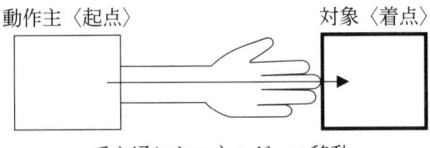

手を通したエネルギーの移動

図12：対象のヲ格

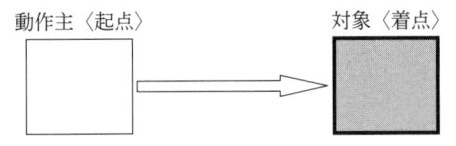

図13：対象のヲ格のスキーマ

(40) 太郎は美術品にさわった。
(41) 太郎は美術品をさわった。

　図11の場合、太郎の一部分（手）が移動して到達する着点として「美術品」が認知されているので、「美術品」はニ格でマークされるのに対し、図12では、手が移動すると共に手そのものが経路となって、動作主のエネルギーが伝達され、「美術品」が、働きかけられる対象（エネルギーが伝えられるモノ）としてヲ格でマークされるようになるという説明ができるのではないか。こうした対象のヲ格をスキーマ的に表したのが、図13である。ここではエネルギーの伝達を二重矢印で標示している。こうして、「起点・経路・着点」のスキーマの着点をプロファイルしたものとして、対象のヲ格のスキーマが規定される。この際、移動するエネルギーとは、物理的エネルギーだけではなく、心理的なものも含めて考える。「テレビを見る」は、テレビに向けて能動的な視線の働きかけが感じられる。また、「彼女を思う」では、彼女に向けた能動的な心的エネ

ルギーの働きかけが感じられる*5。「…ガ…ヲ」の格体制を持つヲ格はこのスキーマで説明されるのである。

　一方、「－ガ－ヲ－ニ」の格体制を持つ授受関係や使役移動のスキーマは、これと若干異なった概念化がなされる。

(42) 太郎が次郎に本をあげた。〈あげ手ガ－移動体ヲ－もらい手ニ〉

(43) 太郎がボールをゴールに入れる。〈もらい手ガ－移動体ヲ－あげ手カラ〉

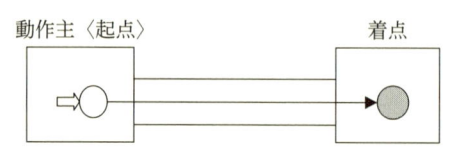

図14：授受関係、使役移動の対象のヲ格のスキーマ

　授受関係では、着点が対象として概念化されるのではなく、着点はニ格のままであり、移動体がエネルギーを受けたモノ（対象）としてヲ格でマークされている点が図13と異なっている。ここでは移動するのはエネルギーそのものではなく、エネルギーを受けた移動体としての対象である（図14）。その意味で、授受関係、使役移動は、移動のスキーマと行為のスキーマを併存させていると言える。

5.3　状態変化をおこす他動詞構文の対象

　本章の冒頭では、典型的な対象を、「動作主から何らかの働きかけを受けて状態変化を起こすモノ」と仮定したが、日本語ではむしろヲ格が表す典型的な対象とは、「〜ガ…ヲ」の格体制を基本にしたもので、図13のようなスキーマを考えた。また、授受関係は、移動のスキーマと行為のスキーマを併存させたものとして考えられるとした。では、「子どもがおもちゃを壊した」のような対象が変化し結果状態をもたらすような事態はどのように概念化されるのであろうか。

(44) 子供がおもちゃをバラバラに壊した。〈動作主－対象－結果状態〉

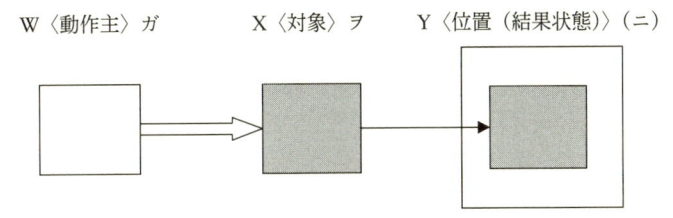

W〈動作主〉ガ　　X〈対象〉ヲ　　Y〈位置（結果状態）〉（ニ）

図15：対象変化他動詞のスキーマ

「子供がおもちゃを壊した」のような対象変化他動詞の場合、図15のように対象が変化した後の結果状態は、目標としてのニ格がオプションとして付け加わったものと考える。状態変化動詞における結果状態が、ニ格で言語化されるかは任意である。ただ「壊す」などの状態変化他動詞は、「結果副詞」としてのニ格をとることが多い。（仁田1997: 257-275）

(45) 上着をドロドロに汚してしまった。
(46) 車をピカピカに磨いた。

結果副詞のニは格助詞ではないが、着点の「ニ」との共通性が見いだされる。これらは、「おもちゃがバラバラだ」、「上着がドロドロだ」、「車がピカピカだ」という結果状態をもたらすものである。

5.4　制作動詞のヲ格

「対象」のヲ格の中で問題となるのは、結果状態がヲ格で表される制作動詞である。結果状態は、普通ニ格で表されるが、制作動詞は、結果状態である制作物がヲ格で標示される。もちろん、「毛糸をランプ敷きに編む」のように材料としての対象がヲ格で、制作物がニ格で表される場合もあるが、このような例は実際少ないだろう。ここでは、本来ニ格で表されるべき結果状態がなぜヲ格で表される

動作主　　（対象）　　制作物（結果状態）
ガ　　　　　　　　　　ヲ

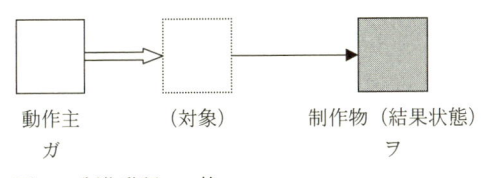

図16：制作動詞のヲ格

のかを説明しなければならないだろう。考えられる説明は、次のようなものである。そもそも制作行為とは、何がない状態からあるものを出現させる行為であるとすれば、働きかけられる対象のヲ格がないのであるから、ヲ格が結果状態にずれこんで流用される、という説明である（図16）。

　（47）家を建てる
　（48）穴を掘る

もちろん、働きかける対象としては、原料や材料が考えられるが、それは普通カラ格やデ格で表される。デ格の材料については、次章で扱うが、カラ格は制作物が出現する起点として図17のようなスキーマで表されるだろう。

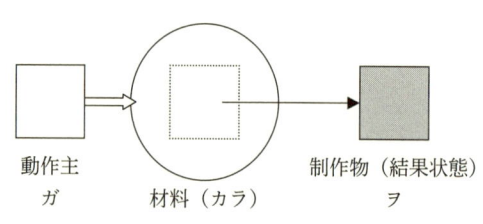

図17：原料カラ制作物ヲ作る

　（49）牛乳からチーズを作る。

ここでは、「牛乳」という材料（原料）に働きかけ、そこから製品であるチーズが出現するというイメージになる。

　また、制作動詞では、ニ格が表れるとすれば、普通制作物が位置づけられる場所となる（図18）。

　（50）郊外に家を建てる。
　（51）地面に穴を掘る*6。

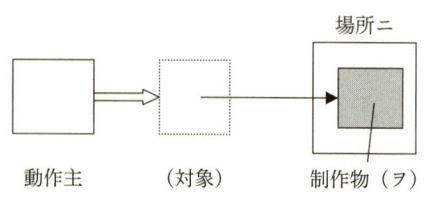

図18：場所ニ制作物ヲ作る

その他、対象用法の様々なヴァリアントの精緻な記述は今後の課題としておきたい。

6. 時間用法と状況用法

　最後に、〈時間〉と〈状況〉の用法について触れておく。
　(52) 太郎が学生時代にカナダで3週間を過ごした。〈時間〉
　(53) 雨の中を太郎が病院まで見舞いに来てくれた。〈状況〉

(以上、菅井2001:109)

　〈時間〉用法は、〈起点－経路－着点〉のスキーマに対応する〈開始－過程－終結〉のスキーマの〈過程〉に当たる用法である。ここで注意しなければならないのは、時間用法の場合、〈開始〉はカラだが、〈終結〉はニ格ではなく、マデでなくてはならないことである。
　(54) 8月1日から21日　まで／*に　3週間をカナダで過ごした。
ここに、ニ格のスキーマがそもそも〈着点〉に限定されないということが見て取れるだろう。時間用法においては、ニ格はある出来事が時間点に位置づけられることを表すのであり、それがニ格の本質である。
　(55) 7月20日に試験がある。
　(56) 水曜日までにレポートを出さなければならない。
「まで」は終点までの時間的範囲を表し、「までに」になると終点までの過程で出来事が位置づけられることを表すのである。すなわち、「までに」は、ある出来事の「期限」を表すのである。また、もともと「まで」は空間用法において「着点」を表すものである。
　(57) 家から学校　まで／*に　山道を歩いて行く。
この場合、マデは「歩いて行く」という空間的範囲を表しているのであって、点的なニ格とは言い換えられない。〈起点－経路－着点〉のスキーマにおいて、着点を具現化しているのは、ニ格だけではなくマデ格もあるのである。むしろ、カラ格と対になるのは、ニ格ではなくマデ格である。菅井（1998:26）は、時間用法で着点がニ格であらわせないことを、プロトタイプ効果で説明しようとしているが、むしろ、ニ格＝着点と一次的に規定することの無理を示してい

るのではないかと思われる。

　次に、〈状況〉用法だが、杉本（1986: 317）は、状況補語は移動動詞と異なり、移動動詞以外の動詞とも共起するが、動詞によって示される動作が何らかの移動を伴う場合に限られるとしている。そういう意味で、〈状況〉用法は、〈経路〉用法からの拡張として位置づけられる。

　(58) 暗闇の中をスイッチを探した。
　(59) 豪雨の中を敵と戦った。

また、〈状況〉用法はある一定の範囲を表すものであるから、起点はカラ格だが、終点はマデ格にならなければならないという点で、時間用法との共通性が見られるだろう。

　(60) 太郎は家から病院まで雨の中を見舞いに来てくれた。
　(61) 花子は雨の中を傘もささずに立ち続けた。　　　（菅井 1998: 25）

(61)では、「立ち続けた」は移動ではなく、過程であることを考えると状況用法が単に経路の拡張ではなく、過程の意味を含むことが明らかである。

　結論的に、〈状況〉とは、〈時間〉と〈空間〉が融合した場面と考えれば、〈状況〉用法は、〈過程〉と〈経路〉の融合したものとして位置づけられるのが自然ではないだろうか。

7. ヲ格のスキーマとネットワーク

　ヲ格は〈起点－経路－着点〉のイメージ・スキーマをベースとした、下記のようなコア・スキーマを持つ。

　ヲ格のコア・スキーマの起点、経路、着点がそれぞれプロファイルされたものが起点用法、経路用法、着点用法である。起点用法では、起点がプロファイルされ、移動主体が起点を離脱した後の経路での移動が含意される。あるいは、起点領域内での移動が含意される。また、過程と解釈されるものや、移動の経由点と解釈されるものなど様々なヴァリアントが存在することを明らかにした。経路用法では、経路がプロファイルされ、起点から着点を移動主体が移動する。対象用法では、起点が動作主に、着点が対象に概念的に転換

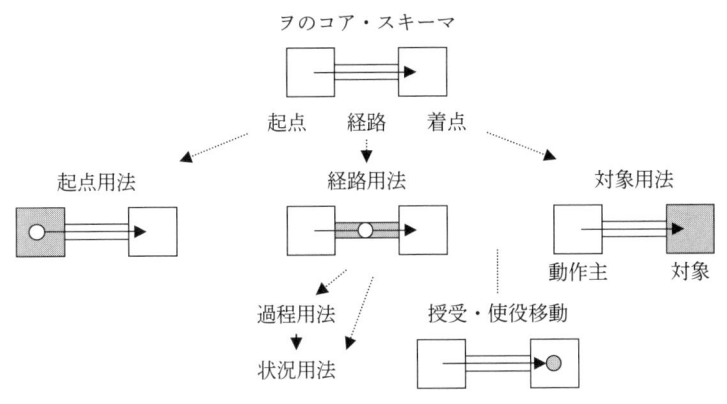

図19：ヲ格のスキーマとネットワーク

し、動作主から発せられたエネルギーが着点である対象に移動する。授受・使役移動の対象は対象用法の1つであると考えられるが、着点がニ格であり、移動主体がエネルギーというよりエネルギーを受けたモノであるため、対象用法のスキーマとは若干異なっている。これは、経路のスキーマと対象のスキーマの中間に位置づけられるスキーマである。対象用法には、対象変化動詞や制作動詞など異なったスキーマを持つヴァリアントが存在する。経路用法からは、過程用法へと拡張し、さらに状況用法への拡張が見られる。以上が、ヲ格のスキーマとさまざまな用法を有機的に連関させるネットワークである。

---

*1 許（2010: 162）では、飛行機に乗って「富士山を超えたところで、急に天気の状態が悪くなった」という例文をあげ、動作主が「富士山」に対し、力を行使し、その力がはね返って動作主の移動が実現するとは考えられないとしている。
*2 許（2010: 161）もこの規定は「AがBをVする」という文の意味の特徴づけとなり、ヲ格の意味の特徴づけとは考えられない、としている。
*3 日本語記述文法研究会編（2009: 68）では、「「を」格が表す起点は離脱点としての起点であり、通常、その後に意志的な移動が表される。」としている。「大学を出る」のような場合でも、「大学」を離れて就職など広い意味で移動す

ることが含意されるため、「を」のみが自然である、としているが、「大学を離れてからの移動」というより、「大学という過程を過ごした」という解釈の方が自然である。

*4　一方で、Ⅳのようなタイプ〈起点－移動体－経路〉が〈行為〉のスキーマに援用されることがあり得るという。「このようなスキーマの意味するのは、〈起点〉から発した〈移動体〉としての〈行為〉が〈目標〉に到達したかどうかが不明確な場合－さらに正確に言えば、〈目標〉が〈被動体〉として影響を受けたかどうかが不明確な場合－であると規定することができよう。」（同47）とし、日本語の「燃やす」、「数える」、「説得する」、「手助けする」などの動詞がそのように振る舞うものだとしている。

*5　「テレビを見る」「本を読む」のような例は、テレビの画面や本のページを視線が移動していくというイメージもある。（「10ページから20ページまで本を読んだ。」）心理的エネルギーの移動と言うより、動作主の視線が面を移動しているという解釈も出来るかもしれない。また、「環境問題を議論する」などの言語活動の場合、「環境問題」というのは議論内容であり、何らかのエネルギーが移動しているという解釈は難しいかもしれない。この「を」が「〜をめぐって」のようなイメージだとすると複数の主体が発話が行ったり来たりする移動のイメージが感じられる。このように「対象」にはエネルギー伝達の着点だけではなく、何らかの経路の移動という解釈も出来そうである。また、「右を向く」などの例は、右という方向にエネルギーが移動していると言うよりある方向に向けられるという意味に過ぎない。着点であるがエネルギーの移動ではなく、視線の移動である。「勉強をする」などは、「勉強」などの出来事名詞を対象に取るが、これは勉強にエネルギー伝達を行うと言うより、過程をプロファイルしていると解釈されなくもない。対象にもさまざまあり、その概念化も様々であろう。その精緻な記述は今後の課題として残しておく。

*6　「地面」が働きかける対象として解釈される場合は、「地面を掘る」となる。

第10章
デ格のスキーマとネットワーク

1. デ格の用法

　格助詞デには、「場所」「道具」「材料」「原因」「時間」など様々な用法があるとされる。「格助詞「で」の例文を思いつく順番に5つあげてください」という想起テストでは次のような結果が出た。

表1：格助詞「で」の想起テストの結果

	1	2	3	4	5	計
場所（図書館で勉強するなど）	14	10	5	3	0	32
手段・方法（電車で行く、じゃんけんで決める）	9	6	4	0	0	19
道具（鉛筆で書くなど）	9	6	2	0	1	18
原因（電車の事故で遅れたなど）	0	2	5	4	4	15
選択（うどんでいいなど）	1	2	4	0	0	7
〜である（吾輩は猫であるなど）	0	1	2	3	1	7
様態（退屈で仕方ないなど）	0	0	3	3	0	6
時間（1時でやめる、明日ですべてが終わる）	0	2	1	2	1	6
動作主（自分でやる、みんなで行く）	0	1	2	3	0	6
数量限定（2本で千円）	0	0	2	0	0	2
材料（これは割り箸でできている）	0	0	0	0	1	1
状況（あと一歩のところで逃がす）	0	1	1	0	0	2
計	33	31	31	18	8	121

　上位4位は、1.場所（26％）、2.手段・方法（16％）、3.道具（15％）、4.原因（13％）であった。手段・方法と道具を合わせる

と31%になる。ここから、中心的用法は、場所と手段（道具を含む）と認定できる。

本章では、場所と手段・道具の用法を軸にして、格助詞「で」の様々な意味・用法の統一的説明を図ろうとするものである。

2. 先行研究の検討

格助詞デの意味用法については、先行研究は多くあるが、空間的用法を中心に取り上げた中右（1988）と全体的な用法について取り扱っているものとして、森田（1989）をあげ、認知言語学的観点からデ格を統一的に説明しようとした研究として、菅井（2005）、森山（2008）を検討する。

2.1 森田（1989）

森田（1989：756）では、「数量、時間、行為や作用の時、場所、人や事物において、"それ以外・それ以上ではない、それを対象範囲の限度とする"意を表す。"そのベース内において"つまり"限界点"である。限界の範囲が何であるかによって「で」の意味が分かれる。」として、「で」の用法を次のように分類している。

一、数量範囲をどれだけと限定する「で」
　1.時間・期間の長さを限定する「で」
　（1）あと一年で終わる。
　2.数や量を限定する場合
　（2）卵十個で作る。
二、時点をいつと限定する「で」
　（3）定期試験は今日で終わった。
三、場所をどこと限定する「で」
　（4）日本では、毎年台風がやってきて大きな被害を出す。
四、人間を限定する「で」
　（5）彼らで旅行のことを相談する。
五、事物を何と限定する「で」
　（6）紙で人形をこしらえる。（材料）

(7) ガスで自殺した。(手段)
(8) 交通事故で入院した。(原因)
(9) 現場に残された指紋で足がついた。(理由説明)
　一般に、「何かを限定する」という意味はデの意味として受け入れられるが、森田の説明では、どの用法が中心的な用法なのか、また用法間のつながりが不明確である。

2.2　中右（1998）

　中右（1998）は、空間的位置を表す「に」と「で」を取り扱い、「に」は〈個体の位置〉を合図するのに対し、「で」は〈状況の位置〉を合図するとしている。そして、「心理的空間⊃時間的空間⊃外側の物理的空間⊃内側の物理的空間」の階層構造を仮定することによって「に」と「で」の多義性を体系的に捉えることができるとしている。

(10) 沖合いでは秋刀魚が流れ藻に産卵する。
　　　（「で」－外側の物理的空間、「に」－内側の物理的空間）
(11) 今朝は 5 時に起きた。(時間的空間)
(12) 現時点では、その真偽のほどはわからない。(時間的空間)
(13) ライプニッツの考えでは、言語は精神の鏡である。(心理的空間)

　認知言語学的立場では、場所の「で」に関しては、物理的空間から時間的空間へ、物理的空間から心理的空間へのメタファー的拡張が認められるとするが、時間的空間と心理的空間の関係が必ずしも明らかにならない。中右が言うようにこれらの空間が体系的な階層構造の鋳型としてあらかじめ概念化されているとみる見方もあり得るとは思われる。ただ、本章の主題である「デ格」に関して、「道具」用法や「原因」などの用法に関しては触れられていないため、空間的用法とこれら他の用法との関係が明らかにならない。

2.3　菅井（1997）

　認知言語学の「意味と形式の一対一対応の原則」に基づいて、デ格の全体的な用法を統一的に説明しようとした研究として、菅井

(1997、2004、2005) があげられる。菅井は、デ格は「動詞の語彙的意味によって変化を被らずに限定するもの」と規定した。そして、その意味・機能は前景的な「ガ格」ないし「ヲ格」の背景的側面を提示することとし、個別的な意味・役割は前景的な主要格成分と背景的な「デ格」成分との間の関数的な相互関係によって特徴付けられるとしている。菅井の「変化を被らずに限定するもの」という規定は支持できるものであるが、問題がある部分もある。

　それは、菅井（1997: 27-29）で、空間次元のデ格について、文（節）全体を修飾するのではなく、ガ格ないしヲ格のみを修飾すると主張している点である*1。

(14) <u>ハワイの教会で</u>太郎が花子に指輪をはめた。
(15) 花子が<u>ベランダで</u>星を眺めていた。
(16) <u>池のほとりで</u>祖父が錦鯉にえさをやっていた。

　菅井は、(14) においては、「デ格」の「ハワイの教会」が「太郎が花子に指輪をはめた」という出来事全体を含むから、デ格は「文全体を修飾する」と言えるかもしれないが、(15) においては、「ベランダ」にいると解釈されるのは主格の「花子」に限られるのであって、対格の「星」は「ベランダ」にあるとは言い難いと言う。(16) においても、「池のほとり」にいるのは主格の「祖父」だけであって与格の「錦鯉」は「池のほとり」にいるのではない。それゆえ、デ格はその修飾対象が用言全体というより単一の格成分（ガ格及びヲ格）に収斂されると主張している。しかし、(15) において、「ベランダで」が修飾しているのはあくまで「花子が星を眺める」という行為全体であり、それゆえ、「星」がベランダに存在していなくても、「花子が星を眺める」という行為が「ベランダで」行われるということが可能である。(16) においても、「池のほとり」に「錦鯉」が存在しなくても、「祖父が錦鯉にエサをやる」という行為が、「池のほとり」で行われるということは可能である。

　つまり、デ格の場所は、ガ格やヲ格、ニ格成分が必ずしも同じ平面内になくてもそれらを全体的に１つの出来事として包含するものであると言うことができるだろう。

2.4 森山(2008)

森山(2008: 179)では、「デは動力連鎖に対し背景を表す「背景格」であるが、大きくは「空間的背景」を表す用法と、「役割的背景」を表す用法に分けられる。」とし、デのプロトタイプ用法は「空間的背景」としての「場所」用法であり、ここから「役割的背景」としての「道具」用法が拡張するとした。

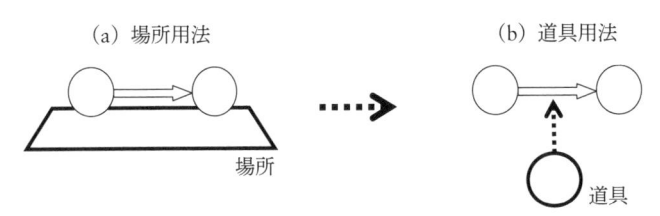

図1：道具用法における背景の役割化（森山2008: 176）

道具を「役割的背景」とする考えはそれなりに支持できるが、モノとしての「道具用法」が、「場所用法」から拡張されるという説明は、無理があるのではないか。また、この2つの用法から「出来事の背景」としてのスキーマを抽出するのはよいが、「動力連鎖の背景」とするのはよくないと考えられる。「オリンピックは北京で開かれた」「彼はこのクラスで一番背が高い」の事態は、動力連鎖ではない。

3．場所用法

デ格の中心的意味を考える場合、「場所用法」を中心的用法と考えることに異論はないだろう。まずはその意味特性を「場所」のニ格との対比から明らかにしていきたい。

一般に、「場所」のデとニの違いについては、デの場所は「動作が行われる場所」、ニの場所は「モノが存在する場所」と説明される。

(17) 机の上に本がある。（モノが存在する場所）
(18) 学校で勉強をする。（動作が行われる場所）

(19) あした学校で試験がある。(出来事が存在する場所)

　7章では、ニ格の場所は「モノが存在する場所」であり、「ガ格がニ格に位置づけられる」という意味特性を持つとした。一方、(19)のように、同じ「ある」という存在動詞において、デと共起する場合の「ある」は「行われる」という動作的意味に解釈され、存在するのはモノではなく、コトである。(18)でも「勉強をする」という出来事が存在する場所が「学校」であると解釈すれば、一般に、場所のデ格は「コトが存在する場所」として規定される。この規定から、出来事全体を〈限定〉する、あるいは出来事の〈背景〉になるというデ格の意味特性が出てくるものと考えられる。

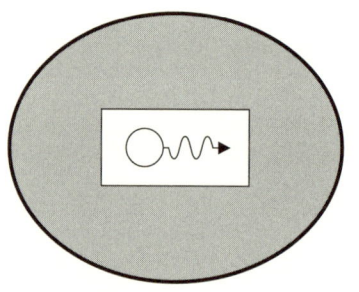

図2：場所の「デ」 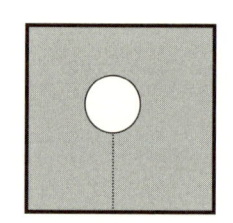　　　図3：場所の「ニ」

　これをイメージ・スキーマで示したのが図2、3である。図2のデ格では、四角で示された事態（中の○は動作主、→は行為や変化を表す）を楕円の場所が包む関係になっている。図3のニ格では、ガ格の存在物（○で示される）が、場所である太線の四角に包含されており、存在物が場所に位置づけられる関係が、○と太線の四角が点線で結ばれていることで示されている。
　「富士山は日本で一番高い山です」などの範囲を表すデの用法は、この場所の「で」からの拡張用法である。

4. 時間用法

　次に、場所のデ格と直接的に関係づけられるのは、「時間」のデ

格である。これは、時間を空間的な関係から理解するという「空間から時間へのメタファー」が関与している。

(20) 景気が大きく低迷する中で、価格破壊が進んでいる。(「継続する事態を包含」)　　　　　　　　　　　(中右1998)
(21) あと30分で仕事が終わる。(期間限定)　　(森田1989)
(22) 余震は3時10分　で／に　やんだ。(時点限定)　(森田1989)

(20)に見られるように、時間のデは、継続する事態全体を包含している。(21)の「期間限定」(図4)や(22)の「時点限定」(図5)の用法でも、その眼目は終了点まで継続する事態にある。これに対し、時点のニ格は、出来事をある時間内に一点的に位置づけるという点で異なる。

岩崎(1995: 78)では、時点のニとデの違いを次のように述べている。「ニ格はニ格につく名詞の表す時点を一点で指すのに対し、デ格はデ格につく名詞の表す時点までの経過を含意して達成・到達点として指す。」

また、森田(1989)では、「十時で寝る」のように「で」以後において行われる行為が動詞として立っていても、話し手の言いたいことは「で」以前の継続行為の打ち切りであるとしている。

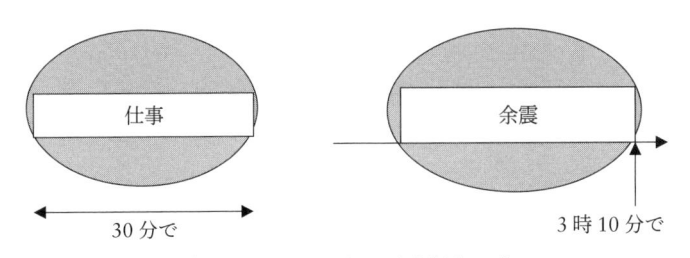

図4：期間限定のデ　　図5：時点限定のデ

この「時点限定」の用法は、「数量限定」の用法ともつながるものである。

(23) 卵10個でオムレツを作る。
(24) 古本を500円で買う。
(25) 3人で出発する。

(23)(24)はいずれも、「オムレツを作る」、「古本を買う」という行為を数量的に限定するものであり、(25)の場合も、いわゆる「動作主」というより、「出発する」という行為を人数的に限定するものである。

5. 原因用法　出来事が起きる場面としてのデ

　次に、原因のデ格は、コトが起きる場面として解釈される。原因を表すデ格名詞は、典型的には出来事名詞であり、述語は無意志性とされるが、(26)(27)のデ格名詞は1つの出来事＝場面と解釈されるものである。（森山2008は原因を道具からの拡張と見ているが、原因は明らかに事態全体を包含するものであり、モノとしての道具とは異なる。）これは、「場所でコトがナル」（池上2000）という日本語においてよく見られる事態把握につながっていく。
　(26) この旅行で、温泉がとても好きになった。
　(27) 強い風で看板が倒れた。
　(28) 風邪で会社を休む。

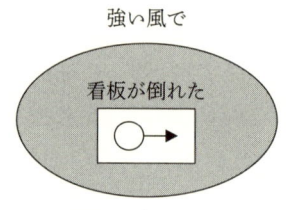

図6：原因のデ格

　ここで、「原因」のデ格の意味特性をより明らかにするために、同じ「原因」と解釈されるニ格、カラ格との違いについて言及しなければならない。
　(29) a.　母親があまりのショックで寝込んだ。
　　　 b.　母親があまりのショックに寝込んだ。
　(30) a.　そのショックで母は翌日から1週間も布団から出られない状態が続いた。

b. ?そのショックに母は翌日から1週間も布団から出られない状態が続いた。

　菅井（1997: 33）では、(29)(30)のような例を挙げ、「原因」から「結果」までに時間的な間隔があり、しかも結果的な事態がしばらく続くような場合は「ニ格」は容認度が低くなる、としている。

(31) 次郎が弾丸　?で／に／*から　倒れた。　　　　　（菅井2001）
(32) 昨日から風邪　で／*に／?から　寝込んでいる。（山田2003）
(33) 現場に残された指紋　で／*に／から　足がついた。
　　　　　　　　　　　　　　　　　　　　　　　　（森田1989）

　また、菅井（2001）では、(31)のように、原因となるものがガ格と一体化すると解釈される場合はニ格をとらなければならないとしている。ここでは、「次郎」が「弾丸」と一体化し、しかも、致命的な影響を受けている場合に使われる（「癌に倒れる」など）。

　また、山田（2003）によれば、(32)のように、昨日から継続している事態の原因の場合、デ格しかとれない。ニ格の場合、出来事を一点的に位置づけるのに対し、デ格は継続する出来事全体を包含しうるからである。森田（1989）では、(33)のカラ格では、推論の起点（指紋）と結果の関係を示し、発想の順序は「指紋→足がつく」の順行関係であるのに対し、デ格では理由限定と結果の関係を示し、「指紋←足がつく」の逆行関係になるとしている。このことからわかるのは、一般に因果関係とよばれるのは、「原因→結果」という順序のみで考えられるものではなく、結果があってそこから原因を類推するという逆の順序もあり得るということである。カラ格の因果関係は「原因→結果」であるが、デ格の場合は、出来事の根拠として、コトの背景となる広義の場所を示すものであると解釈ができるであろう*2。

6. 様態、材料用法　状態次元のデ

(34) 行方不明の男性が遺体で発見されました。
(35) 太郎が新車を80万円で買った。
(36) 車が猛スピードで走っている。

第10章　デ格のスキーマとネットワーク　　193

菅井（1997）は、「様態」のデ格は、「ガ格」や「ヲ格」と広義の同定関係にあり、【ガ格＝デ格】あるいは【ヲ格＝デ格】と表記することができるとしている。(34)では、「男性＝遺体」であり、(35)では、「新車＝80万円」ということになる。しかし、これは「男性は遺体という状態である」という関係であり、一般に「状態は場所である」というメタファーからすれば、「＝」の関係というよりむしろ、「男性⊂遺体」という包含関係で結ばれるのではないかと思われる。同様に、「新車を80万円で買った」というのは、先ほどの数量限定のデであり、「新車⊂80万円」という図式で結ばれるのではないかと思われる。また、(36)の「猛スピードで」は、「車」を包含するものではなく、「車が走っている」という事態全体を修飾するものであろう（図7）。

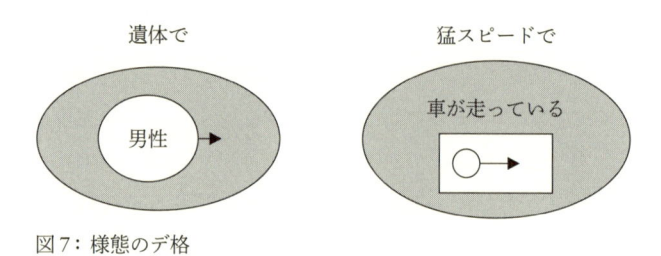

図7：様態のデ格

　次に「材料」用法も、あるものの状態を表すものであり、「様態」用法の延長上に位置づけられるものである。
　(37) このかばんは革でできている。（材料）
　(38) 太郎はこのかばんを革で作った。
(37)の「革」は「かばん」の材料であるが、「このかばんは革だ」と近似的に言い換えられ、「かばん⊂革」という包含関係で表される。これは(38)のように、他動詞構造の「作る」という制作動詞において使われた場合も同様である。制作動詞の構文は、〈ガ－ヲ－ニ〉、〈ガ－デ－ヲ〉、〈ガ－カラ－ヲ〉の3つの格体制が考えられるが、材料がそれぞれヲ格、デ格、カラ格で示されるわけである。
　(39) 次郎が丸太をカヌーに作った（した）。
　(40) 次郎が丸太でカヌーを作った。

(41) 次郎が丸太からカヌーを作った。

(39) では、ヲ格は動作主が働きかけて変化をもたらす〈対象〉として考えられ、ニ格は制作行為によって生み出される〈結果状態〉としての制作物を標示するものである。(40) では、デ格は制作物がどういう状態であるかという意味で「丸太⊃カヌー」という関係でヲ格を限定する（図9）。(41) では、カラ格は起点を具現化するから、制作物がそこから生み出される〈原料〉として「丸太→カヌー」という関係で標示されるのである（図8）。

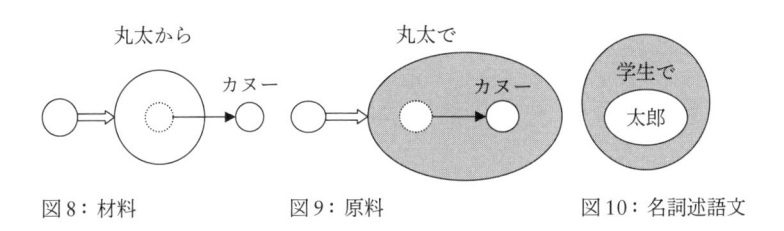

図8：材料　　図9：原料　　図10：名詞述語文

　また、名詞述語文「AはBである」の「で」も、「AはBという状態で存在する」と解釈すれば、状態次元のデと同様に考えられる（図10　詳細は、第12章2.2節参照）。

(42) 太郎は学生である。（太郎は学生という状態である。）

7. 道具・手段用法　モノ次元のデ

　次に、「道具・手段」としてのデ格であるが、これらは、場面と解釈される原因などと違い、動作主が操作するモノである。ただ、(43)のように道具としても場所としても解釈されるデもある。また、(44)のように、「包丁で」となっていても、「手を切った」のような非意志的事態の場合は、原因とも解釈され、(45)のように、デ格がモノで、意志的事態の場合は典型的な道具となる。場所、原因、道具のデ格は連続的である*3。

(43) ジャングルジムで遊ぶ。（場所＝道具）
(44) 包丁で手を切った。（非意志的事態－原因）
(45) 太郎が次郎を包丁で殺した。（意志的事態－道具）

(46) 太郎が<u>ナイフ</u>で花子を殺した。
(47) 花子が<u>毛糸</u>で手袋を編んだ。

　菅井 (1997) は、(46) では、「ナイフ」は必ず主格の「太郎」との関連で補助的な側面を提示するという形で解釈されなければならないとし、(47) では、「毛糸」は［材料］として解釈される限りにおいては不可避的に対格の「手袋」と結びつけて解釈されなければならないとしている。それ自身は正しいとしても、(46) の「殺す」という行為において「ナイフ」は主格が使うモノであると同時に「太郎が花子を殺した」という行為全体の背景をなしていると考えることには支障はないだろう。(47) においても「毛糸」は「花子が手袋を編んだ」という行為全体の背景を成すと考えることに支障はないだろう。ここでは、デ格が「道具」という現実世界のモノとして具現化しているわけであるが、あくまで、デ格は当該の事態全体を包含し、限定していると考えてもいいのではないかと思われる*4。

(48) 次郎は<u>バス</u>で学校に行く。

　また、手段用法の場合、「バス」は「学校に行く」経路で動作主が利用するモノと考えられるが、「次郎」のみを限定しているのではなく、「次郎が学校に行く」という行為全体を限定する背景として考えることもできるのではないかと思われる。

8. デ格のスキーマとネットワーク

　森山 (2008) では、「場所用法」をプロトタイプとして、「道具・手段」用法はそこからの拡張として説明しようとしている。ただ、モノとしての道具などの用法を場所から拡張させるというのは、無理がないわけではない。一般に、デ格を具格と呼ぶように、「道具」などのモノの用法も場所用法とともに中心的用法として設定*5し、その共通性としてのスキーマを抽出するという方策が有効なのではないかと考える。

　まず、図11の最下段で道具、材料、手段の用法のイメージ図が示されている。「ナイフでリンゴを切る」という場合、道具の「ナ

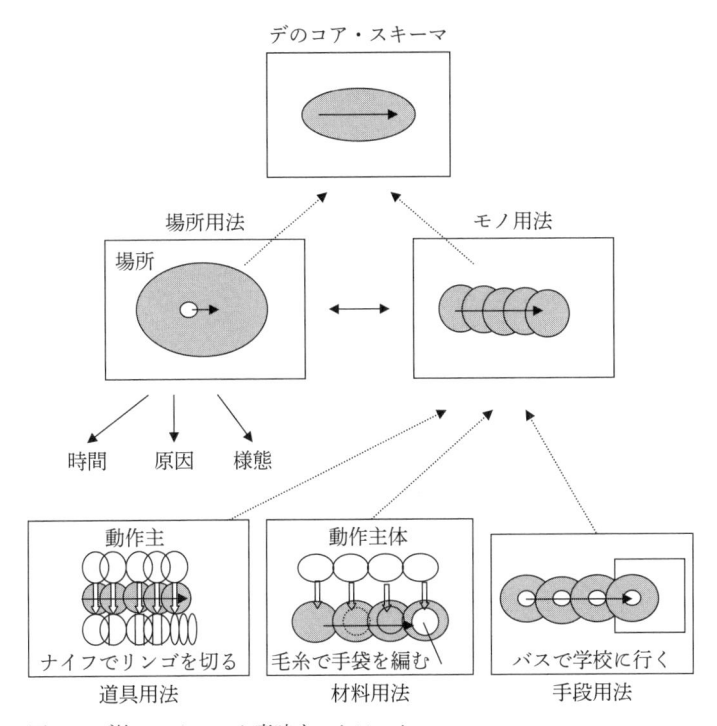

図11：デ格のスキーマと意味ネットワーク

イフ」は「切る」という動作にずっと伴われるものであり、「切る」という動作によって変化することのないものである（対象である「りんご」は変化する）。「毛糸で手袋を編む」の場合、材料の「毛糸」自体は「編む」という動作にずっと伴われるものであり、「編む」という動作によって変化することのないものである（対象である「手袋」が出現する）。「バスで学校に行く」の場合、交通手段である「バス」は、主体の「行く」という動作にずっと伴われるものである。こうした3つの用法をさらにスキーマ化したのが真ん中の段の右のモノ用法のデのスキーマである。このイメージ図においては、ある動作（矢印で示される）の時間的過程の中でモノ（網掛けの円）が連続して伴っていることを表している*6。ここでは、動作主や対象は捨象されている。最後に、最上段のデのスキーマにおいては、「（矢印で示される）事態（動作、静的事態、時間などを含む）を限定するもの（あるいは背景）」と規定されるよりスキーマ

第10章　デ格のスキーマとネットワーク　　197

化された規定が設定される。こうして、デ格の意味構造のネットワークは上のように示される。時間、原因、様態などの用法は、場所用法からの拡張として記述される。

9. 格助詞の体系とネットワーク（まとめ）

最後に主要な日本語格助詞の基本的イメージ・スキーマと意味特性をまとめておく。

ガ格は、ある場において、コトの中心となる存在物を指し示す。これが〈主体〉と〈対象〉という意味役割に分化する。

ニ格は、基本的にXがYに位置づけられるという位置づけ操作を持ち、最もスキーマ的には、ニ格名詞句に向かう認知主体の心的方向性（指向性）を持つ。

ヲ格は、「起点・経路・着点」のイメージ・スキーマをベースとして、起点をプロファイルするものが起点用法、経路をプロファイルするものが経路用法、着点をプロファイルするものが対象用法になる。

デ格は、場所用法とモノ用法（手段・道具）があり、ある出来事の行われる範囲或いは背景をスキーマとして持つ。

カラ格は、〈起点〉を表す。

マデ格は、「起点・経路・着点」のイメージ・スキーマにおける〈経路〉を含んだ〈着点〉を表す。

次に出来事の種類別に各格助詞の具現化をまとめておく。場所的関係では、ニは「モノが存在する場所」であり、デは、「出来事が存在する場所」である。移動の関係では、「起点・経路・着点」をベースとして、カラ・ヲ・ニ（マデ）が具現化する。時間的関係は、移動の関係からのメタファーとして「開始・過程・終結」のスキーマを持つ。それぞれカラ、ヲ、マデが具現化する。ニは出来事が位置づけられる点としての時間であり、デは出来事全体を包含する継続した時間である。エネルギー伝達（動力連鎖）の関係として、「起点−着点」から「動作主−対象」の関係が写像され、「ガ−ヲ」が具現化する。因果関係は、「起点−着点」から「原因−結果」の

関係が写像され、この原因はカラが具現化する。デは出来事全体の包含、ニはガ格との一体化として解釈される。

　以上が、主要格助詞の体系であるが、今後の課題として、格助詞「の」の記述*7、複合助詞としての働き、複文レベルで格助詞が文法化し、接続助詞となる場合などの記述と場所論からの位置づけの課題が残っている。また、終助詞を場所論から位置づけることも大きな課題である。概して、助詞全体の場所論からの体系的記述は今後の課題である。

＊1　菅井の主張は、菅井（2001: 21）において述べられているように、格を「2つの対象間の関係を表現するカテゴリー」とするイェルムスレフの見解に基づいている。こうした見解からすれば、道具を表す「で」は格助詞（具格）となるが、文全体を修飾する場所の「で」は格助詞と認定されなくなる。「で」は、文全体ではなく、ガ格かヲ格とのみ関係するという主張は、格の定義を狭く定義しそこからデ格を当てはめようという考えから来ていると思われる。しかし、亀井他編著（1996: 200）では、「格は、名詞が、文全体、または文の他の要素との関係を告げる」という定義をしており、このように格の定義を広く考えれば、「で」を格助詞と認定できると考える。

＊2　菅井（1997: 34）は、「成績不振で母親が子どもを殴った」において、［デ格→ガ格］（［成績不振→母親］）というエネルギー伝達が起こると主張している。「成績不振」という出来事が「母親」にエネルギー伝達を行うというのは理解に苦しむところである。また、このような意志的事態にデ格は使いにくいのではないかと思われる。「成績不振で子どもが自殺した」というような出来事の発生では自然であり、ここでは「子どもが自殺した」背景的出来事としての「成績不振」が示されている。この場合、「成績不振から子どもが自殺した」という「原因→結果」の関係を示すカラ格でも置き換えられるだろう。

＊3　山梨（1993: 49）も〈具格〉と〈原因格〉の解釈の揺らぎについて言及している。
　〈具格〉　1. カギでドアをあける。2. 片足で立つ。3. 扇風機でシャツをかわかす。4. モンローの魅力で観客を惑わす。
　〈原因格〉　5. ガンで死ぬ。

＊4　村木（2000: 69-70）は、「カギでドアを開ける」と「カギを開ける」、「マッチで火をつける」と「マッチをつける」のように、道具がデ格で表される場合と、ヲ格で表される場合があるとしている。本書の立場では、ヲ格で表された道具は、動作主が制御する対象（参与者）として動力連鎖的に表されるが、デ格で表される道具は、動力連鎖の中にあるというより、事態全体（「ドアを

開ける」、「火をつける」)の補助的側面を表す背景として機能していると考えた方がいいかと思われる。
*5 田中（1997: 45）では、「xで」は〈xを対象限定せよ〉と一般化し、対象限定の仕方として〈領域限定〉と〈モノ限定〉の2つを設定している。
*6 この図は、モノ用法をプロセスの中で累積走査してとらえたものである。
*7 予測として、XノY（「私の本」）という格助詞レベルでは、ノは「Xを参照点に場を形成し、Yというモノを指し示す」関係である。また、ノの拡張として、「鳥が飛んでいるのが見える」のように節を受けて、知覚できる現場を発動する役割を果たし、「雨が降っているんだ」のようにノダ文では、ノが受ける節と関係する状況（場）を喚起する役割を果たすと考えられる。いずれにしろ、ノは様々なレベルでの場を形成する役割を果たす重要な助詞である。

第11章
場と文の相関の類型再考

1. はじめに

　本章では、三尾砂の「場と文の相関の原理」を継承する立場から、ハとガの問題、現象文、判断文などの文類型の問題などを場という観点から再考し、認知言語学の観点も取り入れながら、新たな「場と文の相関の類型」を提案し、筆者が提起する「場所の言語学」の基礎づけとしたいと考える。

2. 三尾の「場と文の相関の類型」

2.1 「話の場」の概念と「場と文の相関の原理」

　三尾は、「話の場」を「あるしゅんかんにおいて、言語行動になんらかの影響をあたえる条件の総体」と定義している。そして、「話の場」において、話し手は場から働きかけられるものであり、場が話し手を規定している、と言う。

　　　文の具体的な、あるがままの在り方は、場のなかにあるとともに、場によって完全に影響されてあるものである。場の「中に」、場に「依って」、在るものである。場に規定されてあるのであるから、場をはなれては現実に存在しないわけである。だから、生きた雑多な文の在り方を見きわめるには、そういう文がその中に在る場の構造をあきらかにすればよいわけである。

　　　　　　　　　　　　　　　　　　　　　　　　　（三尾 1948: 38）

　三尾は、「文が場に規定されている」という「場と文の相関の原理」によって、文の類型を提起した点に重要な意義があると考えられる。以降の日本語学の研究において、三尾の文類型に言及する場合、この場という重要な概念を欠落させ、現象文や判断文などの文

類型やハとガの問題しか取り上げていないことには大きな問題性を感じる。ただ、そこには、三尾自身の文類型を立てるに当たっての問題性もあったのである。まず、三尾の文類型の批判的検討に移っていく。

2.2 「場と文の相関の類型」とその問題点

周知のように、三尾は、「場と文の相関の類型」として、4つの類型を立てている。それは、(1)場の文、(2)場を含む文、(3)場を指向する文、(4)場と相補う文である。この類型は、場と文の関係から類型をたてたものであり、原理的に一貫したものである。

●文の類型－その1

1. 場の文	2. 場を含む文	3. 場を指向する文	4. 場と相補う文
場＝文	場（文）	場　文	場／文
「雨が降っている」	「それは梅だ」	「あ！」「雨だ！」	「考えているのだ」

図1：三尾の「場と文の相関の類型」

（1）場の文…それ自身が1つの場であって、新しく1つの場をもちだすものである。〈…が＋動詞〉という形をとる。
　(1) むかしむかし、ある海岸に、めすのくじゃくとおすのくじゃくがすんでいました。
　(2) からすが飛んでる。
　(3) 雨が降ってる。

三尾は、「この種の文は、一文の表すものがすなわち場であり、場そのものがただちにそのまま文となったものである。場の直接的な言語的表現なのである。」としている。このような文は、新しい「話の場」を持ち出すものというのは理解できるが、「話の場」と文が一致しているとはいいにくいのではないか？この場合の「話の場」はおそらく、(2)(3)のような「現象描写文」では、話し手

の視界と一致するものであるが、それは文が指し示す事態と一致するというより、その場に事態（文）が含まれるものではないかと言うことである。場と文が一致している文とは、例えば、「暑い」というようなその場の状況事態を述べる一語文ではないか。

(2) 場を含む文
 (a) 課題の場の文
 (4) くじゃくたちは　住みよい場を見つけました。
　という文において、「くじゃくたちは？」という疑問の場（課題の場）が文の中に含まれている、としている。〈…は＋用言（のだ）〉〈…は＋体言＋だ〉という形をとる。
　ここでの疑問点は、課題の場の中に、その解答が含まれているという構造なので、むしろ、課題の場の中に文が含まれているといってもいいのではないか、ということである。

 (b) 転位の文
　「木から下りてきたのは　おすのくじゃくだ」という「課題　は　解決　だ」の文に対し、
 (5) おすのくじゃくが　木から下りてきたのだ。
はそれを「解決が　課題　のだ」に転位した文である。この場合、「課題の場」が文の末に来る、という。
 (6) 社長はどなた？　（課題の場の文）
 (7) 私が社長です。　（それの転位の文）
　ここでは、転位の文の中に「課題の場」が含まれると言うのが理解しにくい。「社長はどなた？」の「社長は」は疑問の場（課題の場）を提起するものであり、この時「(社長は)私です」が答えとしての解決になる。しかし、「社長は私です」を転位した文を「私が社長です」として、両者が同じ意味であると言うことがどうして保証できるのだろうか。それを前提にして、「私が社長です」の「私が」が解決になり、「社長です」が課題の場になるのであろうか。課題の場を提起するのは、「社長は」の「は」の働きであって、「私が社長です」の「社長です」という述語がいかなる意味で課題の場

になるのだろうか。「私が社長です」は「誰が社長ですか?」の応答として答えられるものであり、「社長は私です」と「私が社長です」は認知図式が異なる（認知的意味は異なる）と考えられる。

（3）　場を指向する文…概念的な展開は不完全のままだが、場の全領域を指向するもの、としている。

「あ!」「雨だ!」「ほら!」「自動車だ!」「火事だ!」「ごはんですよ。」

「はい」「いいえ」「さあ」「君!」「只今」「お休み」「いらっしゃい」

　もっと内容的には豊かな場を、豊かでない表現で指向している。
　ここで例として、「あ!」「ほら」などの感動詞*1と、「雨だ!」などの例をあげているが、両者は概念的内容の展開において違うと考えられる。たとえば、「あ!」などは何かを見ての驚きを表明しているものであるが、何を見たかは明らかではない。そういう意味で概念的展開が足りないと言えるが、「雨だ!」は、「雨」を見ての驚きを表現して言うもので、「雨が降っている」や「雨が降ってきた」などの文と概念的展開としては変わらないと考える。また火事の発生を知らせる時「火事が発生しました!」などと言うのは、逆に冗長になってしまうのであり、「火事だ!」や「火事です!」で充分足りるのであって概念的展開が足りないとは言えない。これらは、新しい場を持ち出すものとしての（1）の「場の文」と考えていいだろうと思われる。また、「はい」「いいえ」などの応答詞などは、疑問の場に対する解決を表しているのであって、それ自体は（4）の「場と相補う文」になるだろう。また、「ただいま」「お休み」などの挨拶文は、「帰ったという場面」や「寝る直前の場面」を喚起するという点で、新たな場を持ち出すといっていいだろう。それゆえ、これも単に「場の文」に含めてもいいかもしれない。従来の「主語述語」という形式を備えないものをすべてこの類型に含めていくというのも少し問題があるのではないかと思われる。

（4） 場と相補う文

　場と相補う文とは、課題の場とその解決との2つの文節を持つ一全体のうち、片方の文節が言い表されていない文である。

　「これは？」という課題の場に対し、「梅だ」という解決を与えた文。場と共に1つの全いものとなるもの、場と文とで相おぎなってはじめて自足する文である。

　「読みたい」「菊だ」「山へ芝刈りに行きました」「考えているのだ」

　この類型に関しては異論はないが、（2）の転位の文も「課題の場」の答えとしてはじめて成り立つ文であるとするなら、この類型になるだろう。

●文の類型―その2

　三尾は、分類原理について再考し、上記の文類型に対応する文類型を次のように考えた。

　（1）　場の文…　　　　現象文
　（2）　場を含む文…　　判断文
　（3）　場を指向する文…未展開文
　（4）　場と相補う文…　分節文

　ここでの疑問点は、類型1が「場と文の相関の原理」から出てきているのに対し、類型2というのは、文の表現類型に関するものであり、その原理が異なっているのであり、それをまったく一致するとしていいかという問題がある。

（1）　現象文

　「雨が降ってる」「とんぼがとんでる。」などのように、「体言＋が＋動詞」の形の文である。その動詞の形も「ている」や「た」の場合が多い。「電車が来た」「犬が走ってる」「お父さんが帰ってきた」「火事だ」。

　現象文の定義については異論はないが、例文として、例えば「火事だ！」などの「…だ」の文は、ここでは現象文に含めているが、先の分類では「場を指向する文」（＝分節文）に含まれていて一貫

第11章　場と文の相関の類型再考　　205

しない。筆者自身は、「火事だ」「雨だ」などの文も現象文に含めてもいいと考えているので、必ずしも助詞「が」が表れる文でなくてもいいと思われる。ちなみに、(1)のような語りの冒頭の文は、現象文ではないが、「話の場」を新たに持ち出すという意味で、現象文の拡張として考えていいかと思う*2。

(2) 判断文

「東京は日本の首府である」「この花は美しい」「町はにぎやかだ」「体言＋は＋体言＋だ」の形が典型的。述部が形容詞、動詞の場合もある。主部は題目であって、「題目―解説」の構造をなす。

「ねえさんは学校へ行きました」（課題―解決）

判断文には、次のような特殊な判断文があるとされる。

(a) 対比の判断文　「父さんの手は大きい。私の手は小さい。」
(b) 仮定題目の判断文　「あの人なら岡野さんだ」
(c) 転位文（転位の判断文）「あの方が委員だ」「おれが市川だ」「委員はあの方だ」を転位した「あの方が委員だ」は転位文であるとする。「…が＋名詞＋だ。」「…が＋名詞＋なのだ。」の形を取る。

ただし「のだ」文の場合、転位文と分節文の場合がある。

「雨が降ってるのだ」は、「雪が降っているのではない、雨だ」という意味では、「降ってるのは雨だ」が転位されたものだが、「あの音は？」という課題に対する解答として言う場合には、「あの音は、雨が降っているのだ」の述部に当たるもので分節文となるとしている。転位文を判断文とするのか、分節文とするのかは大きな問題であり、以降別個論じることにする。

(3) 未展開文

「火事だ！」「自動車だ！」「おおかみだ！」

これらは内容領域としては、その指向する場の領域全体を有するわけであるが、ただその内容は場の内容に比べて分化していない。…それゆえにこれらの文は分化させてその内容を盛った文（展開し

た文）にいいかえることができる。

　梅の花を見て「あ!」→「梅が咲いている」
　「しっかり勉強しなさい」の答えとして「はい」→「しっかり勉強します」
　「火事だ!」→「火事が起こっている」
　「火事だ!」の「だ」は思いがけない存在や生起を驚きをもってさけぶ「だ」であるとする。
　ここでも、やはり、火事を発見して「火事が起こっている」と言う場合はあまりないと思われ、現象文にしてもいいかと思われる。

(4)　分節文
　不完全文とか省略文と呼ばれていた文であるが、実際の話の場においてはそれで十全な文である。内容は十全に分化し展開していながら、場の表現と言語的表現があいまってはじめて内容領域の全面を示すことのできるものである、とする。
　「あれはなんだろう?」の場における「火事だ」
　「お前はこの本が読めるか?」の場における「読めます」
　「吉田さんがお見えになりました」の場における「どこの?」

　ここで、三尾の文類型の問題点を再度整理しておく。
1. 文の類型1（場と文の相関の類型）と文の類型2（現象文、判断文など）がまったく一致しているものと考えていいのか。
2. 有題文、無題文と文類型2が一致していると考えていいのか。
3. 2と関連して、ハとガと有題文・無題文はどのように関連しているのか考察する必要がある。

3. 問題点に関する検討、考察

　まず、2の問題であるが、丹羽（1988）は、有題文・無題文と現象文・判断文の類型は全く異なった類型であり、一対一で対応させることは間違いだとしている。詳細な議論はここでは避けるが、有題文＝判断文、無題文＝現象文という図式は必ずしもあてはまら

ないだろう。

　次に、3の問題だが、一般に、有題文はハを持つ文、無題文はハを持たない文（ガが現れる）と考えられるが、有題文でも、ハが現れない文があるという考えがある。

　三上（1953）は、有題文を「顕題文」と「陰題文」に分け、
「誰が到着した（んだ）？」
「ヘンリーが到着したんです。」（陰題）
の答えの文は「到着したのはヘンリーです。」という「顕題文」と等価であり、「到着したんです」が題目であるとする。三尾が転位文、佐治（1973）が「転位陰題」としたものである。また、佐治は、
　（地面が濡れているのを見て）雨が降ったのだろう。
「地面が濡れているのは雨が降ったのだろう」というように、場面状況を主題として当該文全体が解説になっているもので「状況陰題」と呼んだ。また、三上は、
「ヘンリーはどうした？」「到着しました。」
を主題が省略されたものとして「略題」と呼んでいる。

　丹羽（1988: 37-38）は、「状況陰題文」と「略題文」の間には本質的な相違はなく、両者をまとめて「潜題文」と呼ぶ。
　（長い行列ができているのを見て）バーゲンがあるんだ。（状況陰題）
　急いで。時間がないんだ。（状況陰題）
　本書の立場では、「略題文」も「状況陰題文」も当該の文に言語化された主題がない以上、無題文であると考える。状況（場）自体は言語化されているかいないかにせよ、それが前提になって当該の文が成立するのであるから、これらは、「場と相補う文」であると考える。あとは、「転位文」を有題文と考えるか、無題文と考えるかだが、丹羽（1988: 39-41）は、「転位文」を「無題文」であるとしている。本書も、丹羽のこの議論に同意する。
　「部長はどなた？」という質問文に対しては、2通りの答えが考えられる。
　　a．部長は私です。

主題―解説
　　　前提―焦点
　b.　私が部長です。
　　　焦点―前提
　　　〈解説―主題〉にはならない。

　aの「部長は私です」の「部長は」(主題)－「私です」(解説)という「主題－解説」構造は、同時に、「部長はXです」という前提と「私」という焦点という「前提－焦点」構造を持っている。一方、bの「私が部長です」は、「私」(焦点) と「Xが部長です」(前提) という「焦点－前提」構造を持っている文であるが、「私」が解説であり、「部長です」が主題になるという訳ではない。そもそも「部長です」という述語が述語のまま主題になるということが理解しにくいのである。また、丹羽(1988)は、主題をもつ文(「部長は私です」)と、その転位文(「私が部長です」)が意味的に等価であるから主題を持つという保証があるわけではない。仮にそうだとしても、そもそも両者の同義性ということが疑わしい、としている。「前提は焦点」という構造は「焦点が前提」という構造に転位できるが、「主題は解説」という構造は「解説が主題」という構造にはならないということであろう。

　結論的に、三尾の「転位文」は「主題」がない無題文であるから、それ自体には課題の場もなく、「場を含む文」にはならない。これも「状況陰題文」「略題文」と同じく、「場と相補う文」である。

　最後に、文類型1と文類型2が一致するかということの結論であるが、(1)「場の文」と現象文はほぼ一致する、ただし「物語の冒頭の文」は現象文とはいえないが、現象文からの拡張として位置づけてもいいだろう。また、「場と文の領域が一致している」というより、むしろ「場に含まれる文」である。(2)「場を含む文」と判断文であるが、判断文というような類型は場の問題とは原理の違う独自の表現類型であるので、一致すると見なすべきではない。「場を含む文」と「課題の場の文」はほぼ一致するが、「転位文」はここに含めるべきではない。(3)「場を指向する文」と未展開文であるが、文が展開していないことと、場が展開されていないことは同

義ではない。「火事だ！」などは、それだけで現象文であり、場を展開しているので、感動詞などに限定すべきであろう。(4)「場と相補う文」と分節文はほぼ一致していると考えていいだろう。ただし、この中に「転位文」や「状況陰題文」、「略題文」なども含めるべきであろう。

4. 新たな類型の提案

　以上の考察にふまえ、新たな「場と文の相関の類型」を提案する。
　①場の文（述語だけの文）…天候、気候、時間などを表す文。「暑い！」「10時だ」。これらは認知主体を取り巻く場そのものが文になったものと考えられる。この類型はガもハも出現しない述語だけの文であるが未展開文ではない。多くの言語でも、無人称文（無主語文）として現われている。
　②現場の文…従来の現象文（基本的に…ガを含む文）で、これは三尾がいう場と文が一致するというより、話し手を含む現場において、ある事態を知覚しそれを描写するものであるから、現場（最大スコープ MS）に事態（文）が含まれるものである。このとき、「鳥が飛んでいる」や存在文などの文は、認知主体が直接スコープ IS に含まれない（「鳥が飛んでいる」場所に、「私」は含まれない）のに対し、「富士山が見える」などの知覚文は、直接スコープに認知主体が含まれる点が異なる。この型は、「（私には：MS）向こうに（IS）富士山が見える」と2つのニ格があらわれうるもので、②と③の中間的な類型と考える。
　③自己の場の文（（私は）〜ガ…）…情意や願望、痛覚を表す文（「（私は）犬が恐い」「（私は）ジュースが飲みたい」「（私は）足が痛い」）は、一人称（私）＝認知主体（を参照点にした）場の中で、情意や願望の事態が成り立っている文である。通常「X ガ述語」型であり、「私は」言語化されない。「私は」が言語化されれば、対比的ニュアンスを持ち、④の課題の場の文に移行する。
　④課題の場の文（〜ハ…）…「太郎は学生だ」。これはハによって課題の場が作り出され、その中においてその解答が指し示される

①場の文　　　　　②現場の文

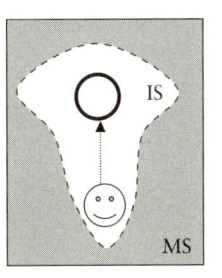

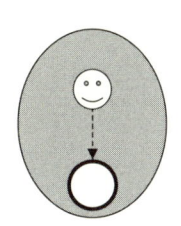

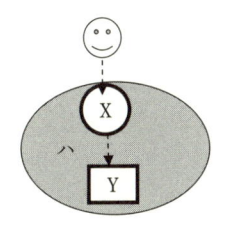

「暑い」　　　　　「鳥が飛んでいる」　　「富士山が見える」

③自己の場の文　　④課題の場の文　　　⑤場を指向する文

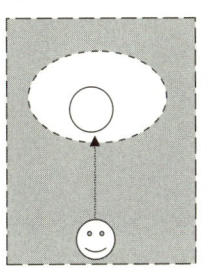

「犬が怖い」　　　「太郎は学生だ」　　「ほら！」

⑥場と相補う文

　課題の場の共有　　　　　　状況陰題

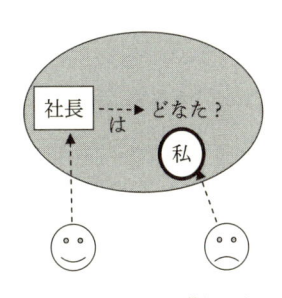

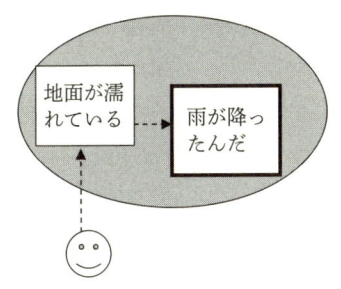

「社長はどなた？」「私です」　（地面が濡れているのを見て）
　　　　　　　　　　　　　　雨が降ったんだ。

　　　　〈課題の場〉〈分節文（略題）〉〈状況（場）〉⇒〈文（解説）〉

図2：新「場と文の相関の類型」

ものである。ここでは、Xを参照点にその支配域（ハの領域）において目標Yを指し示す参照点構造になっている。

⑤場を指向する文…未展開文。感動詞「あ！」、「い」のない形容詞発話「いたっ！」、一語文「ゴキブリ！」*3 など。ただ「火事だ！」などが「火事が起こっている」の未展開のものとは考えにくく、そのまま現象文にしてもかまわないかと考える。

⑥場と相補う文…分節文。「それは（なに）？」という質問に対し「梅だ」と答える文である。これは、「話の場」において、その中にさらに課題の場があり、その解答として発せられる文である。三尾があげている転位文、略題、状況陰題文などは、「場と相補う文」に含めたい。

5. 結論

主題があるかないか、現象文、判断文などという文類型より、「場と文の相関の類型」が一貫した原理に基づいた類型である。これを精緻化することにより、日本語の文は場に規定されており、「主語」がいらない日本語の特質も明らかにされると考える。

---

*1 「ほら」について、本多（2005：256）では、「発話の場で、話し手が聞き手の注意を何かに向けるように促すときに用いられる」ものであり、その「何か」は「普通発話の場で発話の瞬間に観察可能」なものであり、本多の枠組みでは、「共同注意を成立させるための表現」としている。また、「あっ」は、池上・守屋（2009：147）によれば、「会話の場に出来した新事態を認知したことや関連する記憶を想起したことなど、認知的表出をする形式」だとしている。感動詞の用法はさまざまであるが、いずれも〈共同主観性〉を前提に、相手に察しを求める〈共同注意〉のマーカーだとしている。

*2 現象文は、空間的場所において視覚可能な対象を指示するものであるが、物語の冒頭の文は、空間的場所が談話空間にメタファー的に拡張したものとして、位置づけられるであろう。

*3 「あつっ」などの「い」のない形容詞一語文は、感動詞に近い発話者の感覚の表出である。また名詞一語文は、モノを相手に提示してそれに注意を向け

させる行動で、言語表象を介して共同注意を達成するもの（本多 2005: 243）
である。

第12章
日本語諸構文の場所論的再構築に向けて

1. はじめに

　本章では、場所論による日本語の格助詞の体系化を発展させ、更に日本語諸構文を場所論的に再構築しようという試みを行う。

　言語学においては、動作主が対象に力を加え、変化させる、という他動詞構文をまず事態の最も典型的なものとして取り扱うのが普通である。

　認知言語学では、事態が「個体者である参与者が相互作用を行うことによって成立する」とし、球状の物体が次々とエネルギーを伝達していくというビリヤードボール・モデルを提唱している。そして、この中から一区切りのエネルギー伝達の連鎖を取り出したものを「行為連鎖」(action chain) と呼んでいる（Langacker 1991: 283、中村 1993, 1995、山梨 2000: 227–238、谷口 2005: 30 など）。この認知モデルに基づいて「1つの物体が他の物体に接触することによって運動を引き起こし、その位置を変化させる」という他動的関係を典型的な事態としてみなす。これを表示したものが図1である。

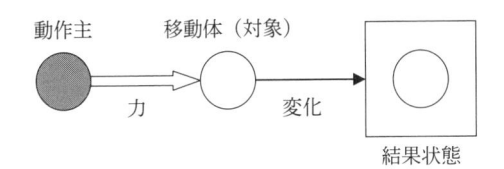

図1：行為連鎖による典型的事態

(1) John opened the door.（ジョンはドアを開けた。）
(2) Mary moved the chair.（メアリーは椅子を動かした。）

などが、この言語表現にあたる。

　こうした「動作主が移動体の移動を引き起こす」という関係が、他動的事態のプロトタイプ（典型）とされる。そして、このプロトタイプからの拡張として次のような〈状態変化〉の他動的事態が考えられる。

　（3）　John broke the window.
　（4）　Bill washed the car.

ここでは、位置を状態と見立てるというメタファー（隠喩）が関与している。英語では、状態の変化を位置の変化（移動）の動詞で表すことがある。このことから、「状態は場所である」「状態変化は位置変化である」というメタファーが一般に有効であることが示される。

　では、自動詞による事態認知はどうだろうか。自動的関係には、参与者自身がエネルギーを発して変化を起こしている場合（自律的自動関係）と、外部の参与者からエネルギーを受けている場合（他律的自動関係）があるとされる（谷口 2005: 122）。

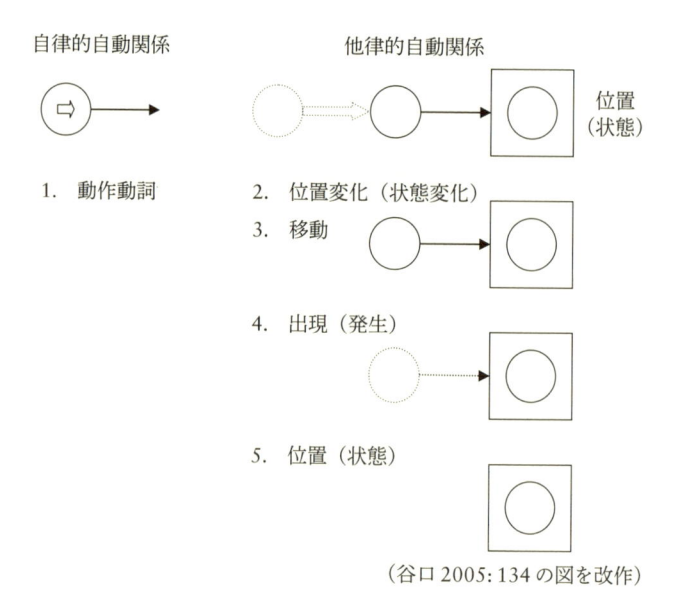

（谷口 2005: 134 の図を改作）
図2：英語の自動詞のカテゴリーとそのネットワーク

自律的自動関係は、「He walked」など自らの力で動く「動作動詞」（図2-1）で、他律的自動関係の典型は、「The door opened.」など外部からの力によって対象に「位置変化」が起こるものである（図2-2）。この場合、誰かが開けた結果ドアがあいたか、自動ドアのように自律的にあいたか特定されないので、動作主と外部の力は特定されないことが点線で示されている。位置変化は状態変化に拡張される（「The window broked」）。図では「状態」がかっこに入れられているが、いずれも同じ認知図式である。位置変化から、外的なエネルギー源が特定化されなくなると、「移動」に拡張する（「She came from London.」（図2-3））。「出現」は移動からの拡張で、移動体が何処から移動したかわからないが話者の目の前に到達したということを（「The ship appered」）表す（図2-4）。「発生」は、出現の一種であるが、いままでなかった事態が存在する、あるいは新たな状態が発生することである。「位置」は出現から、参与者の位置のみを継承するもので、ものの存在や静態的な位置関係を表す（図12-5）。最後に形容詞で表される状態が拡張される。

　以上の他動関係と自動関係の拡張関係は、日本語にも適用されるのだろうか。谷口（2005: 260）によれば、英語と日本語の事態解釈の違いは、英語では、他動関係が自律的な基本単位であり、自動関係は他動関係に依存して解釈されるのに対し、日本語では、自動関係が自律的な基本単位であり、他動関係は自動関係に依存して解釈されるとしている。

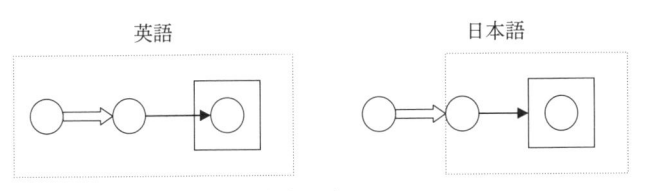

図3：日英語での他動関係の解釈の違い

　すなわち、日本語では、自動詞で表される事態が基本であり、他動詞で表される事態は、それに力を加えたものであるという。ここでは、スル的な事態把握かナル的な事態把握を基本とするかという違

第12章　日本語諸構文の場所論的再構築に向けて　217

いがよく表されると考えられる。

　ただ、ナル的といわれる日本語の事態認知の典型的なあり方は、位置変化というより、コトの生成ということにあると考える。先の自動的関係の拡張は英語には当てはまるが日本語は、図2でいえば、図2-4の出現（発生）のスキーマを起点とした拡張関係を持つのではないかということである。

　ここでは、このスキーマを生成のスキーマと呼ぶことにする。生成のスキーマとは、概略ナル型のスキーマである。日本語はナル型言語であるということが言われてきた（池上1981）。本書ではその立場を基本的に継承するとともに、ナル型の根底に「アルことはナルこと」という「存在＝生成」という発想があることを指摘する（図4）。一方、他動詞構文をベースとしてカテゴリー化される英語などの西洋言語（スル型）の背景には、制作者が材料に働きかけて存在物をうみだすという存在論的理解があり、動作主が対象に働きかけて状態変化したものを生み出すという他動詞構文の構造にメタファー的に写像がおこなわれていると考えることができる（図5）。こうした動詞カテゴリーの形成の差異は、存在を生成として捉えるか、被制作性（作られてある）として捉えるかという「存在了解」の差異として存在論的*1に捉えられるだろう。

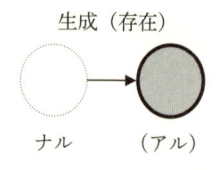

生成（存在）　　　　制作者　材料　被造物(存在物)

ナル　（アル）　　　動作主　対象　　状態

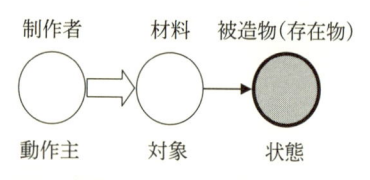

図4：生成としての存在　　図5：被制作性としての存在

これをよく知られた具体的な言語現象で見てみよう。
(5)　a.　This drink is made of orange juice.
　　　b.　この飲み物はオレンジジュースでできている。
　　　c.　?この飲み物はオレンジジュースで作られている。
(6)　a.　Hydrogen and oxygen make water.
　　　　　(Water is made up of hydrogen and oxygen)
　　　b.　水素と酸素で水になる。（水は水素と酸素からなる /で

　　　　きている）
　　c.　?水は水素と酸素から作られている。
(7)　a.　The bookshelves are built into the walls of my room.
　　b.　私の部屋の壁に本棚が作りつけになっている。
　　c.　?私の部屋の壁に本棚が作られている。
(8)　a.　What made this sudden change?
　　b.　どうしてこんなに急にかわったのか？
　　c.　?何がこの急な変化を作ったのか。
(9)　a.　He was killed in a traffic accident.
　　b.　彼は交通事故で死んだ。
　　c.　?彼は交通事故で殺された。

（以上、英語例文は『ジーニアス英和辞典』大修館書店、1993）

　(5)〜(7)は、英語ではツクル型の動詞（make, build）が使われているが、その邦訳で自然なものはデキルかナルになっている。ここでは、作られてある（被制作性としての存在）とナル（生成としての存在）という対比が見事に指し示されている。(8)の英語は使役のmakeだが、何ものかが働きかけて変化を作り出した、という発想だが、邦訳では使役ではなく、「変わる」という自動詞が使われている。(9) aは状態変化他動詞で、「事故で殺された」という発想をしているが、日本語ではそういう言い方は普通せず、単に「交通事故で死んだ」と言う。

　節の冒頭では、他動詞構文の典型は状態変化他動詞だとしたが、むしろ、行為の典型は制作的行為であり、ツクルのスキーマが英語などの言語ではベースとなると考えたほうがいいかもしれない。そうすると、スル型といわれてきたものは、ツクル型と言い換えなければならない。ツクルとナルの言語学である。ツクル型のスキーマから状態変化他動詞も拡張されるのである。

　また、次のような現象が指摘されてきた。

(10) a.　× I burned it, but it didn't burn.
　　 b.　それを燃やしたけれど、燃えなかった
(11) a.　× I boiled the water, but it didn't boil.
　　 b.　水を沸かしたけれど、沸かなかった。

cf. ?湯を沸かしたが、沸かなかった
(12) a. × I helped her solve the problem, but she couldn't solve it.
　　 b.　彼女が問題を解くのを手伝ってやったが、彼女は解けなかった
　　　　　　　　　　　　　　　　　　　　（以上、池上1981）

　英語では、状態変化他動詞はほとんどがその作られた結果としての存在（状態）を含意するが、日本語では、状態変化他動詞は必ずしも結果を含意しない。結果を含意する「殺す」のような動詞はむしろ日本語では特殊な動詞ではないか。それゆえ、日本語ではツクル型のスキーマから状態変化他動詞への拡張は考えにくいのである。

　スル型、ナル型といわれてきた主張をより根源的に存在論的な観点から位置づけ直す試みは、文化論的にいっても、哲学的に言っても、興味深い課題ではないかと思われる。以上のようなことを鑑み、本章では、日本語の諸構文を存在論的・場所論的観点から位置づけ直し、体系化するという試みを行いたいと思う。

2. 存在構文から名詞述語文、形容詞述語文の範疇化

2.1　存在構文　中心的存在構文と主題化構文

　本章ではまず、存在構文から出発する。存在構文は、中心的存在構文（YニXガアル）をプロトタイプとして、2つの主題化構文―所在構文（XハYニアル）、場所主題化構文（YニハXガアル）―が拡張される。

(13) 木の上に鳥がいる。（中心的存在構文―眼前存在）
(14) 鳥は木の上にいる。（所在構文）
(15) 木の上には鳥がいる。（場所主題化構文）

　日本語の存在構文には様々なものがありえるが、(13)のような「物理的空間に実体が存在する」ことを描写する、眼前描写の存在文を「中心的存在構文」と規定する。「いま、ここにある」ことは、人間にとってもっとも具体的な直接的な経験だという点で「基本レベル」であると認められるからだ*2。眼前描写や「指し示すこと」はLakoff(1987)のいう「経験のゲシュタルト」をなしているものである。中心的な存在構文は、統語的には「YニXガイル／ア

ル」という形を取り、場所を表すYニが先頭にきて、実体Xはガ格でマークされると言うことが特徴的である。発話者が「いま、ここにおいて」何かを見たときの驚き、感動などが、中心的存在構文として表されるわけであるが、これはただ、「あ、ウグイス!」とか「わあ、ゴキブリ!」とかの一語文*3でも言い表されることである。「ウグイス」とモノの名前を言うことに既に「ウグイス」の存在が前提とされているのであり、「ウグイス(ガイルコト)」という事柄が前提的にあるのである。「空が青い」や「雪が白い」のような形容詞文についても、「雪が降っている」や「鳥が飛んでいる」などのテイル構文も、この中心的存在構文のヴァリアントとして位置づけられる。

　中心的存在構文から、主題化によって2つの構文、所在構文と場所主題化構文が拡張される。ハは元来「場(バ)」と語源的に関連するとすれば、ハとは場を作り出すものである*4。ハは「個々の現前の場を離れた一般的な概念の世界における課題の場を設定する」(森重1971)というところにその本質があると考える。ハの働きは、「YニXガアル」コトから、場所Y、あるいは実体Xを取り出して、再び「YニXガアル」コトに結合させるという、分離即結合と言う働きにあると言える(森重1971)。「ハ」によって作り出される領域は、眼前の領域である必要はなく、概念化者の作り出す概念的領域(心的な領域)である。それゆえ、主題化構文は時所的な制約を受けず、恒常的事態を表すことができる(第6章も参照)。

　存在構文を認知図式で表したものが図6である。言語の構造をこのようなスキーマで表示することには、本質的な意味がある。言語は、人間(話し手、聞き手)が存在することによって成り立つものである。それゆえ、言語構造の表示においても必ずそれを概念化する人間の存在が表示されなければならない。認知文法ではこれを概念化者(Conceptualizer：C)と呼んでいる。この図では便宜的にCという記号の代わりに、人の顔の図で示している。図6の中心的存在構文では、概念化者の眼前に存在物(X)があるわけであるが、概念化者はある場所Yに存在物Xがあることを指し示す*5、この

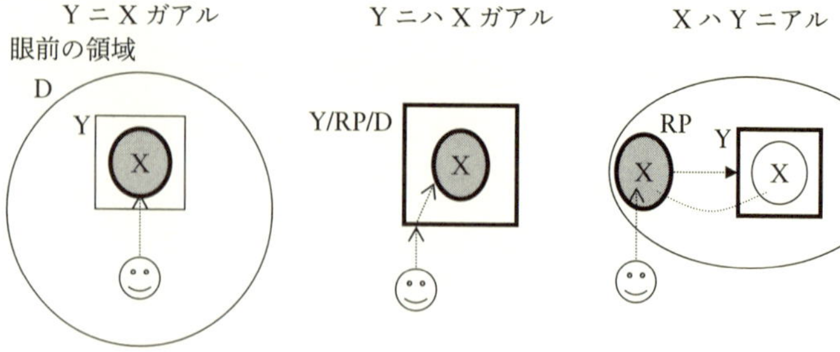

図6：中心的存在構文　　図7：場所主題化構文　　図8：所在構文
X：実体（存在物）、Y：場所、☺：概念化者
RP：参照点、D：RPの支配域、点線矢印：心的経路（メンタルパス）

働きが、概念化者から存在物へのびる点線の矢印で示されている。これを心的経路（mental path）と呼ぶ。作用的な意味としては心的接触（メンタルコンタクト）といっていいだろう。存在物Xは「（Yニ）Xガアル」という中心的存在構文における最も顕著な（中核的な）対象である。それゆえ、これを特に太線で輪郭づける（プロファイルする）。存在物のある場所Yは存在物の背景である。主題化構文においては、主題化されたものを参照点にしてその支配域（dominion：D）が概念領域（課題の場、メンタルスペース）を作り出す。図7のY（場所）を主題化した、「YニハXガアル」構文においては、Y（場所）を参照点（reference-point：RP）にして目標物（target：T）であるX（実体）が指し示される*6。ここでは、参照点RPとその支配域Dと空間的場所Yが一致する。一方、図8のXが主題化された「XハYニアル」構文では、「YニXガアル」のスキーマからXが一旦分離され、それを参照点にしてY（場所）が指し示されると言うことになる。

　場所主題化構文は、「私には弟がいる」などのような所有構文に拡張する。さらに「彼はメキシコに行ったことがある」のようなタコトガアル構文も所有構文からの拡張として位置付けられる。また、「昨日、近くで火事があった」のような出来事の存在を表す構文は、中心的存在構文の場所が時間的領域（出来事時）に、実体Xが出来事にメタファー的に拡張されたものとして考えることができる*7。

2.2　名詞述語文

「太郎は学生である」のような文を典型的な名詞述語文とする。これをコピュラ文と呼ぶ発想には、デアルを繋辞（copula）とし「太郎」と「学生」を同定関係で結ぶ働き（太郎＝学生）という前提があり、本書ではこの立場には批判的である。存在動詞をコピュラと見る考え方は本質存在を事実存在より優位と見る伝統的な西洋哲学、論理学から来る考え方であり、これを本来の存在的な見方に返そうとするのが本書の趣旨だからである。日本語のデアル自体は本来、場所にあることから由来し、存在の限定であると理解するのが自然であろう。名詞述語文（XハYデアル）は、「デ」を場所的な「ニテ」と解釈すること、すなわちYデを存在（アル）の限定と考えることによって、所在構文（XハYニアル）の認知過程を継承した拡張構文と位置づけることができる*8。

「太郎は学生である」は、「太郎は学生にてある」、すなわち太郎は学生という状態である、あるいは学生の一員であると解釈され、学生が太郎を包含する図式になる。

つまり、「XはYだ」の「だ＝である」の働きは、もともとの存在の意味を引き継いで、「XがYの状態である（＝存在する）」（太郎が学生として、ある）と解釈される。ここでは、XというモノがYという場所にある、と見立てられているわけである。

ただ、ここでは厳密に「は」の働きは考えていない。「XはYだ」では、「XがYだ」という「は」の下に隠された「が」という格助詞が見出せる。これが三上（1959）のいう「格助詞の代行」という働きであるが、実際の発話では「XがYだ」と「XはYだ」とは意味が異なる。普通名詞文では「太郎は学生だ」のように「は」を使うのが普通で、「太郎が学生だ」というのは特殊な場合である。

「太郎が学生だ」は普通「太郎が学生であるコト」というようにコトという名詞を修飾する形で使われる。これをコト図式と呼ぶ（田中2000: 18）。「太郎は学生だ」では、「太郎が学生であるコト」というコト図式（図9）から「太郎」を引き出して、「太郎は」何なのかという主題として出し、「学生だ」という答を提示するという図式になる。名詞文「XはYだ」は、「XがYだ」の図式から、

Xのみを取り出し、再びYに結びつけるという図10のような図式で考えることにする*9。

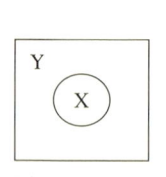

図9：XがYであるコト　　図10：XはYである

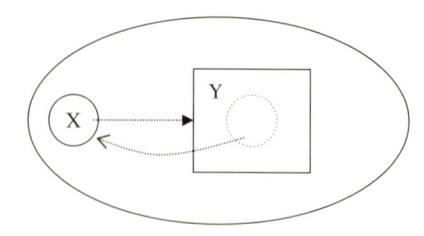

なお、上記のような名詞述語文は、一般にXの属性をYとして表すもので「措定文」と呼ばれるが、この措定文を倒置した「倒置指定文」と言われるものがある（西山2003）*10。

(16) 太郎は社長だ。（措定文：図11）
(17) 社長は太郎だ。（倒置指定文：図12）
(18) 太郎が社長だ。（指定文）
(19) *社長が太郎だ。

本書の立場においては、名詞述語文をアプリオリに措定文と（倒置）指定文に分類するのではなく、倒置指定文も措定文と同じ「XガYダ」の図式を含み、Yを参照点としXをターゲットとする、場所主題化構文（YハXニアル）の認知過程を継承したものと考える（図12）。すなわち、措定文と倒置指定文の違いはXを参照点

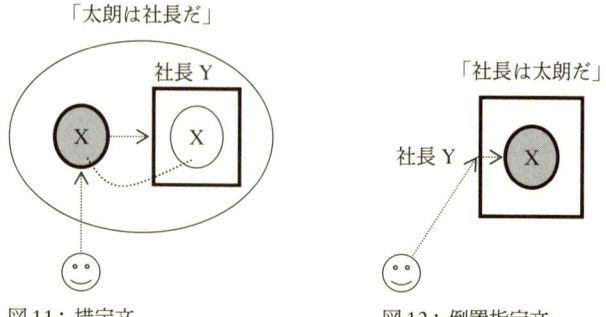

「太朗は社長だ」　　　　　　「社長は太朗だ」

図11：措定文　　　　　　　図12：倒置指定文

224　II 事例研究

にするかYを参照点にするかの認知過程の違いとして考えるのである*11。

2.3 形容詞述語文

　形容詞述語文を属性形容詞文と情意・感覚形容詞文に分ける伝統的な分類に従うなら、属性形容詞文「XハA」は所在構文「XハYニアル」の認知過程を継承し（図13）、情意・感覚形容詞文「(Yハ) XガA」は場所主題化構文「YニハXガアル」の認知過程を継承していると考えられる（図14）*12。

　属性形容詞文は、形容詞が存在詞を限定する構成である（きれいだ＝きれいである、美しい＝美しくある）。形容詞文の中核に存在詞文がある（川端1976: 176）と考えることは奇異ではない*13。現代語でも過去形では、きれいだった（きれいであった）、美しかった（うつくしくあった）のようにアルが顕在化するし、古代日本語と系統関係があるとされる琉球語では、形容詞は存在動詞を膠着させた形式である。(chura-s-aN：美しい、aNは存在詞「ある」)

　(20) この花はきれいである（属性形容詞文）

　(21) この花は美しい

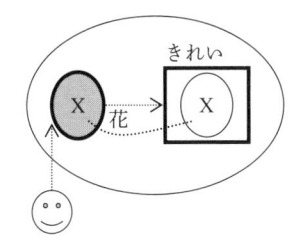

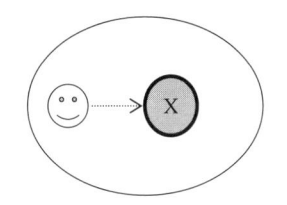

図13：属性形容詞文　　図14：情意・感覚形容詞文

　情意・感覚形容詞文は、一人称（私）を場とした存在文の一種であると考えられる。情意や感覚、欲求は私（話し手）のなかに存在する作用であると考えられるからである。すなわち、情意・感覚形容詞文（Y（ニ）ハXガA；Yは話し手）は場所主題化構文の認知過程を継承した拡張構文である。場所Yは一人称に限られ、言語化されないのが普通であるので、Yは概念化者と一致する。情意の

形容詞文の場合、その情意を引き起こすものは、モノと言うよりもコトと考えた方がいいだろう。「私は両親からの手紙が嬉しい」は「私は両親から手紙が来たことが嬉しい」ということである（川端 1958:5）。感覚形容詞の中核的対象は、人間の感覚が引き起こされる身体部位あるいはその感覚を引き起こすものである。これらはいわゆる「〜ハ…ガ」構文として、YハXガA（「象は鼻が長い」など）につながっていく。これらの構文に共通の特徴は、コトの中核的対象がガ格で示されるということだが、プロトタイプとしての存在場所のニ格が周辺的なメンバーほど表れにくくなる。

(22) 故郷からの手紙がうれしい（情意形容詞文）
(23) 足が痛い（感覚形容詞文）
(24) 象は鼻が長い（〜ハ…ガ構文）

以上のように、名詞述語文、形容詞述語文は存在構文の認知過程を継承した存在構文のヴァリエーションとして捉えることができる*14。

3. 動詞述語文の複合的ネットワーク

前節では、存在構文に基づいて名詞、形容詞述語文が位置づけられた。動詞述語文の中でも、いわゆる状態動詞述語文は広義存在構文として位置づけることが可能である*15。では、移動や変化や働きかけなど動的な運動としての非状態動詞述語文は、どのように位置づけられるのであろうか。

以下、日本語の基本的イベント・スキーマを、生成、移動、行為という方向で記述する。

3.1 生成のスキーマ

生成のスキーマの具体化として、中心となるのはデキル文とナル文であり、両者に焦点を絞ってその認知過程を明らかにしたい。概略、デキル文（YニハXガできる）は、自発、可能の原型としてラレル文（自発、可能）に拡張される*16。ナル文（XハYニナル）は、生成、変化の原型として受身のラレル文に拡張されると考

えられる。

3.1.1 デキル文（YニハXができる）

「出来る」は、古語の「出で来（いでく）」→「出来（でく）」に由来している*17といわれるように、その根源的意味は出来（しゅったい）であり、実現、可能はそのヴァリアントであると考えられる。

(25) 頬にニキビができた（出来）

(26) 論文ができた（実現）

(25) は、ある場所YにモノXが出現し、そこに存在するようになるという意味で中心的存在構文「YニXガアル」（頬にニキビがある）の拡張であると考えることができる（図15）。「YニXができる」の場所Yが主題化され人間主体に拡張された場合、(26) では、「いまここにおいて」（言語化されない）「論文を書く」という出来事が出来するというとらえかたになる。これが結果的には完成する（実現する）という意味に拡張していくのだと考えられる（図16）*18。

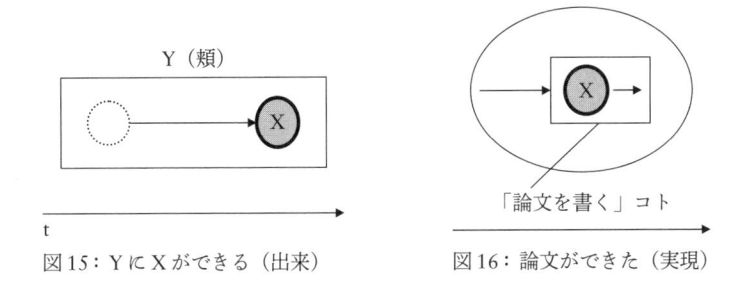

図15：YにXができる（出来）　　図16：論文ができた（実現）

(27) 鈴木さんは中国語を話すことができる（可能）

(28) 鈴木さんは中国語が話せる（可能動詞）

(29) 彼は納豆が食べられる（可能ラレル文）

(27) の可能は、鈴木さんにおいて「（鈴木さんが）中国語を話すこと」が生起する*19ということであり、「意図すればいつでもその行為が実現するだけの許容性、萌芽がその状況の中に存在する」（尾上1998–1999）ことから可能の意味が生じると考えられ

る*20。デキル文とは、場所において物事が出来する、ことに帰結するのである。図17においては、「中国語を話すこと」は可能性であり、まだ実現していないという意味でコトを表す四角のボックスが点線になっている。(28)の可能動詞文、(29)の可能ラレル文も、可能デキル文と同様の認知過程で把握できる*21。すなわち、「鈴木さんは中国語が読める」の場合、まず、「鈴木さんが中国語を読む」コトから、鈴木さんが場所として取り立てられ(主題化され)、「中国語を読む」コトの「中国語」が中核的対象としてガ格として、指し示されるのである(図18)。

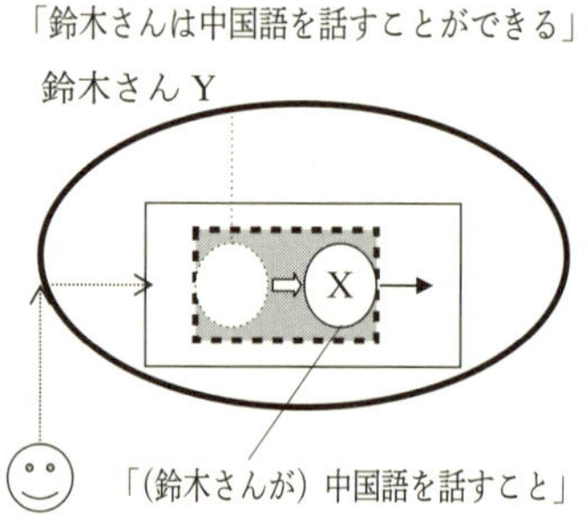

図17：YハXヲVコトガデキル

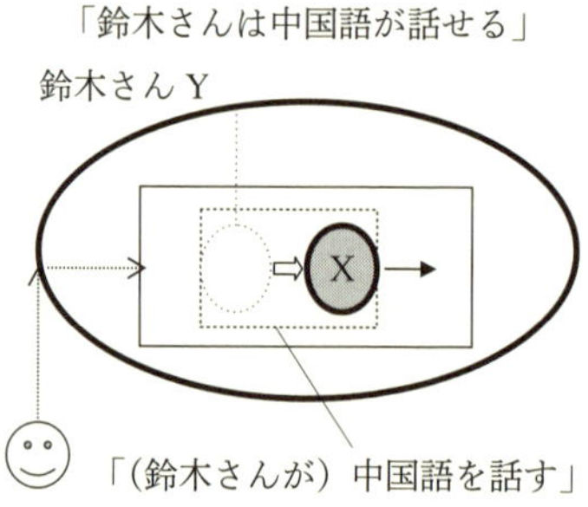

図18：可能動詞文

3.1.2 知覚動詞構文

「見える」「聞こえる」などの知覚動詞の構文も出来＝存在の構文である*22。

(30) 富士山が見える

(31) 向こうに富士山が見える

(32) 彼には幽霊が見える

(33) 向こうから汽笛の音が聞こえる

「見える」は、その対象がある場所(「向こうに」)を言語化することもできるし、その対象が人の(「彼には」)知覚領域に存在することを示すこともできる。「富士山が見える」と言うと、普通話し手に富士山が見えていると解釈されるから、話し手は言語化されないのが普通である。「(向こうに)富士山が見える」は中心的存在構文のヴァリアントであり、「彼には幽霊が見える」は場所主題化構

文からの拡張である。「聞こえる」では、対象のある場所を起点（「向こうから」）として言語化することも可能である。これら知覚動詞は、対象のある場所から対象が知覚者の知覚領域に自然に入ってくるという特徴を持っている。

3.1.3　ナル文（XハYニナル）

日本語の「なる」という動詞は、「木に実がなる」のように、本来、物事が出来・生起するという意味として考えられる。「実がなった」結果「今柿の木に実がたくさんある」のである。「なる」は「ある」を含意している。これはナル文が存在文と密接に関わっていることを意味している。すなわち、「ナルことはアルこと」である。

(34) 柿の木にたくさん実がなった。（⊃柿の木にたくさん実がある）
(35) もうすぐ春になる。（⊃もうすぐ春である）
(36) 太郎は医者になった。（⊃太郎は医者である）
(37) 花子はきれいになった。（⊃花子はきれいだ）
(38) 花子は美しくなった。（⊃花子は美しい）
　　　　　　　　　　（A⊃B：AはBを含意する）

(36)のような「XハYニナル」構文は「YニXガナル」のXが主題化されたものであり、Xにおいて「XガYダ」という事態が生起する、すなわち太郎において「太郎が医者である」という事態が生起するという捉えかたができる*23。

太郎は ［太郎が医者だ］ なった → 太郎は 医者に なった
　　　　　　　　　　　　　　　　　（⊃太郎は医者である）

ここでも「太郎は医者になる」という結果は「太郎は医者である」を含意する。

(37)(38)でも形容詞述語文「花子がきれいだ」「花子が美しい」というコトがナル（生起する）のである。

図19は、XハYニナルをコトの生起という点から図式化したものである。

従来の解釈では「XハYニナル」はXというモノがYというモ

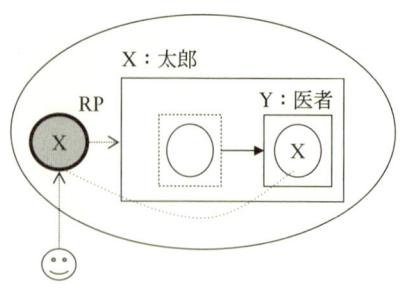

図19：XハYニナル（コトの生成）

ノに変化するものとして解釈される。「ナル＝変化」ということである。そして「ニ」は、「学校に行く」の「ニ」と同じ到達点を表す格助詞とされた。本書の立場は、まず生成の意味のナル文があり、変化の意味はその拡張であると主張するものである。もう一度繰り返すと、生成のナル文は、名詞述語文「XハYデアル」や形容詞述語文「XハA」というコトを生起させるものである。一方、変化というと「X→Y」という風に単にXというモノがYというモノに変化する、というモノ的捉え方である。確かにナル＝変化と考えるほかないナル文も存在する。「雨が雪になった」では、「雨が雪である」コトが生じるというのは変であるし、「雨が雪に変わった」と置き換えられることから、変化文に転換していると考えられるが、これはやはり派生的なものである。ナルは一次的に変化ではない、という主張は、次のような変化を表さないナル構文の存在においても裏付けられる。

(39) 国を出てから十年になる。（＝国を出てから十年だ）
(40) おや、もう九時になる。（＝おや、もう九時だ）
(41) 1200円になります。（＝1200円です）　　　（寺村1984: 104）

これらはすべて、ある事態が自然発生するものとして捉えられるものである。すなわち、「国を出てから十年」という年月が自然に流れた、「9時」という時間が思いがけず生じた、「合計が1200円である」という事態が自然に生じたとすることによって、客に直接的に請求することを避け、それが丁寧な表現につながるのである*24。

さらに、ナル＝変化の考え方では、次のようなナル文は説明でき

ない。この場合、場所を主語にしてその中で事態が自然に生起するという捉え方になる。

(42) 僕たち結婚することになりました。
(43) 天皇陛下におかせられましては、自ら杉の苗をお植えになりました。　　　　　　　　　　　　　　　　（池上2000: 222）

(42)では、「僕たち」を場にして、「結婚すること」が生ずるという捉え方がなされている。(43)では、天皇という場所において、「杉の苗を植える」ということが生ずるという捉え方がなされている。主体の行為であることを前面に出さず、場所において、コトが自然にナルという表現が尊敬の意味につながってくるのである。池上（2000: 301）は、こうした捉え方を次のように言っている。「出来事が出来するのは環境という場所ではなくて、自己という場所においてではないかということである。このような捉え方は、自己と環境とを対立するものと措定し、自己が環境に対して働きかけ、自らの意に叶うように変えていくという図式とは鮮明に対立する。後者では自己は何かを〈する〉主体である。前者では、自己は何かが出来する―つまり、そこで何かが〈なる〉―場所である。」（場所において）「〈行為〉が自然発生する―言いかえれば、〈主体なき行為〉が成る―という認識を伴わなくてはならないわけである」（同308）こうした捉え方は、ラレル文に継承されていくのである。

3.1.4　ラレル文の認知過程

ラレル文は、ナル型からの拡張であることは、近藤（1977: 52）や池上（1981）なども指摘しているとおりである。英語、フランス語、ロシア語などでは受身文の助動詞は存在動詞であるが、ドイツ語では、生成を意味するwerdenがまた韓国語ではtweda（なる）が受身を構成する助動詞になっていることは興味深い。

日本語における事態は「出来事」といわれるように、「コトが出来する」という表現形式をとっている。また、「出来る」という動詞は、コトの出来を表すと同時に可能、実現などを表す表現ともなっている。尾上（1996）では、ラレル文を「事態を個体の動きとして語るのでなく、事態・状況の全体としての出来・生起として語

る」という出来文として、提起している。

　ここで問題としたいことは、これらの出来文のいわば原型としてデキル文、ナル文があるということだ。可能、自発は、YニハXガデキル型のスキーマの拡張であり、受身文はXハYニナル型のスキーマの拡張であると考えることができる。

　ラレル文のコト図式をYニXガVラレルとすれば、可能、自発はYを主題化したもの（Y（ニ）ハXガVラレル）、受身はXを主題化したもの（XハYニVラレル）と考えられる。

　(44) 猫（に）はネズミが食べられる。（可能）
　(45) ネズミは猫に食べられた。（受身）

　可能ラレル文の場合、Yという場所において「YガXヲV」という事態がナル、すなわち「猫において、この猫がネズミを食べるという事態が生起する」という捉え方であり、Yは文字通りコトが出来する場と考えられるが、受身ラレル文の場合、「ネズミはというと、猫がネズミを食べるという事態になった」という語り方であり、Xが即、場であるというよりは、「YガXヲV」というコトから切り出された参照点Xが作り出す支配域（概念領域）において、事態が出来するという捉え方である。

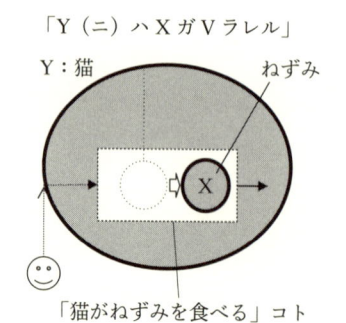

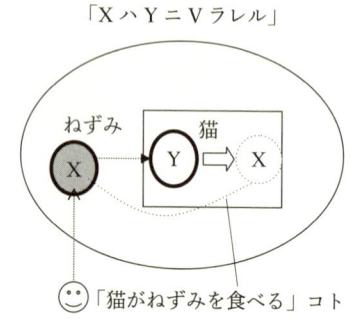

図20：可能ラレル文　　　　　　図21：受け身ラレル文

3.2　移動のスキーマ

　生成のスキーマは、状況全体の生起が焦点にされるのに対し、移動のスキーマ（起点W→移動者X→着点Y）は、特定の場所から場所へ移動する個体の動きに注目する、モノ志向のスキーマである

と考えられる（池上1981）。英語などでは、移動動詞が状態変化に拡張して使われるために、位置変化→状態変化のメタファーを一般化することができる。すなわち、変化は移動として概念化されていると考えられる。

(46) a. John went crazy.
　　 b. ジョンはきちがい（ママ）になった。（＝気が狂った。）
　　 c. ?ジョンはきちがい（ママ）に行った。

(47) a. John went red with anger.
　　 b. ジョンは怒って真っ赤になった。
　　 c. ?ジョンは怒りで赤に行った。

(48) a. John's dreams came true.
　　 b. ジョンの夢が本当になった。（＝実現した。）
　　 c. ?ジョンの夢が本当に来た。

（池上1981：250、日本語訳は筆者）

しかし、日本語においては、状態変化を移動動詞で表すということは一般的ではない。これらは、日本語では、訳のように生成型動詞「なる」が使われるのが自然である。つまり、日本語では生成→状態変化という方向が一般的である。また、生成→位置変化という方向性もあり得る。

(49) お殿様のお成り。

(50) 今は武蔵の国になりぬ。　　　　（池上1981：252）

ただ、この方向性は現代語では見られない現象であるので、現代日本語において生成→位置変化のメタファーを一般化することは難しい。本書では、生成と移動のスキーマは、どちらかを基本として拡張関係と見るのは難しいと考え、相補的関係であると考えておきたい。

「移動のスキーマ」は（到達型、出発型、通過型、移動様態型）などのさまざまなヴァリアントを持つ。

(51) 太郎は学校に来た。

(52) 太郎は学校に行った。

(53) 次郎が学校に着いた（到着型）

(54) 次郎が学校から（を）出た（出発型）

第12章　日本語諸構文の場所論的再構築に向けて　233

(55) 駅の前を／路地裏を通る（通過型）
(56) 公園を歩く（移動様態型）

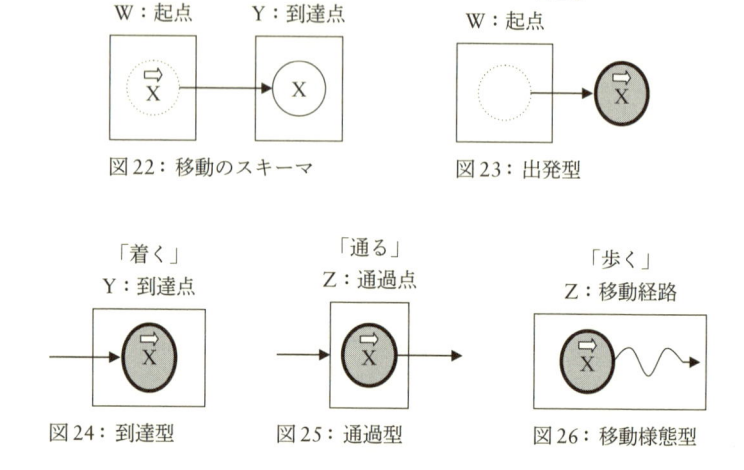

図22：移動のスキーマ

図23：出発型

図24：到達型

図25：通過型

図26：移動様態型

　移動のスキーマには、移動者（X）、起点（W）、経路（Z）、到達点（Y）、移動の動きの要素が考えられる。このなかで、移動者が最も顕著で（目立つ）存在物である（典型的には自ら動く人間）。移動者は自らの力で動くという意味で図22のサークルの中にブロック矢印が入っている。このスキーマでは、代表的な移動動詞（位置変化動詞）である「行く」「来る」の違いがうまく表示できる。すなわち、「行く」「来る」は、話者の観点が関わっており、「行く」は話者の領域（Yがある領域）から離れること、「来る」は話者の領域（Yがある領域）に入ることという点で異なる。このことは、本来「来る」が到達点達成を含意し、「行く」は到達点達成については無標であることにつながっている。つまり、「太郎は学校に来た」の場合は「太郎は学校に到着した」を含意するが、「太郎は学校に行った」では「太郎は学校に向かって出発したが、まだ到着していない」こともありえるから、「行く」は到達点を志向した移動動作だとは言えるが、到達点への達成を必ずしも含意していない。到達点を明示しないで、「太郎は来た」「太郎は行った」と言った場合、「来る」は今ここにいることを含意し、「行く」は今ここにいな

いことを含意するのみである。このことは、「来る」「行く」が発話者の場所への存在、非存在を表す、存在文の変種であることを裏づけるものである。「行く」「来る」は「今ここにいる」か「今ここにいないか」を問題にする表現である故に、移動の過程を積極的に表しにくい。この点、英語の go, come が進行形で到達点に向かった移動中の状態を表しうるのと異なる。日本語ではあえて言うなら「つつある」形を使わなければならない。

3.3 他動詞構文のスキーマ

第9章で述べたように、池上（1993）は、起点―移動体―目標（「太郎が家から学校に行く」）というタイプの移動のスキーマが〈行為〉の概念化に供されるとしている。池上によれば、典型的な対象とは、移動の目標（着点）であるものが、行為のスキーマに供与され、行為を受ける被動体として概念化したものであるという説明が可能である。つまり、「移動のスキーマ」の拡張として考えることができるのである。

```
起 点    ―   移動体   ―   目 標
 ⋮              ⋮              ⋮
 ▼              ▼              ▼
動作主   ― （エネルギー） ―   対 象
```

動作主〈起点〉 ⟹ 対象〈目標〉

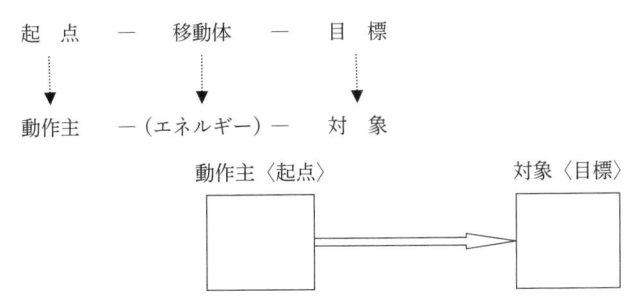

図27：行為のスキーマ

この場合、移動しているのは、動作主（起点）から発せられるエネルギーであり、それが対象（目標）に到達するという概念化ができる。「～ガ…ヲV」の格体制をとる他動詞構文は基本的にこの図式で説明できると思う。

(57) ボールを蹴る。
(58) リンゴを食べる

他動詞構文には、上記のように、対象の変化を含意しない図27

のようなスキーマで考えられるものがあるが、対象変化を表す他動詞構文は、図27のスキーマに、新たに目標としての結果状態のニ格が付加されたものと考える（図28）。

(59) 赤ん坊がおもちゃを（ばらばらに）壊した。

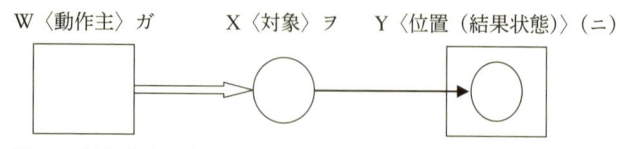

W〈動作主〉ガ　　X〈対象〉ヲ　　Y〈位置（結果状態）〉（ニ）

図28：対象変化他動詞のスキーマ

一方、「入れる」のような対象の位置変化を含意する他動詞では、あらかじめ「…ガ…ヲ…ニ」という格体制をもつので、ニ格は付け加わったものではなく、図29のように、表される。これは、授受の図式にも適用されるものである。ここでは、動作主がエネルギーを加え、それが着点に向かって移動するものであり、行為のスキーマと移動のスキーマが併存している。

(60) 太郎が次郎を部屋に入れた。　〈動作主→対象→位置〉
　　　　　　　　　　　　　　　　　　（使役移動）

図29：授受、使役移動のスキーマ

次に、自他動詞の対がある他動詞についての概念形成を扱う*25。

まず、自動詞が無標であって、それに動作主が付け加わることによって、他動詞が形成されるものである。まず、「あく（ak-u）―あける（ak-e-ru）」のように「-e-」という接辞がついて、自動詞から他動詞が形成される例は次のようなものである。

(61) 窓が開く。
(62) 太郎が窓を開ける。

また、「起こす（ok-os-u）」のように、自動詞「起きる（ok-i-ru）」から「-os-」のような接辞を付加して形成される他動詞もこのよう

なスキーマで考えられる。(「動く（ugok-u）―動かす（ugok-as-u）」のように「-as-」という接辞が付加される場合もある。いずれも他動詞では語尾が「す」となるのが特徴であり、これは「する」という本動詞とも関係していると予測される。図30では、「子供が起きる」という自動関係に、動作主が付け加わることによって他動詞が形成されることが示される。

(63) 子供が起きる。
(64) 母親が子供を起こす。

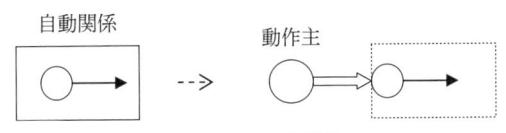

図30：自動詞から形成される他動詞

　一方、「割る」などのように、他動詞関係を基本にして、その結果として「割れる」という自動詞関係が派生されるような構造も考えられる。このような種類の他動詞は、「割る（war-u）―割れる（war-e-ru）」のように「-e-」という接辞がついて、他動詞から自動詞が形成される例である。このように、「-e-」という接辞は、他動詞化にも自動詞化にも使われる。「-e-」という接辞のある方が常に有標である。このときの「結果副詞」（粉々に）はオプションである。

(61) 子供が花瓶を（粉々に）割った。
　　　　　　　　　　　　〈動作主―対象―（結果状態）〉
(62) 花瓶が（粉々に）割れた。　〈対象―（結果状態）〉

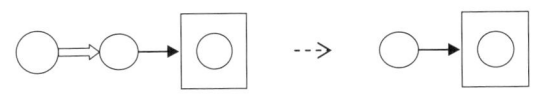

図31：他動詞から形成される自動詞

　また、「かける（kak-e-ru）―かかる（kak-ar-u）」のように他動詞構造から「-ar-」という接辞がついて自動詞構造へ派生が考えられるものもある。この場合、「-ar-」という接辞は、「ある」との関

係が予測される。

(63) 父が壁に絵を掛けた。
(64) 壁に絵が掛かっている。

また、「あずける（azuk-e-ru）―あずかる（azuk-ar-u）」のようなペアは、両方ともヲ格対象物をとる他動詞と考えられるが、「あずかる」は「あずける」行為があってその結果として初めて成り立つ事態であるので、「かける―かかる」のような自他のペアと準じて考えられる。（これらは、「あげる、もらう」などの授受関係を思い起こさせる。）

(65) 太郎は、クロークに荷物を預けた。
(66) クロークは、太郎から荷物を預かった。

4．結論

最後に、存在、生成、移動、授受、他動詞構文など全体を図式化すると、図32のようになる。

本章では、コトの生成という事象構造が日本語にとって最も基本的な事象構造であると考えている。図32の一番上の存在のスキーマは、生成・出来のスキーマと一体のものとして考えられる。すなわち、「アルことはナルこと」という理解である。この意味で、「存在＝生成」というスキーマが日本語においては、基本になると考えられる。この際、「場所においてコトがナル」という事態把握が、生成のスキーマの拡張としての出来文（知覚文、可能文、ラレル文）の理解に重要な意味を持つのである。「移動のスキーマ」は、個物の場所から場所への移動という点で、モノ的把握であるが、場所論的観点からは格助詞の認知的基盤をなす重要なスキーマになる。英語では、移動で変化を表すという事態把握が考えられるが、日本語では、変化構文はむしろ生成（コトがナル）をモノ的観点から捉え直したものと考えておきたい。「移動のスキーマ」からは、着点が働きかけの対象に概念的に転換して、「行為のスキーマ」が形成される。授受や使役移動のような他動詞構文は、「移動と行為の両方にまたがるスキーマである。英語などで最も基本とされる状態変

化の他動詞構造は拡張の対極にある。こうして見ると、本章の図2で見た英語の事象構造の拡張関係とまさに正反対の拡張をしていることがわかるのである。

場所論的関係から、これらの日本語諸構文を考えた場合、重要なことは、すべての事象構造において、YニXガアルという場所と存在物の関係が含まれていることである。このYという場所は、存在では存在物が位置する場所であり、生成ではコトが発生する場所であり、移動では移動者が到着する場所であり、授受では対象を受け取る受け手としての場所であり、他動構造では位置変化や結果

〈存在〉
名詞文、形容詞文

YニXガアル

〈生成・出来〉
状態変化
可能文
ラレル文

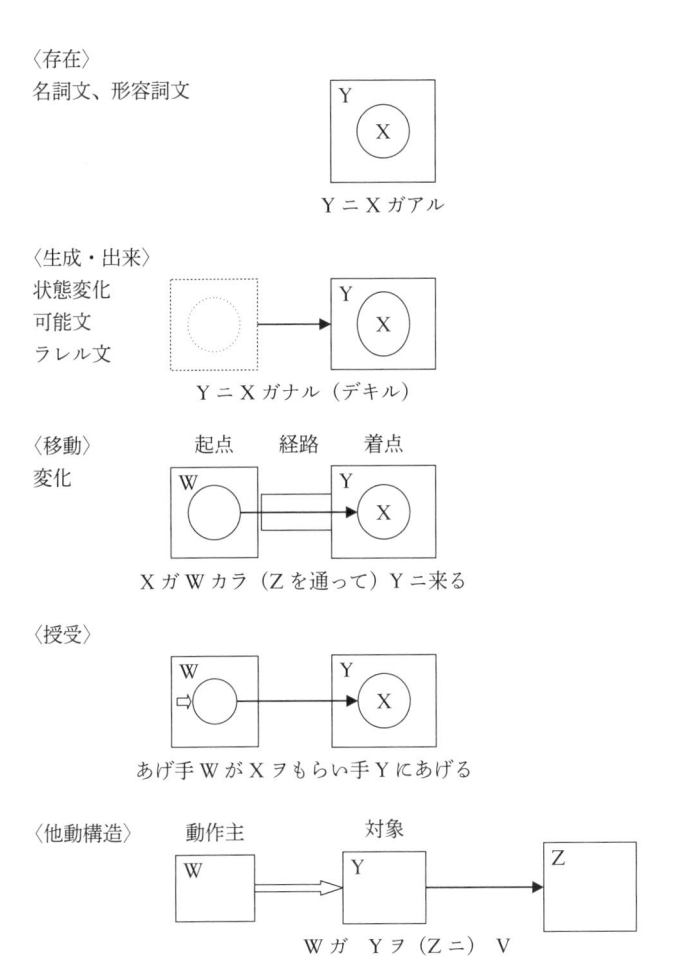

YニXガナル（デキル）

〈移動〉
変化

起点　経路　着点

XガWカラ（Zを通って）Yニ来る

〈授受〉

あげ手WがXヲもらい手Yにあげる

〈他動構造〉　動作主　　対象

WガYヲ（Zニ）V

図32：日本語の事象構造

第12章　日本語諸構文の場所論的再構築に向けて　　239

状態としての場所である。本章の位置づけは、場所理論から言語構造の記述を考えた池上（1981）の継承であり、日本語の基本構文における場所論的位置づけは基本的に提示された。その他の様々な派生構文についての本格的な記述はこれからの課題となる。

*1 「存在＝生成」という発想はハイデッガーから得た。ハイデッガーは、アリストテレス以来の西洋哲学の根本にある「存在＝被制作性＝現前性」という特殊な存在了解に由来する存在概念の解体を試み、〈存在＝生成〉とみるソクラテス以前の思想家たちの存在概念＝〈自然〉（physis）の概念を対置したという。（木田元 2000a: 185）ハイデッガーの言う〈存在＝被制作性〉と〈存在＝生成〉という存在了解の差異は、西洋言語と日本語の文法構造のさまざまな差異にも深く反映されていると言えるのではないだろうか。

*2 ただ、存在論的立場からは、モノを観照的に眺めるという眼前存在というあり方はむしろ派生的なのであるが、言語学的分析としては、眼前存在からその記述をはじめるほかない。

*3 一語文の用法については、尾上（1998）が詳細に取り上げている。一語文の基本用法として、〈存在承認〉と〈存在希求〉があるという指摘は、一語文の文としての成立が存在概念にあることを裏づけるものだ。

*4 ハが場（ば）を作り出すということは、主題化のハ以外に仮定のバと関連させることもできるだろう。これは今後の課題である。

*5 もちろん、ただ「鳥がいる」とも言うことから、場所Yは任意である。場所Yを言う場合実体Xと一体的なものとして言われているわけで「Y ニ X ガアル」が1つのコトとして捉えられている。あるいは、眼前の領域を Maximal scope とし、場所Yは Immediate scope と考えることもできる。参照点構造という点からは、概念化者Cが参照点となりその支配域（眼前の領域＝知覚の領域）で目標物を捉えていると見ることもできる。

*6 これが Langacker（1993）の言う参照点構造（reference-point constructions）である。

*7 出来事の存在構文は、概念化者のいる現在と、過去（の出来事）、未来（の出来事）といった時間が関わってくる点で、今まで述べてきた構文と異なってくる。「ある」は「起こる」に近くなっており、動的な出来事の発生を表すために、非状態動詞と同じく終止形「ある」は現在ではなく未来を（あるいは反復、恒常的事態を）、「あった」は過去を表すのである。

*8 デアルをニテアルと考える論としては、池上（1981）、田中（2000）参照。また、ダも「デアル→ジャ→ダ」という歴史的変遷を考え、基本的にデアルと同様に考えておく。

*9 「XがYである」の「で」は語源的に「にて」から来ていると言われるよ

うに、「で＝にて」は本来、場所の意味であると考えられる。また「だ」は、歴史的に「である→じゃ→だ」という変化をたどったと言われるもので、「である」と基本的に置き換えられるものとしておく。田中・深谷（1998: 185）は、X ガが〈X をコト図式内の焦点〉、X ハは〈X をコト図式外の焦点〉としているが、本節での議論もこれに踏まえている。

＊10　「太郎は社長だ」は、太郎が社長と言う属性を持つと解釈されるが、「社長は太郎だ」では、社長が太郎と言う属性を持つという風には考えにくい。この場合は、社長は誰かと探して、それは太郎であると指定すると言う意味で、措定文ではなく、（倒置）指定文とされる。措定文のハをガに変換した「太郎が社長だ」が本来の指定文であり、倒置指定文のハはガに変換した「社長が太郎だ」は非文とされる。

＊11　「僕はうなぎだ」などのいわゆるウナギ文も同様の認知過程で捉えることができるが、ここでは「僕はウナギという状態で存在する」という意味ではなく、僕とウナギが何等かの形で関連付けられるという認知過程のみが継承されたものとして考えればいいだろう。

＊12　その他、場所主題化構文の拡張として考えられる形容詞文として、存在量の形容詞文（多い、少ない、ない）、必要、欲求（ほしい、たい）、好悪（いい、悪い、好きだ、嫌いだ）などがある。また X ハ Y ニ A 型の形容詞文として、何かに対する態度（賛成、反対、親切）、相対的性状規定（大きい、小さい）などがあげられる。

＊13　英語のような言語では形容詞自体には存在詞が含まれていないため be 動詞で述定しなければならない。

＊14　菅井（2002）は、存在文（いる、ある）をプロトタイプとして、コピュラ文、形容詞文、知覚文、関係文（必要、相当）、能力文、主観表現、テアル文を周辺的なメンバーとして拡張する放射状カテゴリーをなす存在論的構文として位置づけている。

＊15　これらの動詞にはいわゆる状態動詞の一群として、存在動詞（存在する）、位置動詞（位置する）、関係動詞（関係する）などがあり、テイルが付くいわゆる第 4 種動詞の「そびえる」「似る」や居住動詞（住む）、姿勢維持動詞（座る、立つ）なども存在様態型の動詞として位置づけられる。

＊16　自発の意味は「意図せずにある事態が自然に生起する」ということであるが、動詞としては「見える」「聞こえる」（知覚）、「笑える」「泣ける」（情動）、ラレル文では「見られる」（知覚）、「思われる」（認識）、「懐かしまれる」（感情）など、いずれも一人称の心的（内的）世界でその事態が成立したものである。

＊17　山口他編（2001: 505）

＊18　文末がタ形になっていることは、ある出来事が既に出来したということであり、このことからも実現の意味になる。

＊19　山口他編（2001: 505）では、「現象が自然に推移すれば成功するということは、現象の推移の側ではなく現象の主体となるものの持つ可能性として語ることもできる。現代語の「可能である、能力がある」という意味はそこから出てくる。」としている。森田（1989: 765）では、「「できる」の主体を「は」に立てることによって、「ある現象を生み出すことを何か（主体）が行う状態

にある」の意となるとしている。
＊20 可能の意味では普通ル形であり、このことからも現在の状態、恒常的性質を表しうる。
＊21 なお、「鈴木さんは中国語が話せる」のような動作主が場となる「能力可能」に対し、「このキノコは食べられる」のような対象が主語になる「状況可能」という分類がされるが、「状況可能」も「すべての人にとって（不定人称）」を場とし（言語的には表れない）、「このキノコ」を主題化することによってできたものだとすれば、YハXガできる型の拡張だということができる。（寺村1982: 259参照）
＊22 なお、知覚構文はスル文で言われることがある。
　（1）向こうから変な音がする
　（2）変なにおいがする
　（3）不吉な予感がする
　日本語では、スルが知覚構文にも使われるという点、英語のdoなどとはまったく違う点である。ナル型とスル型の言語類型（池上1981）は、英語のbecomeとdoに当てはめて考えられているが、日本語のスルをdoと並行的に考えるのは誤解を生むだろう。
＊23 近藤（1977），奥津（1978），柴谷（1978）に先駆的言及がある。奥津は「ニナル」の「ニ」は「ダ」の連用形であるとしている。ちなみに、韓国語で、ナルに当たる「tweda」は日本語の「ガ格」にあたる「ga/i」をとり、（彼において）「彼が医者」であるということ<u>が</u>、「なった（生じた）」という解釈が自然となる。
　　Pom-i twenda. (春になる　lit. 「春がなる」)
　　Keu-neun wisa-ga twe-eoss-ta. (彼は医者になった。lit. 彼は医者がなった)
＊24 佐藤（2005）では、「このあたりは葛飾区になる」のタイプを計算的推論のナルとし、「このお品は一万円になります」のタイプを対人的行為のナルとしている。いずれも変化で表さないナルである。
＊25 自動詞、他動詞の対に関する解明は、金谷（2002）第4章で行われている。ここでは、金谷の論を参考にしたが、その全面的な検討は今後の課題とする。

第13章
日本語と英語、中国語、朝鮮語の事態認知の対照

　本章では、これまでの日本語での議論を受け、まず、日本語と英語の事態認知を対照しながら、日本語が「場所においてコトがナル」という事態把握を基本とすることをより具体的に明らかにする。そして、次に、中国語や朝鮮語の事態認知がどのようなものであるか考察し、場所論的観点からの位置づけを考えたい。

1. 日本語と英語の事態認知　スルとナルの言語学再考

（1）国境の長いトンネルを抜けると雪国であった。
（2）The train came out of the long tunnel into the snow country.
『雪国』の冒頭の文章の原文と英語の翻訳文を対照して、「スル的な言語」と「ナル的な言語」の言語類型を打ち出したのは、池上（1981）であり、すでによく知られた対比であるが、まずは、この対比から日本語と英語の事態認知の違いを考え直してみたい*1。

　この英文を日本語に直訳してみると、「列車は長いトンネルから雪国に出てきた」となる。英語との違いでまず気づくことは、日本語原文では主語がどこにもないことだ。英語ではtrainが主語である。また、英語ではcame（出てきた）という動詞文になっているが、日本語では、「雪国であった」という名詞文である。さらに、英語は単文だが、日本語は「～と…であった」という複文になっている。

　池上は、日本語原文と英語の翻訳文を絵で描くとどのようになるか実験したが、筆者の担当する留学生の文法の時間でも、この日本語と英語の文をそれぞれ絵に書いてもらった。予想通り、英語の文はほとんどの人がトンネルから列車が雪国に出てきた絵として描いた（図1）。日本語に関して多かったのは、列車の絵がなく、ただ

トンネルと雪国が広がっているものだった。また一人の学生は、トンネルを内部から見ているような絵を描き、もう一人の学生は「日本語を表すのに絵が二ついると思う（「と」という格助詞のため）」としてトンネルから列車が出てくる場面と、雪国に来ている場面を分けて絵を描いた。正確には、この文の作者は列車の中にいて窓から情景を見ている状況で、トンネルの中から見た真っ暗な様子と、トンネルから出て雪国が広がっている情景の2つの情景の推移として描いた図2のような絵が日本語の文を正しく表しているのではないかと思う。

　この絵を見て言えることは、英語は上からその情景を見て1つの絵として描いていることだ。視点は汽車の外にある。一方、日本語では、視点は列車の中に乗っている人物にあり、列車の中から見た情景をそのまま表している。また、この文章は複文であり、「うちに帰ると、友達が来ていた」のように、「～と、…だった」という複文が発見のニュアンスを生んでいる。留学生のコメントでは、「電車が暗いトンネルからパッと明るく白い雪国に入るという「別世界になる」というニュアンスが出る」としている。英語ではそういうニュアンスは感じられない。

図1：The train came out of the long tunnel into the snow

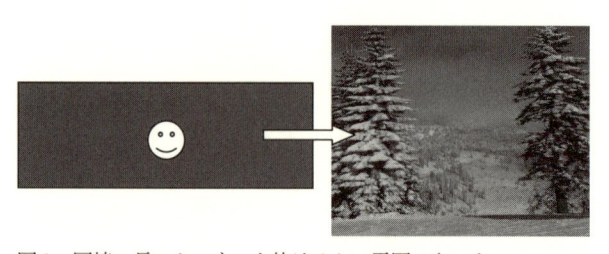

図2：国境の長いトンネルを抜けると、雪国であった。

「雪国」冒頭の文を、事象構造（event structure）という点から考えてみると、英語の翻訳では、「列車がトンネルから雪国に出てきた」という事態の捉え方で、これはモノの移動を表している（図3）。一方、日本語原文では、「国境の長いトンネルを抜ける」という出来事と「雪国であった」という出来事が、「と」という助詞で並列されている。「と」は、もともと名詞を並列させる格助詞であるが、出来事と出来事を結び付けると、事態の連続性を表す。「窓を開けると、富士山が見えた」のように、Aの出来事が起こると連続して、Bという出来事が出現することを表す。過去形のタも探していたものを見つけたとき、「あった！」と言うように、「発見」や「気づき」のニュアンスを生み出している。ここでは、「雪国」という状況が出現するわけである。トンネルの真っ暗な中から「雪国」がパッと開けるというイメージである。まさに、「雪国になった」のであるが、ここでは「雪国であった」と存在動詞で表現している（図4）。

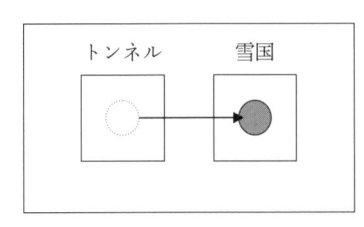

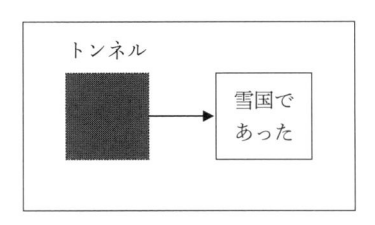

図3：英文（モノの移動）　　図4：日本語原文（コトの生成）

この事象構造の対照は、次のような言語事実からも明らかになる。
（3）The vase went to pieces.（花瓶がこなごなになった。）
（4）John's dreams came true.（ジョンの夢が実現(成就)した。）
（5）John fell ill.（ジョンは病気になった。）

(池上1981)

英語では、〈場所の変化〉（go, comeなどの動詞）が〈状態の変化〉を表しており、個体（モノ）中心的な「する」的とらえ方であるのに対し、日本語では〈状態の変化〉の動詞（「なる」）がそのまま使われている。これを図式化すると図5、6のようになる。
　ここでは、モノXが小円で表され、場所が正方形Yで表されて

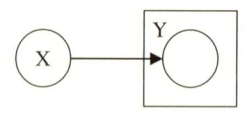

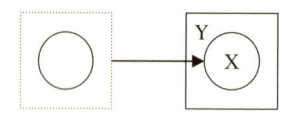

図5：モノの移動　　　　図6：コトの生成

いる。英文では、「X（花瓶）がY（破片のところに）行く」という具合に、モノの移動が状態変化に見立てられ、また場所Yが状態Y（破片になっている）に見立てられている（「状態は場所」というメタファー）。日本語では、「花瓶が正常な状態（点線の正方形）」から「「こなごなに」という状態になった」と捉えている。日本語では、「もう春になった」「10時になった」「200円になります」などのように、「Xが」の部分なしに出来事自体がナルという言語表現がよく見られる。スル型の認知を好む英語では、モノの移動が状態変化を表すように概念化されるのに対し、ナル型の認知では、モノの移動よりもコトの生成として概念化することが好まれるのである。「赤い」とか「大きい」とかいう状態はモノではなくそもそもコトである。「赤くなった」というと、赤くないモノが赤いモノに変化するというモノ的とらえかたがある一方、白い（赤くない）状態が赤い状態に変化するというコトの生成という捉え方があるのである。「太郎は医者になった」のような文においても、「太郎が医者という状態に変化した」というより「太郎が医者である」ことがナルと考えられないだろうか。日本語では、ナルことはアル状態が生起する、すなわちナルことはアルことなのである。図6のような図式を「生成（＝存在）」のスキーマと呼んでおこう。

2. 場所においてコトがナル
コトが出来する場としての自己

　ナルという動詞は、状態変化というより、もともとは「木に実がなる」のように、場所におけるモノの出現や生成を表している。漢字では「成る」と「生る」のように書き分けているが元は同じ語源である。また、ナルは「A教授のご生母におかせられましては、○月×日お亡くなりになりました」のように、「におかせられまして

は」という場所表現が使われる。尊敬表現の「お亡くなりになる」では、「「なくなる（死ぬ）」コトガナル」という事態認知が行われている。このような「場所においてコトが出現、生起する」という言語表現は日常的によく見られるものである。その１つが、「出来る」という動詞である。「出来る」は、もともと「出で来る」という動詞が語源で、文字通り「ある場所から何かが出てくる」ことを意味した。「頬にきびが出来た」のように、「場所 Y にモノ X が出現する」という意味が本来的意味である（図7）。これらデキル文で表される意味を出来(しゅったい)と呼ぶ*2。「鈴木さんに中国語を話すことができる（コト）」では、「鈴木さん」という人が場所表現に見立てられ、「鈴木さんという場所で「中国語を話すこと」が出来する」ということから、可能の意味に解釈されるようになったのである（図8）。「鈴木さんに中国語ができる（コト）」は、「中国語を読み書き聞き話すこと」というコトから中国語を際立たせて取り出したものと考えられる。また、同じ可能表現、「鈴木さんに中国語が話せる（コト）」や「李さんは納豆が食べられる」の、可能動詞や可能のラレル形も同じ認知過程をあらわしていると考えられる。（ここでは、可能動詞の -eru やラレルがデキルと同じ働きをすると考えておく。）また、ラレル文の自発用法「（私は）故郷のことが思い出される」も「私の思考領域において「故郷を思い出す」ことが出来する」という認知の仕方である。

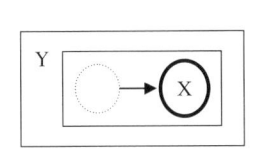

図7：Y に X ができる（出現）　　図8：Y に E ができる（可能）

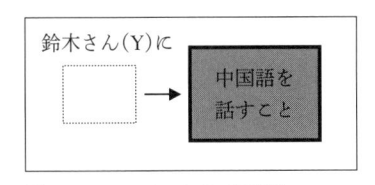

　また、「見える」「聞こえる」などの知覚動詞も「富士山が見える」のように、経験者（見る人）の知覚領域（視界）において、「富士山」が出現するという認知の仕方である。（あるいは、知覚領域において「富士山が見える」という事態が出来するとも考えられるだろう。）ここでは、場所表現は２つ考えられる。図9の Y1 は

経験者（見る人）の知覚領域であり、見る人が「私」の場合は普通言語化されない。「私には富士山が見える」と言うと、「彼には見えないが私には見える」というような対比的意味が強調される。もう1つの場所Y2は、X（富士山）がある文字通りの場所である。「向こうに富士山が見える」のように言語化可能である。この場合、「向こうに富士山がある」に近い認知の仕方である。

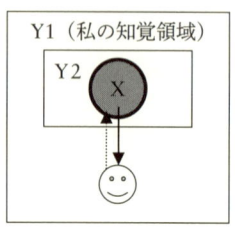

図9：（Yに）Xが見える　　図10：情意形容詞文

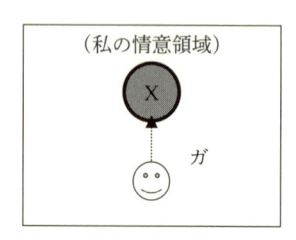

　ここで先の自発ラレル文、知覚動詞に加えて、「（私は）犬がこわい」、「足がいたい」、「水が飲みタイ」などの情意、感覚、欲求を表す文を考えてみる。ここでは、いずれも「私」を場所的に見立て、その中でコトが出来あるいは存在すると解釈でき、この場合、注意すべきは、「私」が現れない（図10）。これらの述語は、「私は」を明示しなくても、一般に話し手（「私」）と解される。もちろん、「私は」を明示することもできるが、それは、対比や「私」の存在を強調したいような場合に表現的効果を狙った文体であり、「私」を言語化することによって自己を客体化し、「私」の経験を客体的に述べるものである。
　こうして、「場所においてコトがナル」という認識は、言語化されない「私」が場所とみなされ、そこで「コトが出来する」すなわち「「コトが出来する場としての自己」という認識に発展するのである。

3. アル言語としての日本語

　英語の事態認知は、他動的関係を典型的な事態であると解釈する。

一方、日本語は、事態を「出来事」というように、「コトの生成（出来、発生）＝存在」を基本にして事態を解釈する＊3。対照的な事態解釈である。
　「いま、ここにある」ことは、人間にとって最も具体的な直接的経験である。発達心理学の知見からも、乳児はまず自分の世界に起こるコトの存在・非存在を認知することから出発して、その後、人やモノを独立した存在として認知するようになることが報告されている（水谷1998）。ここでは、モノに先立ってコトがあると言える。「雨が降る」という自然現象は、雨というものに先立って、「降雨」というコトがあるのであり、雨というモノはあらかじめ存在せず、コトからモノが析出するような形で言語表現化されている。雪国の冒頭の文であるように、何もないところから「雪国である」というコトが出現するのである。「地震が起こった」という時、地震はモノではなくコトである。地震というコトに遭遇した時、人は「地震だ！」と叫ぶ。「地震である」は、まさに地震という状況の中に発話者が存在するということである。自然現象に見られるこのようなコトの発生＝存在が、人間にとってもっとも基本的な根本的な経験であると言えるのではないか。英語の事態認知は、「動作主がモノに働きかけて位置（状態）の変化を引き起こす」ということが前節で示されたが、これは、「コトが自然に（何かの働きかけなしに）発生して、そこに存在する」という事態認知とまさに対極にある事態認知だと言える。
　これまで、コトの生成、出来ということについて議論をしてきたが、ここで存在という事態が日本語にどうかかわっているかみていきたい。実は、日本語の基本構文のほとんどにアル（イル）という存在動詞がかかわっているのである。名詞文「太郎は学生だ（＝である）」は、「太郎は学生として存在する」ことを「である」文が表している。形容詞文「この花は赤い」は「この花は赤くある」すなわち「赤いという状態で存在する」ことを表している。動詞文のうち、YニXガV（Y：場所、X：存在物、V：動詞）という形で類型化される存在動詞のヴァリエーションがある。（ある、いる、存在する、位置する、そびえる、立つ、座る、住む、泊まる、残る、

関係するなど)。また、動詞述語に下接する助動詞、補助動詞は、多くが存在のあり方を表している。たとえば、テンスのタは、もともと「テアリ→タリ→タ」という歴史的変遷をたどったように、アルことの発生や完了を表している。また、アスペクトのテイル形やテアル形はそこに存在動詞を含んで、アルことの持続や完了を表す。ヴォイスのラレル形は、アルことの出来を表す。モダリティの一種といわれる「XハYノダ(=ノデアル)」は、そこに存在動詞を含み、ある状況を内包する。(「外に出て地面が濡れている(X)」のを見て「これ(X)は、雨が降った(Y)んだ。」)

生成＝存在を基本的事態とする日本語の事態認知から、英語の事態認知とは全く逆方向の拡張とネットワークが生まれるのである(第12章参照)。

4.『雪国』の冒頭の文と中国語、朝鮮語翻訳との対照

1節では、『雪国』冒頭の文と、英語の翻訳文を対照しながら、日本語と英語の事態把握の違いについて考察した。日本語では、事態を内部から見る視点とコトの生成という事態把握が特徴的であり、英語では事態を外部から見、モノの移動という事態把握が特徴的であることを明らかにした。それでは、英語以外の言語では、どのような視点や事態把握の仕方をしているのであろうか。

筆者が担当した留学生の文法のクラスにおいては、『雪国』冒頭の文と英語の翻訳を示して、それを絵に描いてもらうとともに、留学生の母語でも翻訳してもらい、日本語や英語とどのように違うかを書いてもらった。

クラスには多様の母語話者がいたが、概して、欧米系の母語話者からは、英語と似た翻訳文が得られた。圧倒的に多い中国語母語話者、朝鮮語母語話者からはさまざまな翻訳文が見られたが、代表的なものをあげる。

中国語
(6) 穿过县界长长的隧道、便是学国。

　　(県境の長いトンネルを抜けると、すなわち雪国である。)

(7) 火车穿出长长的边界隧道，一下子就来到了雪国。
    (汽車が国境の長いトンネルを抜け出すと、急に雪国にやってきた)
(8) 通过长长的国境隧道，出现在眼前的是雪国。
    (長い国境のトンネルを通り過ぎる、眼前に出現したのは雪国だ。)

(6)は、実際の中国で翻訳として出版されたものであるが、「便是」（すなわち、～だ）には原文で見られる「発見・気づき」の語感がないという（徐2005）。また、ここでは英語で見られる主語（汽車）が出てこないが、これは中国語らしくなく、(7)のように「火车」を付け加え、動詞にも「来到」を付け加えることによって、書き手が「汽車」に乗っていることがわかるという（盛2006a: 590）。また「了」を付け加えることによって、事態が出現したことが明示される。留学生の訳文を見ると、この(6)か(7)のいずれかのヴァリエーションであった。傾向として主語のないものが多いが、聞いてみるとやはり、何がトンネルから抜け出し、雪国に到着した方がわかるから、主語があったほうがいいとのことだった。また、雪国が出現したというニュアンスを出すために、(8)のような翻訳をしたものもいた。盛（2006a）では、中国語では動詞述語文を多用し、動詞も明示するという特徴も挙げている。こうして見ると、中国語は、英語の認知スタイルに近いと言えるだろう。

朝鮮語
(9) 국경의 긴 터널을 빠져나오자 설국이었다.
    (国境の長いトンネルを抜け出すと、雪国だった。)
(10) 기차가 국경의 긴 터널을 빠져나오자 설국으로 들어왔다.
    (汽車が国境の長いトンネルを抜け出すと、雪国に入った。)
(11) 국경의 긴 터널을 빠져나가자 눈앞에 눈의 왕국이 펼쳐지고 있다.
    (国境の長いトンネルを抜けると、目の前に雪の王国が広がっていた。)

一方、朝鮮語では、(9)のように、全く日本語と同じように訳すものが一番多かった。(10)と共に(11)のように「汽車」とい

う主語を入れ、後半を「入った」という動詞文にしたものもいたが、これは英語式の直訳で、他のもので「汽車」を入れたものはなかった。また、後半の文を、「目の前に雪国が出現した」ことを明示するような形で翻訳したものもいた。こうして見ると、朝鮮語では、日本語に近い認知スタイルをすることがわかる。

5. 中国語、朝鮮語はスル型かナル型か

英語は行為を中心に事態を捉えるスル型言語、日本語はコトの生成を中心に事態を捉えるナル(=アル)型言語であると特徴付けられるが、中国語や朝鮮語はどうであろうか。

次のような表現の、英語の文を日本語、中国語、朝鮮語に翻訳してみる*4。

(12)(所有) a. I have time.
　　　　　 b. 時間がある。
　　　　　 c. 시간이 있다.
　　　　　 d. 我有时间。

(13)(欲求) a. I want this house.
　　　　　 b. この家がほしい。
　　　　　 c. 이 집을 갖고 싶다.
　　　　　 d. 我想要这个房子。

(14)(理解) a. I understand Chinese.
　　　　　 b. 中国語がわかる。
　　　　　 c. 중국어를 안다.
　　　　　 d. 我懂汉语。

(15)(必要) a. I need time.
　　　　　 b. 時間が要る。
　　　　　 c. 시간이 필요하다.
　　　　　 d. 我需要时间。

(16)(知覚) a. I see Mt. Fuji.
　　　　　 b. 富士山が見える。
　　　　　 c. 후지산이 보인다.

　　　　　　　　d.　我看见富士山。
(17)(嗜好)a.　I like this city.
　　　　　　　b.　この町が好きだ。
　　　　　　　c.　이 거리를 좋아하다.
　　　　　　　d.　我喜欢这个座城市。
(18)(経験)a.　I have seen it.
　　　　　　　b.　見たことがある。
　　　　　　　c.　본적이 있다.
　　　　　　　d.　我看过那个。
(19)(可能)a.　I can cook.
　　　　　　　b.　料理が出来る。
　　　　　　　c.　요리를 할 수 있다.
　　　　　　　d.　我会做菜。

　これを見ると、英語ではすべてIという主語が必要な他動詞文になっており、中国語も同様に「我」という主語を伴った他動詞文になっている。一方、日本語では「私」はなく、「～が…」というパターンになっている。特に、所有表現では、「～がある」という存在動詞が使われていることで、日本語の特徴がアル型であることがわかる。朝鮮語でも、ほとんどの文が日本語と同じく「私」を明示せず、「-이/가-」(「～が…」)というパターンを取っていることがわかる。ただ、欲求の「ほしい」にあたる朝鮮語はなく「～をもちたい」という他動詞型のパターンを見せる。「好きだ」も「～を…すきだ」、「わかる」も「～を知る」、可能の「できる」も「～をするすべがある」というようにヲ格をとる他動詞型のパターンが見られる。ここから見ると、中国語は英語に近いスル型、朝鮮語は日本語にやや近いアル型と言えるかもしれない。

　ただ、中川（1997: 9-10）によると、中国語はナル型言語の色彩ももち、英語と日本語の中間に位置するという指摘がある。

(20)作业做完了。(宿題は終わった)

英語では、I finished the homework. のように「動作主＋動作」という型だが、中国語では日本語と同じく「主題＋解説」型の表現が好まれる。

(21) 私は昨日街で買い物をしている王君をみかけた。
　　 我昨天在街上看到了买东西的小王。
(22) 私は昨日王君が街で買い物をしているのを見かけた。
　　 我昨天在街上看到了小王买东西。

日本語では、(22)のようなコト中心の捉え方（「～のを見かけた」）を好むが、英語は(21)のようなモノ中心の捉え方を好み、中国語では両方の捉え方が可能だという。

(23) a.　What is the capital of China?
　　 b.　中国の首都はどこですか。
　　 c.　中国的首都在哪儿？

のように場所を尋ねる表現では、英語では、「what」（なに）が出てモノ的捉え方をしているが、中国語は日本語と同じく場所的表現（どこ）を使っている。（同17）

このように、中国語では、日本語で見られるナル的な表現、コト中心の捉え方、場所的な表現が見られることが多く、一概にスル型というわけにはいかないことがわかる。

認知言語学的に見たとき、あるいは場所論的に見たとき、中国語はどのような特性を持つのか、より詳しく見ていかなければならないだろう。

6. 中国語の認知的特徴　　出現、消失、存在

この点に関して、古川（2007）が詳細な分析を行っているので紹介したい。

古川によれば、中国語らしい言語現象とは、「一つの言語形式が相反する二つの意味を表す」という特徴で、これを「凹凸転換」あるいは「意味論的双方向指向性」としている。

まずその典型例として、「为wèi（為）」に見られる双方向性をあげる。

(24) Q：你最近为什么认真Lakoff的书？
　　　 （近頃どうして（なんのために）レイコフの本を熱心に
　　　 　読んでるの？）

A1： 为了更好的了解认知语言学。
　　　（認知言語学をもっとよく理解するためです。）
A2： 因为还不太了解认知语言学。
　　　（認知言語学がまだよく理解できていないためです。）

（古川2007：231）

　ここでは、「为什么」（何のタメに→どうして）という質問に対して、A1の「为了」は〈目的〉表現として、A2の「因为」は〈原因〉表現として使われている。〈目的〉とは、最終目標すなわち〈終点〉指向の表現であり、〈原因〉とは、あることの起因、すなわち〈起点〉指向の表現である。ここから、「为wèi（為）」が〈起点〉と〈終点〉の双方向性をもっていることがわかる。日本語訳でも表れているように日本語の「ため」も全く同じく〈原因〉と〈目的〉の意味をもつ。これは、英語の「for」やフランス語の「pour」にも表れる汎言語的現象であるという。

　このほかに移動表現や受身・使役に表れる双方向性の例をあげているが、ここでは省略し、日本語との関係で興味深い、存現構文と二重目的語構文の双方向性の例を挙げる。

　存現構文とは、存在文と現象文を合わせた中国語独特の構文である。存現構文は、「N1（場所・トコロ）＋V＋数量詞＋N2（事物・モノ）」というパターンをとり、「N2が指示するモノの〈出現〉、〈消失〉、〈存在〉を表すという。

(25) a.　我们公司　来了　一个　新员工。　〈出現〉
　　　　（わが社に新入社員が一人やって来た。）
　　b.　我们公司　走了　一个　老员工。　〈消失〉
　　　　（わが社から社員が一人去って行った。）
　　c.　家里　　　来了　一封　信。　　　〈方向不明〉
　　　　（我が家に手紙が届いた／我が家から手紙が届いた。）
　　d.　桌上　　　有　　一台　电脑。　　〈存在〉
　　　　（机の上にコンピュータがある。）
　　e.　桌上　　　放着　一台　电脑。　　〈存在〉
　　　　（机の上にコンピュータが置いてある。）

（古川2007：240を一部改作）

第13章　日本語と英語、中国語、朝鮮語の事態認知の対照

(25) aでは、N1という場所にN2というモノ(人)が〈出現〉したことを表しており、日本語の「〜に…が来た」というパターンとも対応する。一方、bでは、N1という場所からN2が〈消失〉したことを表している。日本語では、「〜から…が去った」というように、格助詞を「から」にしなければならないが、中国語では、「から」にあたる助詞がないまま、aと全く同じ構文パターンになっているのである。ここから、この構文のN1という場所名詞が〈終点〉と〈起点〉の双方向性をもつことがわかる。cでは、「我が家に」手紙が来たのか、「我が家から」手紙が来たのか、両方の可能性があり、〈終点〉か〈起点〉かがあいまいになるのである。つまり、この構文の場所名詞N1は〈終点〉と〈起点〉が不分明な渾然状態をなしていると言える。

また、この構文は、〈出現〉と〈消失〉という動的な事態に対し、d, eに見られるように「トコロN1にモノN2が〈存在〉する」という静的な事態をも表す。

そして、注目すべき指摘は、この存現構文は客観的世界の根幹を描く基本構文だということである。

> あらゆるモノは〈出現〉→〈存在〉→〈消失〉という過程を宿命的に経るものである。…また、動的な事態(コト)の発展消長を考えるならば、〈出現〉→〈存在〉→〈消失〉というモノのたどる過程は、動作行為の〈実現・発生〉「V了・V起来」→〈持続・進行〉「V着・在V」→〈経験・経過〉「V过・V下去」というアスペクトの展開に並行して見えてくる*5。存現構文はかくの如く、生きとし生けるもの、森羅万象のモノゴトが必然的にたどる輪廻のプロセスをもっぱら描くきわめて基本的な構文であることがわかる. (同242)

モノ: 〈出現〉　　　→〈存在〉　　　→〈消失〉
コト: 〈実現〉「V了」→〈持続〉「V着」→〈経験〉「V过」
　　　〈発生〉「V起来」〈進行〉「在V」　〈経過〉「V下去」

(古川2007: 242を一部改作)

先に述べたように、日本語は、「コトがナル」ということを事態

把握の基本とし、同時にアル型言語であるとしたが、「出現→存在」というあり方を基本構文とすることは、中国語も全く同じであることがここでわかった。ただ、日本語が「出現・存在」を「N1 ニ N2 ガ V」というパターンをとるのに対し、「消失」は「N3 カラ N2 ガ V」と格助詞の異なるちがうパターンをとらなければならないのは、中国語と違う点とみなければならない。日本語は「消失」を別パターンの構文で表現するわけである。

また、動的行為（コト）の〈実現・発生〉を表すアスペクトは、日本語では、タなどが担い、〈持続〉〈進行〉はテイル、テアルで担われている。〈消失〉に関しては、中国語と対応するものとして、テイクが考えられるが、テイクは一般的には〈消失〉の構文とは考えにくいかもしれない。

次に、古川（2007）の中国語の二重目的語構文における双方向性の例をあげる。中国語の二重目的語構文は、［N0 + V + N1（ヒト）+ 数量詞 + N2（モノ）］という統語パタンをとり、表層的には英語の基本文型SVOOと並行する構文である。存現構文との共通性を明瞭に示す二重目的語構文の文法的特徴は次の二点であるという。

① 直接目的語N2が数量詞を伴う必要がある。
② この構文はN2が指示する事物の〈授与GIVE〉のみならず〈奪取TAKE〉も表す。

構文［N0 + V + N1（ヒト）+ 数量詞 + N2（モノ）］

(26) 我 送给 她 一束 鲜花。{授与GIVE}（私は彼女に花束を贈った。）

(27) 我 偷了 她 一支 钢笔。{奪取TAKE}（私は彼女から鉛筆を盗んだ。）

(28) 我 借 她 一本 词典。{与奪不明　GIVE or TAKE}
（私は彼女に（彼女から）辞書を借りた。／私は彼女に辞書を貸した。）
　　　　　　　　　　　　　　　　　　　　　　（同243）

まず、(26) は、主語N0「私」から間接目的語N1人「彼女」のもとへN2「花束」が〈授与GIVE〉されたという事態を描く文である。これは、英語の二重目的語構文にも共通するパターンであ

る。これに対して、(27)では、同じ二重目的語構文が、主語N0「私」が間接目的語N1人「彼女」からN2「鉛筆」を〈奪取TAKE〉するという相反する事態をも描くことができる。英語はこの文型で〈奪取〉を表現することはできない。また、日本語でも格助詞「に」を「から」に転換させなければならない。このことから、中国語二重目的語構文にも〈凹凸転換〉という認知的特徴が反映していると主張する。

更に、中国語の二重目的語構文の根底には〈出現〉と〈消失〉を表す存現構文の特性が隠れ潜んでいると指摘する。モノN2の移動方向に注目すれば、〈授与〉表現とはN2をN1の手元に〈出現〉させる事態であり、逆に〈奪取〉表現とはN2をN1の手元から〈消失〉させる事態である。また、主語N0の立場から見れば、〈授与〉文ではN0が〈モノ消失〉の〈起点〉、N1が〈モノ出現〉の〈終点〉であり、〈奪取〉文ではN0が〈モノ出現〉の終点、N1が〈モノ消失〉の〈起点〉である。

また、存現構文が本来的に〈出現〉と〈消失〉の渾然状態を描くものと理解されたのと同様に、二重目的語構文も〈授与〉と〈奪取〉が渾然としたままの状態を描くのがデフォルト状態であるという解釈も成立する。これを語レベルで具現化しているのが「借」のような動詞であり、構文レベルでは(28)のように「貸し借り」が不分明になる二重目的語構文である。中国語の動詞「借」は「貸し借り」の違いを区別できないのではなく、あくまでも、貸借の対象となる金銭や事物などのモノN2が貸借の当事者N0とN1の間で移動することを述べるだけなのである。〈出現〉と〈消失〉が同時に生じているというその併存事態をそのままに描くものが「借」であり二重目的語構文なのである、という。

存現構文と二重目的語構文の相違は、〈(モノ消失)の起点〉あるいは〈(モノ出現)の終点〉としての名詞句N1の意味特徴が、存現構文ではトコロ名詞であり、二重目的語構文ではヒト名詞であるという違いである。

以上、中国語の存現構文と二重目的語構文の並行性について紹介したが、日本語との対照で考えてみると、日本語では、直接には、

授与構文（二重目的語構文）は移動構文との並行性が考えられる。

また、「凹凸転換」や「意味論的双方向性」の観点が生かされる日本語の言語現象では、授受表現や受身に見られる格助詞「に」の用法が挙げられる。「太郎が次郎に本をあげた」と「次郎が太郎に本をもらった」は、客観的には同じモノの移動を表しているが、前者は、もらい手（＝終点）（次郎）を「に」がマークしているのに対し、後者は、あげ手（＝起点）（太郎）を「に」がマークしている。同じ「に」が、「終点」も「起点」も標示しうるという現象は、この「双方向性」の観点から説明しうるものであろう。

このように、中国語の認知的特徴は、予想に反して、かなり日本語に近いものであることがわかるのである。

7. 朝鮮語の事態認知

朝鮮語は、日本語と同じ膠着語（助詞を伴って格関係を表示する言語）であり、基本語順もSVOであり、文法的には日本語と非常に類似した言語であると言われる。また、先の『雪国』冒頭の文の翻訳でも見られたように、日本語の原文とほぼ対応した翻訳ができることからも、朝鮮語がナル（アル）型、主観的把握、状況重視などの日本語に近い事態把握をすることが見て取れる。ただ、先にも述べたように、欲求、理解、可能などの文型では、他動詞型の構文パターンを取るなど、日本語との細かい差異も見られる。まず第1節で見られた「日本語の捉え方」と対照しながら、その差異について見ていこう。

まず、日本語のスルとナルに対応して、朝鮮語にも하다［hada］と되다［tweda］という動詞がある。

(29) a. 花瓶がこなごなになった。
 b. 화변이 산산조각이 났다.
(30) a. ジョンの夢が実現（成就）した。
 b. 철수의 꿈이 실현됐다（성취됐다, 이루어졌다）.
(31) a. ジョンは病気になった。
 b. 철수가 병이 났다（들었다）.

先の英語との対照での例文を朝鮮語で翻訳してみると、(29)(30)では、日本語はナルだが、朝鮮語では나다[nada]（出る）という動詞が使われている。「出る」は「出現」の意味を表すので、朝鮮語では「花瓶が粉々だという状態が出現する」、「病気が出現する」という認知の仕方をすることがわかる。(他に「故障が出る」というような言い方もする) また、(31)では、日本語は「実現（成就）する」だが、朝鮮語では「実現（成就）なる」で하다[hada]（スル）ではなく、되다[tweda]（ナル）が使われている。日本語では、「実現なる」とは言わないので、漢字語＋スルと朝鮮語の対応はずれがある*6。

　もちろん、多くは日本語のナル文に対応して、朝鮮語では되다[tweda]が使われる。

(32) a. なせばなる。
　　 b. 하면 된다.
(33) a. 太郎が社会人になる
　　 b. 철수가 사회인이 된다.
(34) a. 子どもが大きくなった
　　 b. 아이가 커지다.

ただ、形容詞＋なるは(34)のように -지다[jida]という補助動詞が使われる（これは本来「散る、消える」などを意味する本動詞からの拡張であると考えられる）*7。このように、日本語のナルに対応する形式は、朝鮮語ではさまざまであるが、いずれも「出現」や「消失」を表す動詞が使われているのは、興味深い。

　ここで、注意したいのは、日本語では「～になる」と格助詞の「に」が出てくるところを、朝鮮語では、「이/가 되다」（～がなる）のように主格の格助詞が出てくるところであろう。(33)の朝鮮語を直訳すれば、「太郎が社会人がなる」となるのである。これは朝鮮語母語話者が間違いやすいパターンである。これも朝鮮語では「太郎が社会人だ」という状態がナルという認知をしているとすれば、合点がいくことであろう。逆に日本語もこの「に」は、「だ」の連用形と考え、「太郎が社会人だ」という状態がナルと解釈することも可能なのである。

ナル文の拡張の度合いを考えると、尊敬表現（「お～になる」）には、되다 [tweda] は使われないし、「2000円になります」のような表現も使われない（「2000円です」と言う）ことから、朝鮮語の되다 [tweda] は、日本語のナルほどの拡張は見られないと考えられる。
　また、日本語の「出来る」のような出来動詞が、ナル的意味になることはあるが（先の나다 [nada]（出る））、能力や可能性を表すことはできない。ただ、「料理が出来る」に対して、요리를 할 수 있다．（料理をするすべがある）というように、可能表現に存在動詞が使われているのは注目すべきだろう。
　先に、日本語はアル型言語であるとし、名詞文や形容詞文、テンス・アスペクト・モダリティなどさまざまな表現にアルという存在動詞が潜んでいることを指摘した。朝鮮語でも、先に述べたように、所有（息子がいる）、経験（シタコトガアル）、可能表現に存在動詞である있다 [issta] が使われている。また、テンス・アスペクトの形式は、朝鮮語では過去었 [eoss]、現在고 있다 [ko issta]、어/아 있다 [eo/a issta]、未来겠 [kess] とも存在動詞が含まれており、興味深い*8。
　日本語との大きな違いは、名詞文は日本語では「である」と存在動詞が現れるが、朝鮮語では指定詞이다 [ida] であって存在動詞ではないし、形容詞は日本語では「赤かった」（赤くあった）と存在動詞が現れるが、朝鮮語では語尾는다 [da] や하다 [hada] で終わり、存在動詞は現れないという点である。こうした点から考えると、朝鮮語は日本語にほぼ近いナル＝アル型言語であると見ることが出来るであろう。
　また、朝鮮語は日本語と同じく主題を表す文法形式を持ち、基本的に主語を必要としない言語だと言える。ただ、日本語に比べ、朝鮮語の人称代名詞は省略が少ないという調査結果がある（鄭2002）。確かにこのような傾向はあり、朝鮮語は日本語に比べ人称詞の使用が多いということは言えるだろうが、一人称代名詞の使用が多いことを持って、主語を必要とするとは速断はできないであろう。一人称代名詞＝主語とは必ずしも言えないのである。鄭（2002）があげているデータのうち、一人称詞は「わたし、○○だけど。」や

「わたしたち、海でも見に行こうか」のように、自称詞が投入語 (filler) や呼びかけ的な役割を果たしている場合が多いと言っている。この場合「は」や「が」にあたる助詞も使われていない無助詞形式である。これらを主語と呼べるか疑問である。朝鮮語の主語の問題については、慎重に論じる必要があるだろう。

　今後、中国語や朝鮮語をはじめ、諸言語の事態把握を調査し、場所論的観点から位置づけていくことは、大きな課題になる。

---

*1　金谷（2004）は、この『雪国』の原文と翻訳文の対照をとりあげ、「神の視点」と「虫の視点」という視点の違いとして説明している。

*2　尾上（1998–1999）では、ラレルや可能動詞、知覚動詞文を「事態を個体の動きとして語るのではなく、事態・状況の全体としての出来・生起として語る」という出来文として提起している。

*3　金谷（2002、2004）では、「日本語は「何かがそこで自然発生的に起こる」、あるいは「ある状態で、そこにある」という発想を基本として言葉を組み立てている」「ある言語」であり、「英語は現実を可能な限り「人間の積極的な行為」として表現しようとする「する言語」であると規定し、様々な興味深い言語現象を分析している。また、岡（2003）では、日本語の諸構文を存在構文を中心にネットワーク化するという試みを行っている。

*4　以下の英語と日本語の対照のリストは、金谷（2004: 25）によっている。

*5　中国語の「了」は、行為や状態の実現、あるいは「新しい状況の発生」を表すとされ、「在V」は進行相のテイル、「V着」は結果相のテイル、「V起来」は「〜しだす、し始める」、「V下去」は「続けて〜テイク」、「V過」は「したことがある」に当たる表現である。

*6　このことに関しては、生越（2001）が詳細な調査を行っている。生越は、日本語の自動詞の漢字語＋スルに対応する朝鮮語を、A. 하다形のみ使われる語（感激、努力）、B. 되다形のみが使われる語（矛盾、中毒）、C. 하다形・되다形共に使われる語（結婚、伝染、発達）の3グループに分け、特に使い分けが問題になるCグループの用例についてその傾向を次のように明らかにした。

　1. 事態を引き起こすものとの関係
　　하다形の使用条件…①主体の力・活動によって事態が引き起こされる場合
　　②主体に対する他からの働きかけや影響がない場合
　　되다形の使用条件…主体に対して他からの働きかけや影響がある場合
　2. 事態の局面との関係（話し手の立場と関連することあり）
　　하다形の使用条件…事態の実現・発生に注目している場合
　　되다形の使用条件…事態の結果状態に注目している場合

この結果からすれば、「実現する」の朝鮮語の対応は、실현하다であるはずだが、실현되다となるのは、実現した結果に注目しているからであろうか。いずれにしろ、日本語の「漢字語＋する」と朝鮮語の対応はかなり微妙な点があり、「実現なる」という誤用がでないためには、日本語教育上も工夫が必要であろう。

*7 어지다 [jida] の意味用法に関しては、岡（2012）を参照。
*8 朝鮮語のアスペクトコ/어 있다 {ko/eo issta} を存在構文の観点から研究した論文として、岡（2000）がある。中世末期日本語と朝鮮語のアスペクト形式を対照した研究としては、安・福嶋（2005）を参照されたい。

第14章
今後の課題と展望

　本書で提起した「場所の言語学」は、主に日本語を対象にして提案したものであったが、今後の課題として、類型論的な位置づけや言語習得との関係の問題などをとりあげ、「場所の言語学」の展望を述べたい。

1. 類型論的位置づけ　能格言語の問題

　言語類型論では、世界の言語を能格言語、対格言語に大きく分けるその他に活格という類型もあるがこれは今回は触れないでおく。場所論的観点からその大まかな位置づけを確認しておきたい。
　まず、能格言語がどういうものかをみるために、角田（2009: 34）に依拠してオーストラリア原住民語のひとつであるワロゴ語の例を挙げる。

(1) a.　bama-∅　　nyina-n.
　　　　男-絶対格　座る-過去／現在　「男　座った／座る」
　　b.　bama-nggo　warrngo-∅　balga-n.
　　　　男-能格　　　女-絶対格　　殺す-過去／現在
　　　　「男が　女　殺した／殺す」

　(1) aの自動詞文では、動作主のbamaが格標識がゼロの絶対格であり、bの他動詞文では被動作主のwarrngoが絶対格で、動作主のbamaは能格である（能格接辞は-nggo）。このように、自動詞の動作主と他動詞の被動作主が同型（絶対格）となり、他動詞動作主を別な格（能格）で示すような格組織を有する言語が能格言語だと呼ばれる。一方、自動詞の動作主と他動詞の動作主が同じ形態（主格）をとり、他動詞の被動作主が対格となる日本語や英語のような言語は、対格言語と呼ばれる。

ここで注意すべきは、能格構文の能格は他動詞の主語ではなく、主辞的補語にすぎないという指摘である（亀井他編 1996: 1051）。結論的に言うと、能格言語はナル的な事態把握を認知的ベースとした言語であり、能格は、ナル的事態に付け加えられたに過ぎない斜格であるので、それを対格言語の観点から見て主語と呼ぶのはふさわしくないと考えられる。池上（1981: 229）においては、能格言語の文型は、〈Aによって、Bが動く〉と表されるようなものであるとして次のように指摘している。

> 対格型の「言語」では主語として文の中心的な位置を占めるAの部分は、ここでは出来事の〈起因〉を表す附属的な部分に過ぎない。すでに見たとおり、場所理論的には〈起因〉は〈起点〉的な範疇であり、〈起点〉が一般的に任意的な性格のものであることを考えれば、このような〈起点〉の扱いはもともとごく自然なことと言える。

池上は、能格構文と受動文の平行性をいう立場からこのように言っているが、受動文というのは対格言語の能動文の転換であるという点から考えると、能格言語に受動態のような概念を持ってくることには疑問がある。本書の立場から言うと、むしろ、能格構文は、〈Aで、Bがなる〉というような標示が適当であって、〈Aで〉の部分は、「から」で具現化される〈起点〉というより、「原因」と解釈される「で」ではないかと考える。わかりやすいように、日本語で(2)のような対比を考えてみたい。

(2) a.　風が　窓を　開(ひら)いた。
　　　　　主格　対格

　　b.　風で　窓が　開(ひら)いた。
　　　　　具格　主格

「開(ひら)く」は自他両用動詞であり、この対比では、日本語はbが自然であると言われるが、このときのaは「風が」が主格で動作主を表すので対格言語であり、bでは「風で」がいわば能格に当たるとすれば「窓が」は絶対格になり、能格言語に近い構造と考えられる*1。対格言語である日本語にもこのような能格性が見られるのである。英語のような言語は、「動作主が　なにかを　する」（行

266　II 事例研究

為）を中心に事態把握をする（スル型言語）のに対し、日本語は「（場所で）何かが　なる」を中心に物事を捉える傾向にある（ナル型言語）といわれる。そういう意味で、能格言語は、徹底したナル型言語だと考えてもいいのではないだろうか。つまり、対格言語と能格言語の対立は、スル型とナル型の対立に並行的に捉えられるわけである。対格言語は、主体―客体関係を基軸にして考える言語で、それが格関係では主格と対格に、文法関係では主語と目的語に並行的に表れている。一方、能格言語は、能格はあくまで斜格（動作主を表す補語）であって、対格は存在しない。基軸になるのは、「絶対格＋動詞」という出来事である*2（能格言語では、動詞は能格と一致はせず、絶対格と一致をする）。絶対格は他動構造では客体を表し、自動構造では主体を表すということは、絶対格自体は主体―客体関係には直接関与しないと考えてもいいと言うことになる。つまり、主体―客体関係を基軸に考えていないのであって、能格言語を記述する際に、主語―目的語という文法関係を当てはめることは不適当であると考える。ゆえに、「能格性とは、自動詞主語と他動詞目的語が同じ格になり、他動詞主語が能格になる」というような一般的な特徴付けは、ふさわしくないと思われる。そもそも、自動詞、他動詞という分類自体も、他動詞は対格をとり、自動詞は対格をとらないという対格言語で見られる分類基準であって、これを能格言語に当てはめるのも不適当のように思われる*3。

　さて、近藤（2005: 46-50）では、(2) b の「風で」というような具格が能格の起源であるとしている*4が、本書の立場からすると、「風で」は道具というより、原因であり、この原因は「で」のスキーマである場所性を持つものであると思われる（第10章5節参照）。つまり、能格言語の能格は、場所から転じたものである可能性がある。近藤は、能格の具格起源説の根拠として、言語によっては能格と具格とが一体化しているという事実をあげる（カフカース諸語）。しかし、一方で能格と属格が一致している言語（エスキモー語など）もあることを考えると、属格と具格を共に能格の起源と考えることもできるだろう*5。そして、属格と具格の共通性はその場所性にあるということである。

また、近藤（2005: 174-194）では、日本語の特殊な主語として、「お茶でいいです。」「私から始めます。」「私としてはそれをしたくない。」などのほかに、所格主語、具格主語の2つをあげ、副詞的要素が主語に転じたものであるとしている。

(3) その殺人事件は新宿署で捜査している。
(4) こちらで（当方で、手前どもで）それを処理しておきますよ。
(5) 施設から町に出た人々で、十三年前「わかば会」を結成した。
(6) 君とぼくとで『雷同嫌会』というのを拵えないか？
(7) 私一人で行く。

　近藤は（3）（4）は所格主語、（5）〜（7）は具格主語の例としている。こうした副詞的要素が生まれた主語が存在するという事実をもって、能格言語において能格が具格に由来するものであるという主張の裏付けにしようとしている。これらは主語論理にたつ近藤の立場からすれば、すべて動作主として主語と解釈できるかもしれないが、本書の立場からは（3）〜（7）のデ格要素は動作主的であるが、主語とは言えないと考える。

　ちなみに、関係文法や生成文法などで言う「非対格性の仮説」なるものについて、若干コメントしておく。関係文法や生成文法では、自動詞にも他動詞にも使われる動詞を能格動詞といい、自動詞の中で能動的な行為を表すものを「非能格動詞」、状態や存在・出現、非意図的行為などを表す動詞を「非対格動詞」と呼んでいる（影山1996）。「非対格性の仮説」とは、「非対格動詞の主語が統語構造（D構造）において目的語相当として規定される」というものである。たとえば、An accident occurred. という非対格自動詞文は、D構造（深層構造）では An accident は目的語位置にあり、これを主語位置に移動させて、形成されるというものである。本書では、深層構造からの移動というような装置は認めない立場であるから、An accident がもともと目的語位置にあったという仮定はとうてい認められない。「非対格動詞」という呼び名自体が、対格言語を基準にした転倒した呼び名であり、理解しにくいものである*6。今

回はそのことはおいても、ここで興味深いことは、このようないわゆる「非対格動詞」というのは、意味的に「存在・出現・発生」を意味する動詞で、There構文に生じるというものである。

(8) An accident occurred.
(9) There occurred an accident.

これは、日本語に直訳すれば「そこで、事故が起こった」というものである。これは、「場所で、コトがナル」という事態把握に相当するものである。影山（1996: 21）は、これらの「非対格動詞は、主として状態や位置が変化するもの（対象物）を主語にとる動詞であり、これらの主語は自分の意志で動作するのではなく、自然に何らかの変化を被るもの（いわゆるナル型の表現）を指している」と言う。この「非対格動詞」の構文は、能格構文であり、ナル型構文なのである。このような観点から「非対格動詞」を位置づけ直してみたい*7。

　日本語の動詞分類では、むしろ三上（1953）の言う、能動詞と所動詞との分類が有効であると思われる。まず、三上は、受身になるかならないかでこの２つを区別しているが、意味的には、能動詞は有情者の意図的行為を表し、所動詞は、「ある、見える、聞こえる、音がする、要る、似合う、できる、飲める」など存在、知覚、必要、可能などの「自然にそうなる」という意味を表す動詞となる。場所論的に重要なのは、この所動詞は、位格を要求するものが多いと言うことである。

　(10) 坊やにもう三輪車が要ります。　　　　　　（三上1953: 107）

ただ、所動詞のうち、多くはニ格をとるが、「起こる」などの出現系は受身にならないが、ニ格をとらずデ格をとる。「こわれる」など状態変化を表す自動詞の場合、場所格が表れるとは限らないというようなことはあるが、所動詞は先の「非対格動詞」と共通する部分が多い。場所論的観点から、日本語の自動詞・他動詞、能動詞・所動詞などの分類を精緻化していくことは今後の課題とする。

　場所論的観点から、言語類型論の成果を継承し、能格性、対格性の問題を探求していくことは、今後の大きな課題である。これらの課題を綿密に検討していくことで、「場所の言語学」がより普遍的

な言語理論たり得ることが証明されていくと考える。

2. 言語習得と心の理論

　言語学における言語習得観には、言語は心的器官（普遍文法）として、他の認知系からは独立したモジュールを形成し獲得されるという生得論的立場（生成文法など）と、言語は一般認知能力とは分離不可分で、習得には様々な要因が入り込むという認知的立場（認知言語学など）がある。認知的視点からの先駆的研究として、Tomaselloの一連の研究が注目を浴びている（児玉・野澤2009）。筆者の立場としても、認知的立場を基本的に支持するものであり、Tomaselloの言語習得研究にも敬意を表するものであるが、ここで1つの疑問点を提起しておきたい。Tomasello（1999）では、ヒトは、「心の理論」（Theory of Mind）と呼ばれる認知能力を持つ点で、他の霊長類と大きく異なると述べている。心の理論とは、他の個体を自らと同じような心を持つ主体として理解する能力であり、こうした能力こそがヒトをヒトたらしめているという。そして、幼児の言語習得は、生後9ヶ月以降に出現する、他者の意図を理解し、他者が第三者的物体に向ける注意を共有する能力、いわゆる「共同注意」（joint attention）を基盤として進行すると主張している。筆者も、幼児の言語習得において、3項関係による「共同注意」場面における他者との相互作用が重要な役割を果たしているという主張は支持するものであるが、ここで問題は、ヒトの言語習得が、他者の意図を読むという心の理論によって成り立つという前提である。ここでは、自己と他者があらかじめ分離されており、そうした自他分離の立場から他者をどう理解するかという、デカルト以来の自他分離の立場から離れていないのではないかと言うことである。むしろ、自他非分離の中から共感性が生まれ、それを基盤として、言語が生まれていくという立場が構想されないだろうか。

　Tomasello（1999）の主張に反して、フランス・ドゥ・ヴァール（2010）では、他者の意図を理解したり、他者の視点に立つことは人間だけの特性ではなく、類人猿やサルでも見られる特性であるこ

とを多くの事例で明らかにしている。フランスは言う。

> 「心の理論」という用語には問題がある。水はどうやって氷になるのかとか、私たちの祖先がなぜ直立歩行を始めたのかといった疑問の答えを考える場合と同じように、他者を理解することも観念的なプロセスのように思えてしまうからだ。人類をはじめ、どんな動物も、他者の心の状態を理論的なレベルで捉えているとは、私にはとうてい思えない。（同142）

フランスは、「心の理論」で見られる現象を「冷たい」視点取得と呼んでいる。なぜなら、それは、他者が何を目にし、何を知っているかをある個体がどう知覚をするかという点だけに注目しており、他者が何を欲し、何を必要とし、どう感じているかは、それほど問題にしないからだとしている。冷たい視点取得という能力自体はすばらしいものであるが、他者の状況や感情に関心を向ける別の種類の視点、すなわち共感こそが重要だとフランスは考える。フランスによれば、共感とは、同種の他の個体の感情や意図などを即座に感じ取り、同一化によって相手を慰めたり、相手と協同行動をとったりする能力である。共感はヒトのように高い認知能力がなくても多くの動物がやすやすと共感能力を持ち、それを生活に生かしているのである。現代の心理学者の多くが、共感の存在には「心の理論」（視点、意図など、他の個体の心を読みとる能力）が不可欠と考えているが、フランスは逆に、生物進化に深く根ざした共感能力が、そのような「心の理論」の基盤になっているという逆の発想をしているのである。

また、フランスは、いわゆる手の届かない対象の位置を相手に示すことによって、相手の注意をその対象に向けるという「指摘」という行為は、人間だけに見られるものではなく、チンパンジーが指摘を行うという事例を挙げている。指摘という行為は、当然、自分が見たものを他者がまだ目にしていないことを理解していなければ、なんの意味もない。つまり、他者がその対象について知らない、と言うことを理解している必要がある。トマセロらは、「指摘」を言語に結びつけ、言語をもたない生き物には「指摘」ができない、つまりヒトのみの特性としているが、これらは実は多くの類人猿にも

見られるものであると言う。動物と人間の境界を鮮明にしたいという願望がこれらの事実に目を背けさせているのではないか。

　言語習得と共同性との観点からは、浜田（1999）が、人は本源的共同性を出発点に、他者との関係性を通して、ことばの世界を敷き写し、「私」という内的世界を形成していくという構図を打ち出している。浜田によれば、「人は最初からその身体そのものにおいて本源的に共同的である」（同107）という。この本源的共同性は、同型性と相補性の2つに分けられる。同型性とは、2つの身体が出会ったとき、そこで相互に「相手と同じ型をとること」であり、典型的な例としては、共鳴動作がある。相補性は相互に「能動と受動をやりとりすること」であり、典型的な例は、目があうということである。目があうというのは、相手が自分にまなざしを向けるその能動を受け止め（「見られる」という受動）、また自分が相手にまなざしを送って、その自分の能動を相手が受け止める（受動）のを見て取るという能動と受動のやりとりである。ここでは、出会った相手を自分自身と同種の能動性をもつもう一人の主体として受け止め、自分と他者との差異の上で、相手と相互の主体性をやりとりするというかたちの共同性がある。この目があうという共同性を基盤として、ものを一緒に見るという3項関係が生まれる。そして、こうした共同注意場面を通して、大人の意味世界が子供に引き写されていく。さらに、ここから大人と子供が、〈意味するもの（ことば）―意味されるもの（実物）〉を介した4項関係の中で、やりとりをする中でことばが引き写されていくというのである。そして、「私」というのは、こうした他者との〈能動―受動〉のやりとりの中から生まれてきたものであるという。実体としての「私」（自我）というものがまずあって、そこからことばなどのコミュニケーション手段を通して他者との関係が形成されていくという構図とはまさに逆であって、最初にあるのはまず他者との関係性であって、そこから「私」が登場するという。

　　人間は人間の社会に生まれ出る。そして最初からその身体性そ
　　のものにおいて他者の存在を予定している。（中略）人はこの
　　原初的共同性からはじまって、前の世代と生き合うなかで意味

世界を敷き写し、ことばの世界を敷き写して、共同の世界を広げ、そのなかでことばを主軸とする〈能動—受動〉の回路とそのネットワークを張り巡らせる。　　　　　　　　（同127）

トマセロでは、他者との相互作用を強調はしているが、その前提には個体としての自己が自立しているという前提があるのではないか。また、トマセロが前提とする「心の理論」はアプリオリに設定されているように見られるがそれがいったいどこから生まれるのかその説明が欠如していると思われる。

　浜田（2002: 231–238）では、心の理論を証明するテストとして考案された「誤った信念」課題について、「この課題は、自分の世界とは完全に離れたところで描かれた舞台を、ただだだ第三者的にみたときの、いわば観客的認知課題でしかない」としている。他者の生きている「もう一つの世界」がもっとも強く意識される場は、そうした観客的な場面ではなく、自分が他者と共に舞台に立ち、他者たちとその生身の身体で相互にやりとりする場面である。「誤った信念」課題とは、ある信念を「誤った」というときの視点（「観客」的視点）と、ある信念を持って行動していくときの視点（「当事者」として登場する人物の視点）が分離して初めてなり立つ課題であり、視点分離の問題であるとしている。しかし、私たちの生活世界の中では、いわゆる「観客」はいないわけで、誰もがそれぞれに自らの生活世界の舞台に上がり、周囲の他の登場人物たちとのあいだで、互いにやりとりしながら、「共通」と見える世界を作り上げているのである。こうした人為的な認知課題で、「心の理論」を証明しようとするやり方そのものが、近代的自他分離思考の中にあるものと言えるのではないか。トマセロは、共同注意場面では、「子どもは大人が自分に注意を向けるのをモニターすることになると、それによって、自分を外側から見ることになる。それだけでなく、子供は大人の役割も同じ外側の観点から把握するので、総合的に言えば、子供は自分自身を役者の一人として含む全場面を上空から眺めているようなものである」（Tomasello 1999 邦訳 2006: 134）と言っている。子供が他者の視点を取り得ることが重要だと言うことは否定しないが、果たして、子供がこのような「観客的」

視点、いわば「神の視点」を言語習得以前に持ち得るのであろうか。またそうした視点を持ち得ることが、ヒトがヒトたるゆえんとして言語獲得の根本問題と言えるのだろうか。「状況の内部からみる当事者としての視点」をとる日本語のような「主観的把握」こそ、言語の原初的ありかたではないかという観点から考えると、言語の始原、あるいは言語習得の初期で、既に「客観的把握」が成立していると見ることは妥当であろうか。やはり、トマセロも西洋言語的見方、西洋近代的思考の陥穽に陥っているとは言えないだろうか。そのように思える節がトマセロの著作では随所に見られるのである。

> 子供は始めから、世界の出来事や状況の意図的、因果関係的な構造を種に固有のしかたで把握し、それに基づいて経験の場面で話しているのである。　　　　　　　　　　　　　　（同183）

> 最も根本的なのは、世界のすべての言語において因果性が重要な構造化の役割を担っているという事実である。世界のすべての言語の典型的構文の多くは、何らかの点で、他動的、あるいは使役的（因果的）である。多分、これは因果性が人間の認知のきわめて根本的な側面であるという事実の反映であり、したがって、言語の構造は因果性理解の歴史的結果であって原因でないことは明らかである。　　　　　　　　　　　　　（同245）

上記のような言明は、やはり他動的、因果的な事態を標準的な事態としている点で、ラネカーの思考と同じく西洋中心的な主体的思考の陥穽に陥っていると言えるのではないか。他動性や、因果性を中心的な事態把握とはしない、能格言語や日本語のような「主観的把握」の言語が多く存在することは、彼らの思考法が西洋中心的にかたよっていることを明らかにするものではないだろうか。

フランスが言う共感や、浜田が言う根源的共同性は、ハイデガーの言う「共同現存在」に通底する概念だと思われる。こうした共同存在性につながる思考法を前提とする言語学が「場所の言語学」である。こうした立場からの言語習得、言語進化的研究が今後求められると考えられる。

「場所の言語学」として始めたこの研究はまだ萌芽的なものであるかも知れない。しかし、この場所論のパラダイムが、言語学のみ

ならず、近代的なパラダイムを根底から転換させる新しい社会の基本的思考法になり得るという大きな展望を持って研究を進めたいと考える。

---

*1　英語においては、He opend the door.（他動詞）The door opened.（自動詞）のように、自他両用の動詞を能格動詞と呼んでいる（影山1996）。影山は、能格動詞の基本は他動詞（使役構造）にあり、反使役化という操作を経て、自動詞を導くとしている。これに対し、二枝（2007a: 140）では、能格構文は使役の意味を持つ他動詞構文の他動詞用法から自動詞用法になったのではなく、自動詞として独立して存在すると主張している。そこから必要なときに使役主を付け加えて他動詞文を導くのである。近藤（2005: 44-47）も、能格言語の最初は、直感表現である自動詞が基本であり、それに具格がつくことによって、能格が発生し、他動詞が生まれたという議論を展開している。原初の言語では、そもそも自動詞と他動詞の区別もなく、格標識も存在しなかった。まず「風、扉、開く」のような文に、原因と結果の関係を明示するために「風で、扉　開く」というような具格が付加される。そして、「父と母とで　扉　開く」のように具格要素が人に拡大されることによって、能動的主体つまり行為者として認識され、「父と母とで　扉を開いた」のような意味に傾き他動詞文に変わっていった。それがさらに「父と母とで　扉　押す」のような絶対他動詞にも拡大され、能格が発生したとする。近藤の議論はほぼ賛成するが、ただ能格言語において、対格言語のような他動詞・自動詞の区別を持ち込むのは疑問である（理由は、注3を参照）。ここで、日本語の「風で　窓が開いた」の文に返ると、この文自体は自動詞文であるが、「開いた」は自他両用の動詞で、いわゆる能格動詞に匹敵するので、能格構文と考えられ、「風で」が（厳密には能格ではないが）能格に相当するものだと考えてもいいと思われる。

*2　「能格構文では行為に焦点を合わせるため、その行為が影響を及ぼす目的物にも当然焦点が合わせられる結果、その目的物を表す名詞が絶対格の形をとり、行為の主体たる行為者はむしろ斜めに表象され、したがって、これを表す名詞はいわば主辞的補語の役をする能格の形をとるものである。」（亀井他編1996: 1049 p1049）

*3　旧ソビエトの内容類型学を提唱するクリモフは、能格言語においては、他動詞・自動詞の区別ではなく、行為主動詞（agentive verb）と事実主動詞（factitive verb）の2つに区別するべきであるとしており、石田（2008）ではそれを能格動詞と絶対動詞と言い換えている。これらは対格言語の他動詞・自動詞に直接対応するのではなく、両方にまたがる動詞もあり、複雑である。であるから、対格言語の他動詞・自動詞の区別を直接能格言語に当てはめることはできないと考えられる。

*4　欧米の言語類型論では、インド・ヨーロッパ語も古くは能格言語であり、

その起源は属格であったという説が有力である（松本 1988）。これに対し、旧ソヴィエトの内容的類型学では、圧倒的多数の能格言語において、属格が存在していないことをあげ、能格の属格起源説が誤りであるとしている。

＊5 　能格と属格が一体化している言語として、エスキモー語の他に、台湾のパイワン語、中米インディアンの言語であるソケ語などがあげられる。また、日本語のガも本来は属格助詞であったものが主格助詞として使われているものである（亀井他編 1996: 1049）。ちなみに、日本語のガに関しては、「富士山が見える」、「リンゴが食べたい」のように、主体だけではなく、対象（客体）をもマークする。このことは、能格性を表しているのであろうか。今後の課題として考えてみたい。

＊6 　二枝（2007: 136, 142）でも、非対格動詞という呼び名は、他動詞文を中心に考え、その目的語が自動詞文の主語になるという他動性の視点から見た考え方であるとしてしりぞけ、これらの動詞を能格動詞と呼び、能格動詞は本来自動詞であって、そこから必要なときに、使役主を付け加えて、他動詞にするという考えを述べている。

＊7 　能格言語としてあげられるグルジア語においては、動詞は大きく、能格の項をとるものととらないものに二分されるという。他動詞は常に能格をとるが、自動詞には能格をとるものととらないもの（主格あるいは絶対格をとる）があるとされる（児島 2007）。また、能格を取る動詞では、動詞が過去形の場合のみ能格が表れるという。このような現象を分裂能格という。能格をとる自動詞は、「遊ぶ、話す、考える、眠る」などの「行為者的な、能動的な」動作主の行為を表す。一方、能格を取らない自動詞は、「死ぬ、割れる、疲れる、～になる、立つ、座る、行く、いる、ある」などのような「非行為者的な、非能動的な」主体に起こる事態が表すものが多いという。この区別は、生成文法などでいう非能格動詞と非対格自動詞と対応しているが、呼び名は全く正反対である。能格言語からすれば、むしろ「遊ぶなど」のスル的な行為を表す能格をとる動詞が能格動詞であって、「死ぬ」などのナル的事態を表し能格をとらない動詞が非能格動詞と呼ぶにふさわしいであろう。「非対格動詞」という呼び名自体が、主体─客体関係すなわち、「主体─対象─他動詞」の構造を基本とする対格言語を標準とした呼び名であって、能格言語の立場からするとそれは転倒した呼び名となるのである。

参考文献

浅利誠（2001）「西田幾多郎と日本語―「場所の論理」と助詞」『環』Vol.4: pp.130–140, 藤原書店.
浅利誠（2008）『日本語と日本思想』藤原書店.
青木克仁（2002）『認知意味論の哲学』大修館書店.
アリエティ（1976）『創造力―原初からの統合』新曜社.
安平鎬・福嶋健伸（2005）「中世末期日本語と現代韓国語のテンス・アスペクト体系」『日本語の研究』1(3): pp.139–153, 日本語学会.
安藤貞雄（1986）『英語の論理・日本語の論理―対照言語学的研究』大修館書店.
池上嘉彦（1981）『「する」と「なる」の言語学』大修館書店.
池上嘉彦（1993）「〈移動〉のスキーマと〈行為〉のスキーマ―日本語の「ヲ格＋移動動詞」構造の類型論的考察」『外国語学研究紀要 英語研究室論文集』41(3): pp.34–53, 東京大学教養学部外国語学科編.
池上嘉彦（2004）「日本語における〈主観性〉と〈主観性〉の言語的指標（1）」『認知言語学論考 No.3』pp.1–49, ひつじ書房.
池上嘉彦（2005）「日本語における〈主観性〉と〈主観性〉の言語的指標（2）」『認知言語学論考 No.4』pp.1–60, ひつじ書房.
池上嘉彦（2006）「〈主観的把握〉とは何か」『月刊言語』(35)5: pp.20–27, 大衆館書店.
池上嘉彦（2007）『日本語と日本語論』筑摩書房.
池上嘉彦・守屋三千代編（2009）『自然な日本語を教えるために―認知言語学をふまえて』ひつじ書房.
石田修一（2008）「G.A.クリモフ著「内容的類型学原理」についての覚書」『類型学研究2』pp.53–105, 京都大学.
井出祥子（2006）『わきまえの語用論』大修館書店.
伊藤健人（2008）『イメージ・スキーマに基づく格パターン構文』ひつじ書房.
岩崎卓（1995）「ニとデ―時を表す格助詞」『日本語類義表現の文法（上）』pp.74–82, くろしお出版.
上田閑照（1991）『西田幾多郎を読む』岩波書店.
上田閑照編（1987）「場所」『西田幾多郎哲学論集Ⅰ 場所・私と汝他六編』pp.67–151, 岩波書店.
宇津木愛子（2005）『日本語の中の「私」』創元社.
エドワード・レルフ（1999）『場所の現象学：没場所性を越えて』筑摩書房.
大堀寿夫（2002）『認知言語学』東京大学出版会.
大森荘蔵（1998）「思考と論理」『大森荘蔵著作集第七巻』岩波書店.
岡智之（1999）「存在構文に基づくテイル（テアル）構文」『EX ORIENTE Vol.1』pp.113–131, 大阪外国語大学言語社会学会.
岡智之（2000）「存在型アスペクトとしての朝鮮語 ko/eo issta 構文」『EX ORIENTE Vol.3』pp.159–184, 大阪外国語大学言語社会学会.
岡智之（2001）「テイル（テアル）構文の認知言語学的分析」『日本認知言語学

会論文集 第1巻』pp.132–142, 日本認知言語学会.
岡智之（2003）「存在構文に基づく日本語諸構文のネットワーク」山梨正明編『認知言語学論考No.2』pp.111–156, ひつじ書房.
岡智之（2004a）『存在と時間の言語範疇化―日本語文法論への存在論的・認知論的アプローチ』大阪外国語大学博士論文シリーズVol.28, 大阪外国語大学言語社会学会.
岡智之（2004b）「場所的存在論によるニ格の統一的説明」,『日本語文学 第21輯』pp.57–76, 韓国日本語文学会.
岡智之（2005a）「場所的存在論によるヲ格の統一的説明」『日語日文学研究 第52輯』pp.171–189, 韓国日語日文学会.
岡智之（2005b）「場所的存在論によるデ格の統一的説明」『日語日文学研究 第53輯』pp.235–254, 韓国日語日文学会.
岡智之（2005c）「場所的存在論による格助詞ニの統一的説明」『日本認知言語学会論文集 第5巻』pp.12–22, 日本認知言語学会.
岡智之（2006）「「主語はない」「場所はある」～場所的存在論による日本語主語論への一提案」『東京学芸大学紀要 人文社会科学系Ⅰ 第57集』pp.97–113.
岡智之（2007a）「日本語教育への認知言語学の応用～多義語, 特に格助詞を中心に～」『東京学芸大学紀要 総合教育科学系 第58集』pp.467–481.
岡智之（2007b）「場所的存在論によるハとガの統一的説明」『日本認知言語学会論文集 第7巻』pp.321–331, 日本認知言語学会.
岡智之（2009）「認知言語学の哲学的基礎づけと言語研究への応用可能性」『東京学芸大学紀要 総合教育科学系 第60集』pp.547–560.
岡智之（2010）「場所論の観点から認知言語学のパラダイムを再考する」『東京学芸大学紀要 総合教育科学系Ⅱ 第61集』pp.231–251.
岡智之（2011）「日本語の論理再考―場所の論理と形式論理―」『東京学芸大学紀要 総合教育科学系Ⅱ 第62集』pp.365–373.
岡智之（2012）「現代朝鮮語のナル的表現の諸相」『日本認知言語学会論文集第12巻』pp.553–557, 日本認知言語学会.
奥津敬一郎（1978＝1999）『ボクハ ウナギダの文法―ダとノ―（新装版）』くろしお出版.
生越直樹（2001）「現代朝鮮語の하다動詞における하다形と되다形」『筑波大学東西文化の類型論特別プロジェクト研究成果報告書 平成12年度別冊「하다」と「する」の言語学』pp.1–26.
尾上圭介（1981）「「は」の係助詞性と表現的機能」『国語と国文学』58-5.
尾上圭介（1997–1998）「文法を考える 1-4 ―― 主語（1）-(4)」『日本語学』16(11): pp.91–97, 16(12): pp.88–94, 17(1): pp.87–94, 17(4): pp.96–103, 明治書院.
尾上圭介（1996）「ラレル文の認知文法的把握」第5回CLC言語学集中講義資料.
尾上圭介（1997a）「日本語の主語の認知文法的把握」第6回CLC言語学集中講義資料.
尾上圭介（1997b）「国語学と認知言語学の対話Ⅰ―主語をめぐって」『月刊言

語』26(11): pp.82-95，大修館書店.
尾上圭介（1997c）「国語学と認知言語学の対話Ⅱ―モダリティをめぐって」
　『月刊言語』26(12): 70-83，大修館書店.
尾上圭介（1998-1999）「文法を考える5, 6, 7 出来文（1）（2）（3）」『日本語学』17(7): pp.76-83, 17(10): pp.90-97, 18(1): pp.86-93，明治書院.
尾上圭介（1998）「一語文の用法―"イマ・ココ"を離れない文の検討のために―」『東京大学国語研究室創設百周年記念国語研究論集』pp.888-908，汲古書院.
尾上圭介（1999）「文の構造と"主観的"意味―日本語の文の主観性をめぐって・その2」『月刊 言語』18(1): pp.95-105，大修館書店.
尾上圭介（2001）『文法と意味Ⅰ』くろしお出版.
尾上圭介（2002）「話者になにかが浮かぶ文―喚体・設想・出来文・情意文―」文法学研究会　第4回集中講義資料.
尾上圭介（2003）「ラレル文の多義性と主語」『月刊言語』(32)4: pp.34-41，大修館書店.
尾上圭介（2004）「主語と述語をめぐる文法」朝倉日本語講座第6巻『文法Ⅱ』pp.1-57，朝倉書店.
加藤重弘（2006）「対象格と場所格の連続性―格助詞試論（2）」『北海道大学文学研究科紀要 118号』pp.135-182，北海道大学.
影山太郎（1972）「場所理論的見地から」『言語の科学 第5号』pp.39-77，東京言語研究所（編）.
影山太郎（1996）『動詞意味論―言語と認知の接点』くろしお出版.
金田純平（2006）「無助詞題目の認知的特徴―心内処理と現場性―」中川正之・定延利之編『言語に現れる「世間」と「世界」』pp.47-48，くろしお出版.
金谷武洋（2002）『日本語に主語はいらない』講談社.
金谷武洋（2003）『日本語文法の謎を解く』筑摩書房.
金谷武洋（2004）『英語にも主語はなかった』講談社.
亀井孝・河野六郎・千野栄一編著（1996）『言語学大辞典 第6巻［術語編］』三省堂.
河上誓作編著（1996）『認知言語学の基礎』研究社出版.
川端善明（1958）「形容詞文」『国語国文』27(12): pp.1-11，京都大学国語国文学会.
川端善明（1976）「用言」『岩波講座日本語6 文法Ⅰ』pp.169-218，岩波書店.
川端善明（2004）「文法と意味」朝倉日本語講座第6巻『文法Ⅱ』pp.58-80，朝倉書店.
柄谷行人（1993）『言葉と悲劇』講談社学術文庫.
柄谷行人（1996）『差異としての場所』講談社学術文庫.
柄谷行人（1999）『ヒューモアとしての唯物論』講談社学術文庫.
菊池康人（1997）「『が』の用法の概観」川端善明・仁田義雄編『日本語文法 体系と方法』pp.112-116，ひつじ書房.
木田元（2000a）『ハイデガー『存在と時間』の構築』岩波書店.
木田元（2000b）『反哲学史』講談社.

城戸雪照（2003）『場所の哲学―存在と場所』文芸社.
許永蘭（2010）「抽象度の低いスキーマの重要性―「切る」と「割る」における対象格と場所格のメトニミー」『日本認知言語学会論文集 第10巻』pp.66-76, 日本認知言語学会.
金田一春彦（1981）『日本語の特質』日本放送出版協会.
国広哲弥（1967）『構造的意味論：日英語対照研究』三省堂.
国広哲弥（1986）「意味論入門」『月刊言語』15(12): pp.194-202, 大修館書店.
国広哲弥（1994）「認知的多義論―現象素の提唱」『言語研究 106号』pp.22-44, 日本言語学会.
国広哲弥（1997）『理想の国語辞典』大衆館書店.
久野暲（1973）『日本文法研究』大衆館書店.
熊谷高幸（2011）『日本語は映像的である』新曜社.
熊代敏行（2002）「日本語の「にーが」構文と分裂主語性」西村義樹編『シリーズ言語科学2　認知言語学Ⅰ：事象構造』pp.243-260, 東京大学出版会.
栗原由加（2005）「定位のための受身表現―非現物主語のニ受身文の一類型」『日本語文法』5(2): pp.180-195, 日本語文法学会, くろしお出版.
甲田烈（2010）「第七章 インテグラル理論を日本に適用するには」青木聡他著『インテグラル理論入門Ⅱ―ウィルバーの世界論』pp.195-216, 春秋社.
児島康宏（2007）「グルジア語の能格」麗澤大学言語研究センター.
児玉一宏・野澤元（2009）『言語習得と用法基盤モデル』研究社.
近藤健二（2005）『言語類型の起源と系譜』松柏社.
近藤達夫（1977）「言語における統語構造の分析(2)」『神戸外大論叢 28巻4号』pp.19-56, 神戸外国語大学.
阪本英二（2008）「場所を現象学すること―生きるという方法」サトウタツヤ・南博文編『質的心理学講座③ 社会と場所の経験』pp.185-208, 東京大学出版会.
佐久間鼎（1940）『現代日本語法の研究』厚生閣.
佐久間鼎（1959）「発言の場・話題の場・課題の場」『日本語の言語理論』pp.41-54, 恒星社厚生閣.
佐久間鼎（1983［1936］）『現代日本語の表現と語法』くろしお出版.
佐治圭三（1973）『日本語の文法の研究』ひつじ書房.
佐藤琢三（2005）『自動詞文と他動詞文の意味論』笠間書院.
佐藤信夫（1996）『レトリックの意味論』講談社.
城田俊（1993）「文法格と副詞格」仁田義雄編『日本語の格をめぐって』pp.67-94, くろしお出版.
柴谷方良（1978）『日本語の分析』大修館書店.
柴谷方良（1985）「主語プロトタイプ論」『日本語学』4(10): 4-16, 明治書院.
篠原俊吾（2002）「「悲しさ」「さびしさ」はどこにあるのか―形容詞文の事態把握とその中核をめぐって―」西村義樹編『認知言語学Ⅰ：事象構造』pp.261-284, 東京大学出版会.
清水博（2003）『場の思想』東京大学出版会.
徐一平（2005）「『雪国』にみる日本語の認知言語学的特徴―中国語訳・英語訳

と対照して―」『日本認知言語学会第6回大会 CONFERENCE HANDBOOK』pp.245-246.
菅井三実（1995）「助詞「ガ」の総記性に関する一考察」『名古屋大学文学部研究論集 文学41』pp.35-51.
菅井三実（1996）「現代日本語における（非）主題化構文の構文的アスペクトについて」『名古屋大学文学部研究論集 文学42』pp.11-28.
菅井三実（1997）「格助詞「で」の意味特性に関する一考察」『名古屋大学文学部研究論集127・文学43』pp.23-40.
菅井三実（1998）「対格のスキーマ的分析とネットワーク化」『名古屋大学文学部研究論集文学44』pp.15-29.
菅井三実（1999）「日本語における空間の対格標示について」『名古屋大学文学部研究論集133・文学45』pp.75-91.
菅井三実（2000）「格助詞「に」の意味特性に関する覚書」『兵庫教育大学研究紀要 第20巻第二分冊』pp.13-24.
菅井三実（2001）「現代日本語の「ニ格」に関する補考」『兵庫教育大学研究紀要 第21巻第二分冊』pp.13-24.
菅井三実（2002）「構文スキーマによる格助詞「が」の分析と基本文型の放射状範疇化」『世界の日本語教育12』pp.175-191.
菅井三実（2003）「概念形成と比喩的思考」辻幸夫編『認知言語学への招待』pp.127-182，大修館書店.
菅井三実（2005）「格の体系的意味分析と分節機能」『認知言語学論考 No.4』pp.95-131，ひつじ書房.
菅井三実（2007）「格助詞「に」の統一的分析に向けた認知言語学的アプローチ」『世界の日本語教育17』pp.113-135.
杉本孝司（1998）『意味論2―認知意味論―』くろしお出版.
杉本武（1986）「格助詞」『いわゆる日本語助詞の研究』pp.319-380，凡人社.
杉村泰（2005）「イメージで教える日本語の格助詞と構文」『言語文化論集第XXⅦ巻第1号』pp.49-62，名古屋大学大学院国際言語文化研究科.
菅野盾樹（1992）「はじめにイメージがあった―認知意味論に関する二，三の考察」『imago 1992.6 特集：認知心理学への招待』pp.204-213，青土社.
鈴木美加（2007）「によって―成果・影響・異なりの「もと」になるもの―」東京外国語大学留学生日本語教育センターグループKANAME編著『複合動詞がこれでわかる』pp.37-52，ひつじ書房.
盛文忠（2006a）「『雪国』の中国語訳から見る日中両言語の認知的差異―文型・主語・動詞・数量詞の使用を中心に」『日本認知言語学会論文集第6巻』pp.590-591，日本認知言語学会.
盛文忠（2006b）「日本語の主語と中国語の主語はどう違う？」『月刊言語』35(5): pp.58-61，大修館書店.
瀬戸賢一（1995a）『空間のレトリック』海鳴社.
瀬戸賢一（1995b）『メタファー思考』講談社.
高橋純（2003）「「は」の機能の本質―テクストを視野に入れた認知言語学的方法」『日本エドワード・サピア協会「研究年報」No.17』pp.61-76.
高橋道子（2008）「日本語の主語はなぜ現れにくいのか―社会文化的要因とし

ての「世間」―」『日本女子大英米文化学研究 43』pp.103-117.
竹林一志（2004）『現代日本語における主部の本質と諸相』くろしお出版.
竹林一志（2007）『「を」と「に」の謎を解く』笠間書院.
田中茂範（1997）「第Ⅰ部 空間表現の意味・機能」中右実編日英語比較選書 6 『空間と移動の表現』研究社出版.
田中茂範（2000）「「AはBである」をめぐって―記述文・定義文・隠喩文の基本形式―」『日本語 意味と文法の背景―国広哲弥教授古希記念論文集』pp.15-30，ひつじ書房.
田中茂範（2004）「基本語の意味のとらえ方―基本動詞におけるコア理論の有効性―」『日本語教育 121 号』pp.3-13，日本語教育学会.
田中茂範・深谷昌弘（1996）『コトバの〈意味づけ論〉』紀伊国屋書店.
田中茂範・深谷昌弘（1998）『〈意味づけ論〉の展開』紀伊国屋書店.
田中茂範，佐藤芳明，安部一（2006）『英語感覚が身につく実践的指導―コアとチャンクの活用法』大衆館書店.
谷口一美（2005）『事態概念の記号化に関する認知言語学的研究』ひつじ書房.
寺村秀夫（1982）『日本語のシンタクスと意味Ⅰ』くろしお出版.
寺村秀夫（1984）『日本語のシンタクスと意味Ⅱ』くろしお出版.
辻幸夫編（2002）『認知言語学キーワード事典』研究社.
月本洋（2008）『日本人の脳に主語はいらない』講談社.
月本洋（2009）『日本語は論理的である』講談社.
角田太作（1991）『世界の言語と日本語』くろしお出版.
角田太作（2009）『世界の言語と日本語―言語類型論からみた日本語 改訂版』くろしお出版.
鄭惠先（2002）「日本語と韓国語の人称詞の使用頻度」『日本語教育 114 号』pp.30-39, 日本語教育学会.
時枝誠記（1941）『国語学原論』岩波書店.
中右実（1998）「空間と存在の構図」中右実編・日英語比較選書 5『構文と事象構造』研究社出版.
中川正之（1997）「類型論から見た中国語・日本語・英語」大河内康憲編『日本語と中国語の対照研究論文集』pp.3-21, くろしお出版.
中村雄二郎（1989）『場所―トポス』弘文堂.
中村芳久（1993）「構文の認知構造ネットワーク」『言語学からの眺望』pp.247-268, 福岡言語学研究会編，九州大学出版会.
中村芳久（1995）「構文の認知構造ネットワークの精緻化」『金沢大学文学部論集 文学科編 第十五号』pp.127-146.
二枝美津子（2007）『主語と動詞の諸相―認知文法・類型論的観点から』ひつじ書房.
西山佑治（2003）『日本語名詞句の意味論と語用論』ひつじ書房.
仁田義雄（1991）『日本語のモダリティと人称』ひつじ書房.
仁田義雄（1993）「日本語の格を求めて」『日本語の格をめぐって』pp.1-37, くろしお出版.
仁田義雄（1997）『日本語文法研究序説』くろしお出版.
日本語記述文法研究会編（2009）『現代日本語文法② 第 3 部 格と構文 第 4 部

ヴォイス』くろしお出版.

丹羽哲也（1988）「有題文と無題文，現象（描写）文，助詞「が」の問題（上・下）」『国語国文』57(6): pp.41-58，57(7): pp.29-49，京都大学国語国文学会.

丹羽哲也（2004）「主語と題目語」『朝倉日本語講座第6巻 文法Ⅱ』pp.257-278，朝倉書店.

野田尚史（1996）『新日本語文法選書1「は」と「が」』くろしお出版.

野村剛史（1991）「助動詞とは何か―その批判的再検討―」『国語学165集』pp.38-52，国語学会.

野村益寛（2008）「アリストテレス派言語学としての認知文法」『英語青年 6月号』pp.128-131，研究社.

ハイデッガー（1927a）『現象学の根本諸問題』ハイデッガー全集第24巻，溝口競一他訳，創文社，2001.

ハイデッガー（1927b）『存在と時間 上・下』細谷貞雄訳，筑摩書房，1994.

ハイデッガー（1953）『形而上学入門』川原栄峰訳，平凡社，1994.

浜田寿美男（1999）『「私」とは何か』講談社.

浜田寿美男（2002）『身体から表象へ』ミネルヴァ書房.

早瀬尚子・堀田優子（2005）『認知文法の新展開―カテゴリー化と用法基盤モデル』研究社.

早津恵美子（2004）「使役表現」『朝倉日本語講座第6巻 文法Ⅱ』pp.128-150，朝倉書店.

廣松渉（1996）『廣松渉著作集 第一巻』岩波書店.

深田智・仲本康一郎（2008）山梨正明編『講座 認知言語学のフロンティア3 概念化と意味の世界』研究社.

フランス・ドゥ・ヴァール（2010）『共感の時代へ―動物行動学が教えてくれること』紀伊國屋書店.

フランス・ドルヌ＋小林康夫（2005）『日本語の森を歩いて―フランス語から見た日本語学』講談社.

古川裕（2007）「「中国語らしさ」の認知言語学的分析」彭飛企画編集『日中対照言語学研究論文集』pp.225-259，和泉書院.

細川由紀子（1986）「日本語受動文における動作主のマーカーについて」『国語学144集』pp.113-124，国語学会.

堀川智也（1988）「格助詞「に」の意味についての一試論」『東京大学言語学論集88』pp.321-333.

本多啓（2002）「英語中間構文とその周辺―生態心理学の観点から」西村義樹編『認知言語学Ⅰ：事象構造』pp.11-36，東京大学出版会.

本多啓（2003）「共同注意の統語論」山梨正明他編『認知言語学論考No.2』pp.199-229，ひつじ書房.

本多啓（2005）『アフォーダンスの認知意味論―生態心理学から見た文法現象』東京大学出版会.

益岡隆志（1987）『命題の文法』くろしお出版.

益岡隆志（1991）「受動表現と主観性」仁田義雄編『日本語のヴォイスと他動性』pp.105-121，くろしお出版.

益岡隆志（2000）『日本語文法の諸相』くろしお出版.
松田文子（2001）「コア図式を用いた複合動詞後項「～こむ」の認知意味論的説明」『日本語教育 111号』pp.16–25，日本語教育学会.
松田文子（2004）『日本語複合動詞の習得研究―認知意味論による意味分析を通して―』ひつじ書房.
松田文子・白石知代（2006）「多義動詞『とる』の意味―隣接語との差異に着目して―」『人間文化論叢』7，pp.406–419，お茶の水女子大学人間文化研究科.
松本克己（1988）「印欧語における能格性の問題」『東京大学言語論集'88』pp.1–19，東京大学文学部言語学研究室.
松本克己（1991）「主語について」『言語研究 100号』pp.1–41，日本言語学会.
丸田一（2008）『「場所」論―ウェブのリアリズム，地域のロマンチシズム』NTT出版.
丸山真男（1992）『忠誠と反逆』筑摩書房.
三尾砂（1948＝2003）『国語法文章論』（三尾砂著作集Ⅰ，ひつじ書房，2003所収）.
三上章（1953＝1972）『現代語法序説―シンタクスの試み』くろしお出版.
三上章（1959＝1972）『続現代語法序説―主語廃止論』くろしお出版.
三上章（1960）『象は鼻が長い』くろしお出版.
南博文（2006）「環境との深いトランザクションの学へ」『環境心理学の新しいかたち』pp.1–44，誠信書房.
村木新次郎（2000）「第2章 格」仁田義雄他編『日本語の文法Ⅰ 文の骨格』岩波書店.
水谷宗行（1988）「コト（事象）からヒト・モノの知覚へ」岡本夏木編『認識とことばの発達心理学』ミネルヴァ書房.
三宅知宏（1995）「ヲとカラ―起点の格標示―」宮島達夫・仁田義雄編『日本語類義表現の文法（上）』pp.67–73，くろしお出版.
メイナード・泉子（2000）『情意の言語学―「場交渉論」と日本語表現のパトス―』くろしお出版.
メルロ＝ポンティ（1945）『知覚の現象学』中島盛夫訳，法政大学出版会，1982.
森雄一（1997）「受動文の動作主マーカーとして用いられるカラについて」『茨城大学人文学部紀要人文学科論集30』pp.83–99.
森重敏（1959）『日本文法通論』風間書房.
森重敏（1971）『日本語文法の諸問題』笠間叢書.
森田良行（1989）『基礎日本語辞典』角川書店.
森田良行（2006）『日本語の類義表現辞典』東京堂出版.
森山新（2008）『認知言語学から見た日本語格助詞の意味構造と習得』ひつじ書房.
ヤコブセン・ウェスリー（1989）「他動性とプロトタイプ論」『日本語学の新展開』pp.213–248，くろしお出版.
山口秋穂，秋本守英編（2001）『日本語文法大辞典』明治書院.
山口秋穂（2004）『日本語の論理―言葉に表れる思想』大修館書店.

山田敏弘（2003）「起因を表す格助詞「に」「で」「から」」『岐阜大学国語国文学』pp.13-23.
山田敏弘（2004）『日本語のベネファクティブ』明治書院.
山梨正明（1993）「格の複合スキーマモデル―格解釈のゆらぎと認知のメカニズム」仁田義雄編『日本語の格をめぐって』pp.39-65，くろしお出版.
山梨正明（1995）『認知文法論』ひつじ書房.
山梨正明（2000）『認知言語学原理』ひつじ書房.
山梨正明（2009）『認知構文論―文法のゲシュタルト性』大修館書店.
山元大輔（1997）『脳と記憶の謎』講談社現代新書.
矢守克也（2008）「阪神・淡路大震災を記憶した〈場所〉」サトウタツヤ・南博文編『質的心理学講座③ 社会と場所の経験』pp.77-102，東京大学出版会.
湯川恭敏（1967）「「主語」に関する考察」『言語研究 51号』pp.30-51.
米盛裕二（2007）『アブダクション―仮説と発見の論理』勁草書房.
Bolinger, Dwight. (1977) *Meaning and form.* London: Longman.（ボリンジャー，中右実訳（1981）『意味と形』こびあん書房）
Casey, Edward S. (1997) *The Fate of Place: A Philosophical History*, University of California Press.（エドワード・ケーシー，江川隆男他訳（2008）『場所の運命―哲学における隠された歴史』新曜社）
Johnson, Mark. (1987) *The Body in the Mind.* Chicago.University of Chicago Press.（マーク・ジョンソン，菅野盾機他訳（2001）『心の中の身体』紀伊国屋書店（復刊版））
Lakoff, George. (1987) *Women, Fire and Dangerous Things.* Chicago.University of Chicago Press.（ジョージ・レイコフ，河上誓作，池上嘉彦他訳（1993）『認知意味論』紀伊国屋書店）
Lakoff, George and Mark, Johnson. (1980) *Metaphors We Live By.* Chicago. Chicago.The University of Chicago Press.（レイコフ・ジョンソン，渡辺昇一他訳（1986）『レトリックと人生』大修館書店）
Lakoff, George and Mark, Johnson. (1999) *Philosophy in the Flesh.* Basic Books.（レイコフ・ジョンソン，計見一雄訳（2004）『肉中の哲学』哲学書房）
Langcker, Ronald. (1985) Observations and speculations on subjectivity. In *Iconicity in syntax*, ed.John Haiman, pp.109-50. Amsterdam: John Benjamins.
Langcker, Ronald. (1987) *Foundations of Coginitive Grammar Vol.1*, Stanford: Stanford University Press.
Langcker, Ronald. (1990) *Concept, image and symbol.*: Berlin/New York: Mouton de gruyter.
Langcker, Ronald. (1991) *Foundations of Coginitive Grammar Vol.2*, Stanford: Stanford University Press.
Langcker, Ronald. (1993) Reference-point Constructions *Cognitive Linguistics*, No.4, pp.1-38.
Lyons, John. (1977) *Semantics Volume2.* Cambridge University Press.
Tomasello, Michael (1999) *The Cultural Origins of Human Cognition.* Cambridge, MA.: Harvard University Press.（大堀壽夫他訳（2006）『心とこと

ばの起源を探る―文化と認知』勁草書房)

Varela, Thompson, Rosch. (1991) *The Embodied Mind: Cognitive Science and Human Experience*, MIT Press.（ヴァレラ・トンプソン・ロッシュ　田中靖夫訳（2001）『身体化された心―仏教思想からのエナクティブ・アプローチ』工作舎）

あとがき

　言語研究の世界に入って、約18年でやっと主著と呼べるものを刊行できることを喜びたい。アジアの学生のために何かしたいという思いから日本語学校において日本語教育を始めたのだが、逆に韓国や中国などの日本語学習者から様々な刺激を受け、もう一度大学院で学び直そうと思ったのが、言語研究に進んだきっかけである。特に、韓国人学習者に、「先生、結婚しましたか」と初対面で聞かれることに、文化的な差異を感じるとともに、どうして「結婚していますか」とテイル形で言わないのかという疑問を感じた。また、「窓が開けてある」と「窓を開けてある」はどう違うか説明してほしいという学習者の質問に対してはっきり答えられなかったのも、のちにアスペクトの研究をやる動機になったと思う。

　1995年大阪外国語大学大学院日本語学専攻入学後、私が日本語と朝鮮語の対照研究を希望していたので、主指導教員は、三原健一先生になった。そのときは、三原先生が生成文法家だというのも知らなかったし、言語学の基礎知識さえ乏しかったので、学部の基礎から学び直した。ちょうど、三原先生がアスペクト構文について研究されていたので、テーマも「日本語と朝鮮語のアスペクトの対照研究」に決まった。

　修士1年目の夏休みまでに、日本語や朝鮮語のアスペクトに関する文献を渉猟し、ほぼ読破し尽くした。また、朝鮮語専攻で朝鮮語を本格的に勉強し、ロシア語専攻でロシア語とロシアのアスペクト論を学び始めた。今考えてもすさまじい研究意欲だったが、修士2年目の夏休みに完全に行き詰まってしまった。ロシア言語学をもとにしたアスペクト論や記述主義の立場で研究を進めていくのに大きな限界を感じたのである。結局、2年での修士課程修了はあきらめ、2年目の正月に、一から様々な立場の言語学書を読み直してみた。

そのとき、夏の集中講義で名古屋大学の籾山洋介先生に紹介して頂いたレイコフの『認知意味論』を最初から読んでみて、改めて、これだというインスピレーションを感じた。特に、There 構文の事例研究は、テイル構文の研究に使えるのではないかと直感的に感じた。つまり、存在構文に基づく放射状カテゴリーとしてテイル構文を位置づけるという構想である。こうして、『存在構文に基づくテイル／テアル構文』という修士論文の着想を得、修士3年で、やっと修士論文を書き上げることができた。

　日本語学専攻で、初めて日本語学のおもしろさと認知言語学を教えて頂いたのは堀川智也先生だった。尾上圭介や池上嘉彦先生などの様々な論考に触れたのも堀川先生の講義を通してである。また、修士2年目にラネカーの『Foundations of Cognitive Grammar』を堀川先生の授業で講読したことが、認知文法に触れるきっかけになった。特に、ラネカーの生成文法批判は痛快であった。指導教員が生成文法家でありながら、その理論と分析に納得いくものが感じられなかった時であったので、認知文法が新鮮に感じられた（その後、Foundations の2巻本は、他の院生仲間と学習会で読破した）。また、英語学専攻の杉本孝司先生からは、認知意味論について本格的に学んだ。演習を通して、レイコフの『認知意味論』やレイコフとジョンソンの『Philosophy in the Flesh』などを原書で読みこなす実力を養った。杉本先生には、博士課程での副指導教員として常に暖かく見守って頂き、最終的に私の博士論文の主査になって頂いた。同じく、英語学専攻の早瀬尚子先生からは、ゴールドバーグの構文文法を学び、私のつたない議論にも気軽につきあって頂いた。また、何より、京都大学の山梨正明先生主宰の研究会、京都言語学コロキウム（KLC）に毎月参加させて頂き、院生主体の活発な研究発表や議論の中で、発表や議論の仕方を学ばせて頂き、さまざまな有益なコメントを頂戴した。山梨先生には現在に至るまで研究会・学会での口頭発表や論文・著作の発表の機会を頂き、様々な研究上の支援や励ましを頂いていることに感謝の念が堪えない。

　博士後期課程からは、言語学専攻の近藤達夫先生に主指導教員としてお世話になり、オリジナルな研究とはどのようなものかを学ば

せて頂いた。研究テーマとしては、テイル構文だけでなく、日本語の諸構文総体が、存在構文に基づいているのではないかという着想から、『存在と時間の言語範疇化』というテーマで博士論文の完成をすすめていった。この間、韓国への１年間の交換留学で韓国語を習得し、様々な言語（フランス語、琉球語、アイヌ語、エスペラント語）にも挑戦し、他専攻でのゼミ（林田理恵先生のロシア語アスペクト論、古川裕先生の中国語認知言語学）を聴講するなど外国語大学という利点を生かし切って様々なことを貪欲に吸収した。また、他大学での聴講（大阪大学の金水敏先生の「存在表現の歴史」、工藤真由美先生のアスペクト論）、研究会・学会での発表や学術誌への投稿など外部での活動も積極的に行った。日本認知言語学会には、前身の認知言語学フォーラム以来、今日まで毎年１度も欠かさず参加してきた。博士課程４年目で、韓国の大学への就職が決まり、日本を離れたが、その２年後にやっと博士論文を完成させることができ、博士学位を取得した。そして、2005年から現在の東京学芸大学留学生センターに就職することができたのである。

　博士論文提出後の新たな構想としてあったのが、存在論を場所論の観点に高めていくことだった。博士論文執筆の過程で「存在と時間」という哲学的問題に漂着し、ハイデガーの『存在と時間』やその他の哲学の著作に没頭する時期があった。博士論文ではハイデガーの存在論を言語研究に応用することを試みたのだが、日本語の文法論を書く上では、やはり西田幾多郎の場所論を取り入れなければならないと考え出した。このきっかけとなった著作・論文に、中村雄二郎『場所―トポス―』、城戸雪照『場所の哲学』（2003年）、浅利誠「場所の論理と格助詞」（2001年）などがあった。特に大きな影響を受けた『場所の哲学』は、哲学や最先端科学、心理学、言語学などあらゆる学問分野を研究し、それを場所という観点からまとめ上げた画期的な書である。この書の中で提起されている「場所的存在論」に着想を受け、「場所的存在論に基づく」格助詞やハの研究を開始したのである。また、金谷武洋氏の『日本語に主語はいらない』（2002年）以来の一連の著作には、主語論を考える上で大きな影響を受け、尾上圭介氏の「主語絶対論」に対する反論として、

「主語はない、場所はある―場所的存在論に基づく日本語主語論への一提案」(2006年) という論文を書いた。それがきっかけになって、『場所の哲学』の著者の大塚正之氏 (城戸雪照はペンネーム、現早稲田大学教授) からご連絡を頂き、2010年度科学研究費補助金基盤研究「言語コミュニケーションにおける場の理論の構築：近代社会の問題解決を目指して」(代表：大塚正之、研究分担者：井出祥子・岡智之・櫻井千佳子) に研究分担者として参加させて頂くことになった。この過程で、『わきまえの語用論』の著者で、清水博氏の場の理論を応用して「場の言語学」を提唱している井出祥子先生 (日本女子大学名誉教授、国際語用論学会前会長) にもお会いし、現在に至るまで様々な研究上の支援や励ましを頂いている。この研究グループを基盤に、2013年には場の言語研究会を立ち上げ、本格的に研究を広めていく段階に達している。このようなときに、この『場所の言語学』が刊行されることは大いなる意義があると感じている。本書は、私の言語学研究の集大成でもあるし、「場所の言語学」が社会的に認知される第一歩となる記念碑的な著作になるだろう。とはいえ、本書の提起はまだまだ萌芽的であり、本書の記述に関して、誤りや不十分な点があれば、是非積極的なご指摘とご批判を受けたいと思う。近代のパラダイムを打ち砕く新たなパラダイムとしての「場の言語学」は大きな枠組みが打ち出されたばかりである。場の言語研究の方法論の確立と事例研究の積み上げが今後なされていかなければならない緊急の課題である。

　本書の刊行までに、数知れぬ方々に学恩を受け、支援や励ましを頂いたことに感謝したい。特に、30歳を過ぎて研究生活を始めた息子を暖かく見守ってくれた両親、兄弟、家族に感謝する。昨年3月に父が他界し本書を捧げることができなかったことは惜しまれる。また、ひつじ書房編集部の森脇尊志氏には出版までの実務的な面でご尽力頂きこの場を借りて厚く感謝を申し上げる。本書は、独立行政法人日本学術振興会平成24年度科学研究費助成事業 (科学研究費補助金 (研究成果公開促進費)) の交付を受けた。

2013年1月
埼玉県川口市の自宅にて

索引

あ
アブダクション（仮説推論）62
「誤った信念」課題 273
アリストテレス 6, 85
ある 84, 249
アル言語 248

い
意識 7
意識の野 7
一語文 213, 221
位置づけ操作 139
一体化 142, 160
イデア 85
移動の経由点 173
移動のスキーマ 232
移動の着点 131, 144
意味論的双方向指向性 254
意味論的フレーム 80
イメージ 63
イメージ・スキーマ 63, 119
イメージ的同一性 90
陰題文 208
隠喩的写像の「単方向性」120

う
受身 232
受身の「動作主」148
受身ラレル文 232
右脳的思考 63

え
演繹法 62

か
概念 63
概念化者 221
概念的「場」103
概念メタファー 80, 81
格助詞の代行 223
仮説推論（アブダクション）62
課題の場 19, 103
課題の場の文 21, 203, 210
過程 120, 166, 172, 181
可能 227
可能態 85
可能動詞 227
可能ラレル文 227, 232
カラ格の受身 151
環境心理学 4
環境論的自己 28
感情・感覚の起因 157
間接受身 149

き
擬人の比喩 68
基体 6
「起点－経路－着点」のイメージ・スキーマ 119
起点用法 134, 169
帰納法 62
基本レベル概念 80
客体 11

逆対応　15
客観　12
客観主義的世界観　87
客観的視点　95
客観的把握　94
旧情報　103
共感　271
共同現存在　11, 274
共同主観性　212
共同注意　212, 270
共有映像の枠　105

く

空間　3
空間から時間へのメタファー　191
空間的背景　189

け

形式と意味の一対一の対応　117
形式論理学　9, 16, 74
形相（エイドス）　85
形容詞述語文　225
経路用法　168
原因　156
原因用法　192
言語過程説　8
現実態　86
現象文　22, 205
現存在　5, 97
限定　187, 188
現場の文　210

こ

コア　126
コア図式論　126
行為のスキーマ　176, 235
行為連鎖　215
降格受動文　155
構想力　78
心の理論　270

個体の位置　187
古典的カテゴリー論　86
古典論理　69
コトが存在する場所　190
コト図式　108, 223
コト的世界観　44, 59, 63
コトの生起　229
コトの生成　218
コピュラ文　223
個物　13
古論理（パレオロジック）　9
コンテクスト　26, 30

さ

再帰代名詞　37
最大領域　95
最適視点配列　94
「材料」用法　194
左脳的思考　63
参照点構造　92
参照点能力　92
三段論法　9, 69, 86

し

詞　8
地　88
辞　8
使役移動　178, 236
自覚　7
時間点用法　144
時間用法　181, 190
軸項　34
指向性　135, 147
自己中心的視点配列　94
自己の場の文　210
事実存在　83, 85
自然（フィシス）　82, 83
視線の移動　129, 134, 147, 160
事態の認知的中核　108
自他非分離　270
自他分離　270

実現　227
質料（ヒュレー）　85
指定文　114, 224
視点領域　122
シネクドキー　91
主格　109, 114
主客構成関係論　12
主客未分　54
主観　11
主観性の言語学　29
主観的把握　29, 94
主語　33
主語の論理　13
授受　236
授受関係　178
授受の出所　145
主体　11
主題　104, 106
「主題−解説」構造　209
主体的思考　61
主題的主語　43
主体の論理と場所の論理　61
述語一本立て　37
述語的世界としての場所　6
述語的同一性　90
述語的論理　6, 9
述語論理　8, 13
述語論理学　6, 73
出来　227, 247
出来文　54, 232, 241
授与の相手　133, 145
純粋経験　54
純粋形相　86
情意・感覚形容詞文　225
情意の言語学　23
情意文　52
昇格受動文　155
状況の位置　187
状況用法　181
状態変化動詞　179
「焦点−前提」構造　209
使用頻度　124
所在　13

所在構文　220
所動詞　269
所有構文　222
ジョンソン　77, 78
自律的自動関係　216
新情報　103
身体　5
身体化された心　79

す

図　88
数量詞遊離　39
スキーマ　119
図と地の反転　88
図と地の分化　88
する　84

せ

There構文　97
制作動詞　179
制作としての存在　84
制作的存在論　85
生成　84
生成としての存在　84
生成のスキーマ　218, 226
生成のナル文　230
生態学的自己　114
世界内存在　5
絶対格　265
絶対矛盾的自己同一性　15
潜在的受影者　160
「前提−焦点」構造　209

そ

総記　103, 112
想起実験　124
想像力　77, 78
属性形容詞文　225
属性叙述受動文　155
措定文　58, 114, 224

尊敬表現　37
存現構文　255
存在　12
存在構文　220
存在者　12
存在のスキーマ　141
存在の動的次元　78
存在の場所用法　141
存在のメタファー　90
存在文　49, 96
存在了解　218
存在論的　218
存在論的空間　5

た

第1種二重主語文　55
第2種二重主語文　56
対格言語　265
対峙性　135
対象　174
対象格　109, 114
対象変化他動詞　236
対象用法　174
対峙領域　122
対比　106
他動関係　217
他律的自動関係　216

ち

知覚動詞構文　228
中心的存在構文　220
中立叙述　103, 112
直接領域　95
通過域　167, 169

つ

ツクル型のスキーマ　219

て

出来事　13
デキル文　227, 247
転位の文　22, 203, 206, 208

と

等位構文　39
道具・手段用法　195
動作主　109
倒置指定文　114, 224
動力連鎖的事態把握　122
トポス　104
ドメイン　89
トラジェクター　89

な

内的限定格　48
なる　84
ナル文　229

に

二重主語構文　49
二重目的語構文　257
二分結合　105, 113
日本語特殊説　66
日本語の論理　8, 66
によって　152
認識　12
認知意味論　24, 77, 87
認知言語学　22, 77, 104, 215
認知的無意識　80
認知文法　89

の

能格　265
能格言語　265
能動詞　269

は

場 11
パース 74
排他 109, 111
ハイデガー 5, 78
場交渉論 23
場主語 50
場所 3, 11
場所受身 149
場所格 117
場所主題化構文 220
場所的思考 61
場所的存在論 12
場所としての自己 29
場所とモノの分化 88
場所のメタファー 90
場所の論理 6, 70
場所の論理学 13
場所用法 189
場所理論 27
発言の場 19
場と相補う文 21, 205, 212
場と文の相関の原理 20, 201
場と文の相関の類型 21, 202
話の場 20, 201
場の文 21, 202, 210
場面 8
パレオロジック（古論理） 8
場を指向する文 21, 204, 212
場を含む文 21, 203
範囲 190
判断 7
判断の二項的な構造 48
判断文 22, 206

ひ

非情の受身 160
非対格性の仮説 268
非対格動詞 268
非能格動詞 268
比喩の形式 68

ビリヤードボール・モデル 215

ふ

複合図式論 126
プラトン 85
フレーム 80, 93
プロトタイプ 124
プロトタイプ拡張論 124
プロトタイプ効果 124
プロファイル 89
分節文 22, 207
文法格 117
文法的主語 43

へ

ベース 89
弁証法論理 14, 75

ほ

包含関係 91
放射状カテゴリー 87
母語習得 124
本源的共同性 272
本質 85
本質存在 83, 85

み

見えの枠 104
密着性 120, 134
未展開文 22, 206

む

無助詞 115
無人称文 46, 210
無の場所 7

め

名詞述語文 223
命題論理 72
メタファー 14, 79, 81, 90
メトニミー 91, 93
メルロ=ポンティ 5, 77

も

目的格 103
持ち主の受身 149
モノ的世界観 44, 63
モノのメタファー 90

や

役割的背景 189

よ

容器のスキーマ 68
容器の比喩 68
容器のメタファー 90
様態用法 194
与格構文 40

ら

ラネカー 89, 92, 94, 122
ラレル文 231
ランドマーク 89

り

略題文 208
隣接関係 91

る

類似性 90

れ

レイコフ 77, 78, 90
レトリック 62

ろ

ロジック 62
論理 13
論理的主語 43

わ

わきまえ 26, 31
話題の場 19

岡智之（おか　ともゆき）

略歴

1962年大阪市出身。大阪外国語大学大学院言語社会専攻博士後期課程修了。博士（言語文化学）。日本語学校専任講師、韓国・湖南大学日本語科専任講師を経て、現在、東京学芸大学留学生センター教授。同大学院国語教育専攻日本語教育コース及び同教育学部日本語教育選修兼任。

主な論文

「存在構文に基づくテイル／テアル構文」（『EX ORIENTE VOl.1』大阪外国語大学言語社会学会、1999年）、「存在構文に基づく日本語諸構文のネットワーク」（山梨正明編『認知言語学論考No.2』ひつじ書房、2003年）など。

ひつじ研究叢書〈言語編〉第103巻
場所の言語学

発行	2013年2月14日　初版1刷
定価	6200円＋税
著者	©岡智之
発行者	松本功
ブックデザイン	白井敬尚形成事務所
印刷所	三美印刷株式会社
製本所	株式会社 星共社
発行所	株式会社 ひつじ書房

〒112-0011　東京都文京区千石2-1-2 大和ビル2階
Tel: 03-5319-4916　Fax: 03-5319-4917
郵便振替 00120-8-142852
toiawase@hituzi.co.jp　http://www.hituzi.co.jp

ISBN978-4-89476-626-6

造本には充分注意しておりますが、落丁・乱丁などがございましたら、小社かお買上げ書店にておとりかえいたします。
ご意見、ご感想など、小社までお寄せ下されば幸いです。

刊行のご案内

ひつじ意味論講座1 語・文と文法カテゴリーの意味
澤田治美 編　定価 3,200 円+税

ひつじ意味論講座2 構文と意味
澤田治美 編　定価 3,200 円+税

ひつじ意味論講座4 モダリティⅡ：事例研究
澤田治美 編　定価 3,200 円+税

ひつじ意味論講座5 主観性と主体性
澤田治美 編　定価 3,200 円+税

ひつじ意味論講座6 意味とコンテクスト
澤田治美 編　定価 3,200 円+税

刊行のご案内

〈ひつじ研究叢書(言語編) 第97巻〉
日本語音韻史の研究
高山倫明 著　定価6,000円+税

〈ひつじ研究叢書(言語編) 第98巻〉
文化の観点から見た文法の日英対照
時制・相・構文・格助詞を中心に
宗宮喜代子 著　定価4,800円+税

〈ひつじ研究叢書(言語編) 第100巻〉
日本語の「主題」
堀川智也 著　定価5,200円+税

〈ひつじ研究叢書(言語編) 第101巻〉
日本語の品詞体系とその周辺
村木新次郎 著　定価5,600円+税

刊行のご案内

これからのコロケーション研究
堀正広 編　定価 3,800 円＋税

これからの語彙論
斎藤倫明・石井正彦 編　定価 3,200 円＋税

刊行のご案内

ベーシックコーパス言語学
石川慎一郎 著　定価1,700円+税

言語研究のための正規表現によるコーパス検索
大名力 著　定価2,800円+税

学びのエクササイズレトリック
森雄一 著　定価1,400円+税

認知物語論の臨界領域
西田谷洋・浜田秀 編　定価1,400円+税

刊行のご案内

〈言語学翻訳叢書 12〉
ことばの裏に隠れているもの
子どもがメタファー・アイロニーに目覚めるとき

エレン・ウィナー 著　津田塾大学言語文化研究所読解研究グループ 訳　定価 3,200 円＋税

〈言語学翻訳叢書 15〉
話し言葉の談話分析

デボラ・カメロン 著　林宅男 監訳　定価 3,200 円＋税

刊行のご案内

進化言語学の構築
新しい人間科学を目指して

藤田耕司・岡ノ谷一夫 編　定価 4,200 円＋税

再構築した日本語文法

小島剛一 著　定価 3,400 円＋税

言語研究の技法
データの収集と分析

藤村逸子・滝沢直宏 編　定価 3,400 円＋税

刊行のご案内

〈認知言語学論考 No.10〉
認知言語学論考 No.10
山梨正明 他編　定価 9,800 円 + 税

〈フランス語学の最前線〉
フランス語学の最前線 1
坂原茂 編　定価 9,800 円 + 税

〈神奈川大学言語学研究叢書 2〉
モダリティと言語教育
富谷玲子・堤正典 編　定価 4,200 円 + 税

〈シリーズ社会言語科学 1〉
「配慮」はどのように示されるか
三宅和子・野田尚史・生越直樹 編　定価 3,800 円 + 税